Q&A
과학사

이것만은 알고 죽자

Q&A
과학사

곽영직 지음 | 심차섭 그림

살림

과학은 자연 현상의 원인을 분석하여 그것을 지배하는 법칙을 알아내려는 학문이다. 그러나 자연 현상은 매우 복잡하기 때문에 자연법칙을 알아내는 것은 쉬운 일이 아니다. 인류가 합리적인 방법으로 자연 현상을 이해하기 위해 노력한 것은 약 2,500년 전부터라고 할 수 있다. 이 동안 인류는 자연의 비밀을 밝혀내기 위해 많은 노력을 해왔지만 이제 겨우 자연법칙의 한 부분만을 알게 되었을 뿐이다.

우리는 이미 알고 있는 지식을 기반으로 하여 새로운 사실을 찾아낸다. 따라서 같은 자연 현상을 보고도 시대에 따라 그리고 그것을 보는 개인의 지식 정도에 따라 다른 결론을 내리기 마련이다. 자연 현상은 변함이 없지만 그것을 설명하는 논리체계가 시대에 따라 달라진 것은 이 때문이다. 그러므로 과거의 과학지식을 현대의 기준으로 판단할 것이 아니라 그 시대의 사고 방식을 이해할 필요가 있다.

현재 우리는 과거에 비해 자연에 대해 훨씬 많은 것을 이해하고 있다. 그러나 그것은 현대 과학자들의 노력으로 하루아침에 이루어진 것이 아니다. 현대 과학은 고대 과학의 연장선상에 있다. 현대인들의 눈으로 보면 옳은 것보다 틀린 것이 더 많은 고대 과학의 내용을 우리가 공부해야 하는 것은 이 때문이다.

현재 우리가 알고 있는 것이 최종 진리라면 우리는 과거의 잘못된 과학 내용을 공부하지 않아도 좋을는지 모른다. 그러나 우리가 현재 알고 있는 과학 지식도 불완전하며 우리의 갈 길은 아직도 멀다. 우리가 어떤 길을 통해 어떤 방법으로 여기까지 왔는지 모른다면 우리는 여기서 앞으로 나가야 할 방향도 방법도 알 수 없다. 인류가 지금까지 걸어온 발자취와 시행착오에서 우리는 많은 것을 배울 수 있다. 우리가 과학사에 관심을 기울여야 하는 또 하나의 이유이다.

오랫동안 과학 교육에서 과학사를 그다지 중요하게 생각하지 않았다. 과학 시간에 과학사는 딱딱한 과학 내용을 조금은 부드럽게 만들어 주는 양념 정도로 취급되었다. 그러나 현대 과학의 내용을 정확하게 이해하기 위해서도 그리고 새로운 과학을 발전시키기 위해서도 현대 과학이 탄생하기까지의 과정을 다루는 과학사가 중요하다는 생각을 하는 사람들이 많아졌다.

이 책에서는 과학사의 내용을 쉽게 접할 수 있도록 100개의 주제에 대한 질문과 답변 형식을 빌려 과학사의 전반적인 내용을 다루었다. 이런 책을 쓸 때는 늘 가벼운 읽을거리로 쓸 것인가 아니면 본격적인 과학사 이야기를 다룰 것인가로 고민하기 마련이다. 질문과 답 형식을 취하면서도 가능하면 과학사의 정확한 내용을 심도 있게 다루려고 노력했다. 재미와 깊이라는 두 마리 토끼를 쫓다보면 두 마리 다 놓칠 염려가 있다는 것을 잘 알고 있지만 두 마리 토끼를 쫓는 모험을 해보기로 한 것이다.

두 마리 토끼를 다 잡았는지, 아니면 둘 중 하나만 잡았는지, 그것도 아니고 둘 다 놓쳤는지는 독자들이 판단해 줄 것이다. 이 책을 마무리하면서 언젠가 두 마리 중 한 마리만 잡는 새로운 책을 써보고 싶다는 생각이 들기도 한다.

이 책은 살림출판사의 권유로 쓰기 시작했다. 편집을 하고 그림을 넣는 과정에서도 살림출판사 편집부의 아이디어와 제안이 많이 반영되었다. 따라서 이 책은 필자의 저서라기보다는 살림출판사 편집부와의 공저라고 해야 할지도 모른다. 이 책을 완성하기 위해 애를 쓴 살림출판사 편집부에 깊은 감사를 드린다.

곽영직

차 례

1장

고대 과학의 성립

자 연 현 상 을 논 리 적 으 로 설 명 하 기 시 작 하 다

시대 설명

인류가 지구상에 살기 시작한 것이 언제부터였는지는 확실하지 않다. 학자들에 따라서는 300만 년 전이라고도 하고 100만 년 전이라고도 한다. 누구를 인류의 조상으로 보느냐에 따라 의견이 다르기 때문에 쉽게 단정 짓기 힘든 문제이다. 하지만 300만 년이 되었든 100만 년이 되었든 현재 인류가 향유하고 있는 문명에 비해서는 매우 긴 시간임이 분명하다.

인류가 문명생활을 시작한 것은 그리 오래되지 않았다. 농경생활의 시작을 문명의 출발로 잡는다면 문명의 역사는 기껏해야 1만 년 정도이다. 반면 과학의 역사는 그보다 훨씬 짧다. 과학은 고대 그리스의 자연철학자들로부터 시작되었다고 한다.

과학과 기술은 다르다. 기술은 자연물을 우리 생활에 유용하게 이용하는 방법이다. 기술의 발전은 지구상에 인류가 거주를 시작했던 과정과 함께한다. 그러나 자연 현상의 원인을 체계적으로 설명하는 논리체계인 과학은 고대 그리스의 자연철학자들로부터 시작되었다. 자연철학자들 중의 대표적인 철학자인 탈레스는 과학의 아버지라고 불린다.

근대 과학과 현대 과학의 토대가 된 고대 그리스의 철학과 과학 기술의 토대를 마련한 사람들은 피타고라스학파, 원자론자들 같은 초기 자연철학자들이었고, 고대 과학이 체계를 갖추게 된 시기는 플라톤과 아리스토텔레스를 거치면서이다.

이집트의 알렉산드리아로 중심지를 옮긴 그리스 과학은 유클리드, 아리스타코스, 아르키메데스, 에라토스테네스, 프톨레마이오스, 갈레누스와 같은 과학자들에 의해 크게 발전했다. 암흑시대라고 불리는 중세를 거치는 동안 그리스 과학은 잠시 역사의 무대 뒤에 머물게 되지만 13세기 이후 다시 전면에 등장하여 역사의 흐름을 바꾸어 놓게 된다.

Q 001

인류 최초의
과학자는 누구였을까?

★ **시대** : 기원전 600년경 　★ **주제어** : 자연철학자, 이오니아, 아낙시만드로스, 아낙시메네스

과학과 기술은 무엇이 다른가?

지구에 인류가 살기 시작한 것은 수백만 년 전부터이다. 인류는 지구상에 살기 시작하면서부터 생활에 필요한 여러 가지 기술을 발전시켰다. 인간의 생활에 편리하도록 자연물을 이용하는 것이 기술이다. 기술은 인류가 지구 상에 살면서부터 발전하기 시작했다고 할 수 있다. 반면 과학은 자연 현상의 원인을 체계적으로 설명하는 논리체계이다. 인류는 오랫동안 자연 현상을 신의 뜻에 의해 일어나는 현상이라고 생각했다. 따라서 자연 현상의 원인을 자연에서 찾지 않고 신에게서 찾으려고 했었다. 그러는 동안 기술의 발전은 있었지만 과학은 없었다.

과학의 태동은 누구에서부터

기원전 600년경에 지금의 터키 지방인 이오니아 지방의 밀레투스를 중심 으로 활동했던 자연철학자들은 자연 현상의 원인을 신이 아닌 자연 그 자체 에서 찾으려고 시도했다. 그들은 자연을 이루고 있는 근본물질이 무엇일까 를 생각했고 우주의 구조와 지진, 화산, 일식, 월식과 같은 자연 현상이 일어

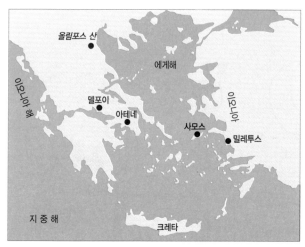

| 자연철학자들이 활동하던
시기의 에게해

나는 원인을 설명하려고 노력했다. 결과만을 놓고 보았을 때 자연철학자들
의 추론이나 주장이 옳았던 것은 아니지만 자연에서 자연 현상의 원인을 찾
으려는 그들의 노력은 과학의 출발점으로 보기에 충분하다.

자연철학자들의 스승이었던 탈레스는 과학의 아버지라고 불린다. 탈레스
는 만물의 근원은 물이라고 주장했으며 지구는 물 위에 떠 있는 원반이라고
했다. 그는 마찰전기와 자석(헤라클레스의 돌)을 발견했으며, 기하학에 관한
여러 가지 사실(원은 지름으로 2등분된다. 이등변삼각형의 두 밑각은 같다. 맞꼭
지각은 같다. 두 삼각형에서 두 변과 두 각이 같으면 두 삼각형은 합동이다. 반원에
내접하는 각은 직각이다 등)을 발견했다. 기원전 585년의 일식을 예측한 것도
탈레스이다.

자연철학자에는 어떤 사람들이 있는가?

대표적인 자연철학자에는 탈레스 외에도 아낙시만드로스, 아낙시메네스,

아낙사고라스 등 많은 학자들이 있다. 아낙시만드로스(BC 610~546)는 만물이 생겨나고 돌아가는 근원을 '아페이론'이라고 주장했으며, 물고기 화석을 발견한 철학자이기도 하다. 아낙시메네스(BC 585~525)는 만물의 근원은 공기라고 주장했다. 자연철학자들 중에 마지막 학자였던 아낙사고라스(BC 500~428)는 생성과 소멸을 부정하고, 만물이란 애당초 처음부터 그냥 존재했으며, 태양은 스스로 빛을 내는 커다란 원반이지만 달은 태양 빛을 받아 반사할 뿐이라고 주장했다.

A 탈레스

Q 002

피타고라스가 제자를
물에 빠뜨려 죽인 이유는?

★ **시대**: 기원전 500년경   ★ **주제어**: 피타고라스학파, 완전수, 무리수

피타고라스학파는 무엇을 신봉했는가?

에게해의 사모스 섬에서 출생한 피타고라스(BC 582~497)는 남이탈리아 그리스 식민지 크로톤에서 수를 신봉하는 비밀교단을 결성하여 종교 지도자가 되었다. 그들은 수가 우주의 형상과 운행을 비롯한 모든 현상을 지배하고 있다고 생각했으며 모든 자연물도 수의 지배를 받는다고 생각했다. 피타고라스학파는 특히 자연수와 분수에 큰 관심을 가지고 있었다. 그들은 수 중에서 자연수와 분수로 된 유리수를 집중적으로 연구했는데, 그 중에서도 가장 중요하게 다룬 것은 다각수와 완전수였다. 다각수에는 삼각수, 사각수, 오각수 등이 있는데 1, 3, 6, 10, 15와 같이 정삼각형을 만들 수 있는 점의 개수를 나타내는 수들이 삼각수이다. 그들은 특히 한 변이 4개의 점으로 이루어진 정삼각형을 이루는 점의 개수를 나타내는 10을 신성한 수로 여겨 이 수에 대고 맹세를 했으며, 6이나 28과 같이 약수의 합이 자신과 같은 수를 완전수라고 하여 역시 신성의 대상으로 삼았다.

1	3	6	10	15
T₁	T₂	T₃	T₄	T₅

| 정삼각형을 만들 수 있는 삼각수

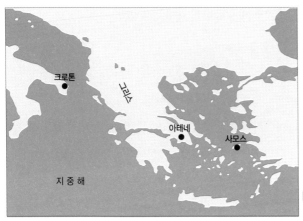

| 피타고라스학파의
주요 활동무대

피타고라스학파에게 무리수란?

피타고라스학파는 직각삼각형의 빗변의 제곱은 다른 두 변의 제곱의 합과 같다는 피타고라스의 정리를 발견한 학파로 유명하다. 하지만 피타고라스학파가 남긴 저서가 없어서 피타고라스의 정리를 어떻게 증명했는지는 알려져 있지 않다. 다만 피타고라스의 정리를 이용해 무리수를 발견하고 매우 당황해 했다는 기록은 전해진다. 그들은 분수로 나타낼 수 없는 무리수를 저주받은 수라고 생각하고 무리수를 발견한 제자를 물에 빠뜨려 죽였다고 한다. 피타고라스학파는 여러 가지 수에 특별한 의미를 부여하기도 했다. 3은 남자, 2는 여자를 의미했으며 따라서 남녀가 결합하는 결혼은 두 수를 합친 5로 나타냈다. 또한 정의는 4, 사랑과 우정은 8로 나타냈으며, 10은 신의 섭리를 나타낸다고 하여 이 학파의 상징으로 삼았다.

피타고라스 정리를 비롯해 피타고라스의 업적이나 주장이라고 알려진 것이 피타고라스 개인의 업적인지 피타고라스학파 구성원들의 업적인지는 분명하지 않다. 그런 이유로 현대의 많은 책에서는 피타고라스학파에서 이루어진 발견이나 주장을 피타고라스 개인의 것으로 기록하기도 한다.

자연 현상 속에는 수의 조화가 숨어 있을까?

4세기의 철학자 이암블리코스의 기록에 의하면 피타고라스는 어느 날 우연히 대장간 앞을 지나가다가 망치 소리를 듣고 시끄러운 망치 소리 속에 조화로운 소리가 섞여 있다는 것을 알아차렸다. 그는 즉시 대장간으로 달려가 조화로운 소리를 내는 망치를 분석한 결과 조화로운 소리들 사이에 간단한 수학적 관계가 성립한다는 결론을 내렸다. 즉 두 망치의 무게의 비가 간단한 분수인 경우에는 조화로운 소리가 난다는 것이었다. 이렇게 해서 피타고라스는 음악의 모든 조화음의 진동수가 간단한 정수비를 이룬다는 사실을 밝혀냈다. 그들은 이처럼 자연 현상 뒤에 숨어 있는 수의 역할을 알아내려 노력했고 이런 노력은 후세 과학자들에게 많은 영향을 끼쳤다.

A 저주받은 수인 무리수를 발견했기 때문에

Tip 피타고라스 학파

피타고라스 학파는 일종의 종교 집단으로 수에 대한 신비주의적 견해를 갖고 있었다. 예를 들어 220의 (자신을 제외한) 모든 약수의 합은 284이고, 284의 약수의 합은 220인데, 이들은 이러한 수들의 쌍을 '우애수'라고 부르면서 우정을 상징한다고 생각했다. 한편 6처럼 자신의 약수를 합하면 자신이 되는 수를 '완전수'라고 부른 것도 이들이었다.

고대 원자론자들이 원자와 원자 사이의 빈 공간을 지칭했던 명칭은?

★ **시대** : 기원전 400년경 ★ **주제어** : 원자론, 레우키포스, 데모크리토스

고대 원자론을 주장한 사람들은 누구인가?

그리스 시대에 원자론을 주장한 사람들은 레우키포스(BC 480~420)와 데모크리토스(BC 460~370)이다. 그들은 자연을 이루는 원자는 더 이상 쪼갤 수 없고 창조도 파괴도 할 수 없는 알맹이로, 그 수와 형태는 무한에 가까우며, 종류에 따라 크기와 모양, 무게가 제각각이라고 생각했다. 허공 속에서 소용돌이치고 있던 원자 중에서 큰 원자는 중심으로 밀어 넣어져서 지구를 형성하고 물, 공기, 불과 같은 훨씬 작은 원자는 바깥쪽으로 밀려나서 지구의 주변 소용돌이를 만든다고 했다. 그들은 또한 맛을 보고, 냄새를 맡고, 소리를 듣는 것과 같은 자연 현상을 모두 원자론을 이용하여 설명하려고 시도했다. 맛을 느끼는 것은 물질을 이루는 원자와 입 안의 원자가 접촉한 결과로 나타나는 것이며, 소리는 원자의 운동이 공기를 자극하고 이 공기의 자극이 귀에 전달되어 나타나는 현상이라고 설명했다. 자극성이 있는 음식은 뾰족하고 울퉁불퉁한 원자로 구성되어 있고, 단 맛을 가진 음식은 부드럽고 매끈한 원자로 이루어졌다고 했다. 이런 설명에 의하면 시각도 눈에서 튀어 나가는 원자와, 물체의 원자가 충돌해서 변형된 원자가 망막을 자극해서 일어나는 것이다.

고대의 원자론자들은 물질을 어떻게 설명했는가?

그들은 또한 물질이 서로 다른 것은 물질을 이루고 있는 원자의 종류와 배열방식이 다르기 때문이라고 생각했다. 만약 원자들이 서로 닿을 수 있을 만큼 가까이 있으면 밀도가 높은 물질이 되고, 원자들 사이의 거리가 멀면 연한 물질이 된다고 설명했다. 원자론자들은 심지어 인간의 영혼도 원자로 이루어졌다고 주장했다. 서로 결합하기 힘든, 빠르게 움직이는 구형의 원자로 이루어져 있는 게 사람의 영혼이라고 생각했으며, 영혼을 구성하는 원자들은 신체에 온기를 부여해서, 그 온기가 온 몸을 순환한다고 설명했다.

원자론자들은 자연을 어떻게 보았나?

원자론자들의 우주관은 기계론적 우주관이었다. 원자론자들은 운동이 원자가 가지는 고유한 성질의 하나이며, 모든 변화는 원자의 성질에 의해 일어난다고 주장했다. 그들은 원자의 형태, 위치, 질서와 운동, 결합, 분리를 모든 물질적 현상의 근원이라고 생각했고, 이런 근원에 대한 탐구가 바로 자연에 대한 탐구라고 생각했다. 하지만 이러한 원자론자들의 무신론적인 우주관은 다른 철학자들이 원자론을 배격하는 주요한 이유가 되었다.

원자론자들은 원자와 원자 사이는 아무 것도 없는 빈 공간이라고 설명하고 이것을 진공이라고 불렀다. 고대 과학을 완성한 아리스토텔레스는 진공의 존재를 강력하게 부정했다. 1643년에 토리첼리(1608~1647)가 진공의 존재를 증명할 때까지 진공은 존재할 수 없는 것으로 받아들여졌다.

A 진공

엠페도클레스는 4원소의
결합과 분리를 무엇으로 설명했는가?

★ **시대** : 기원전 400년경   ★ **주제어** : 근본물질, 4원소론, 네 가지 성질, 연금술

자연을 이루는 근본물질은 무엇인가?

자연과학을 처음 시작한 자연철학자들이 가장 관심을 가진 것은 만물을 이루는 근본물질을 찾는 것이었다. 자연과학의 아버지라고 할 수 있는 탈레스는 만물의 근원이 물이라고 주장했다. 그는 우리가 살고 있는 지구도 물 위에 떠 있는 원반이라고 하여 우주가 근본적으로 물로 이루어져 있다는 생각을 가지고 있었다. 또한 땅 위에 자라는 모든 생명은 물 없이는 살아남을 수 없기 때문에 생명의 원천은 당연히 물이라고 생각했다. 이에 반해 아낙시메네스는 공기가 만물의 근원이라고 주장했다. 그는 물도 공기가 변해서 만들어진다고 생각했다. 물을 끓이면 공기가 되는 것이 그 증거라는 것이다. 반면 헤라클레이토스는 불을 만물을 이루는 근본적인 원소라고 주장했다.

4원소론을 처음 주장한 사람은 누구인가?

4원소론을 처음 주장한 사람은 시칠리아 출신의 의사 엠페도클레스(BC 483~435)이다. 그는 탈레스의 물, 아낙시메네스의 공기, 헤라클레이토스의 불에 흙을 함께 묶어서 처음으로 4원소론을 주장했다. 이들 4원소는 서로

합쳐지고 분해되는 과정을 거쳐 여러 가지 물질을 만들게 되는데, 원소들 사이의 결합과 분리는 원소들 사이에 작용하는 '사랑'과 '미움' 때문에 일어난다고 했다. 플라톤은 4원소가 정다면체로 이루어졌다고 생각했다. 불은 정사면체, 흙은 정육면체, 공기는 정팔면체, 그리고 물은 정이십면체로 되어 있다는 주장이었다. 플라톤의 제자였던 아리스토텔레스는 4원소설을 더욱 발전시켜 물, 불, 흙, 공기의 4원소와 함께 마름, 젖음, 따뜻함, 차가움이라는 네 가지 성질이 결합하여 물질을 만든다고 주장했다. 이러한 4원소설은 1808년 돌턴이 근대적인 원자론을 주장할 때까지 약 2천 년 동안 물질의 성질을 설명하는 기본적인 이론이 되었다. 그는 지상의 물질이 물, 불, 흙, 공기의 4원소로 이루어진 것과는 달리 천체는 제5의 원소인 에테르로 이루어졌다고 생각했다.

4원소설과 연금술의 관계는?

4원소설에 의하면 물, 불, 흙, 공기를 적당한 비율로 배합하면 모든 물질을 만들어 낼 수 있다. 따라서 만약 한 물질 속에 들어 있는 원소의 비율을 바꾸면 한 가지 물질이 다른 물질로 변환될 수 있는 것이다. 이러한 추론이 연금술의 이론적 기초이다. 연금술은 값싼 금속을 금과 같은 귀금속으로 바꾸는 방법을 연구하는 것으로 17세기까지 널리 유행했다. 서양의 연금술이 주로 귀금속을 만드는 행위였던 반면에 동양에서는 주로 불로장생약을 만드는 데 이용되었다. 비록 연금술사들의 시도가 성공하지는 못했지만 그들이 사용한 화학적인 방법은 화학과 약학의 발달에 많은 공헌을 하였다.

A 사랑과 미움

아킬레스는 거북이를 절대로 따라잡을 수 없는 것일까?

★ 시대 : 기원전 500년경　★ 주제어 : 엘레아학파, 파르메니데스, 제논

파르메니데스는 누구인가?

엘레아학파에 속했던 제논은 "날아가는 화살은 정지해 있다", "아킬레스는 영원히 거북이를 따라잡을 수 없다"라는 역설을 제시한 사람으로 유명하다. 제논은 왜 이런 주장을 하게 되었을까? 엘레아학파의 창시자는 파르메니데스(BC 515~445)이다. 부유한 귀족 집안의 출신이었던 파르메니데스는 그리스 신화를 부정하여 추방된 크세노파네스(BC 570~480)의 영향을 많이 받았다. 파르메니데스의 작품으로는 「자연에 대하여」라는 시의 일부만이 전해지고 있다. 파르메니데스는 진실한 의미에서 존재하는 것은 생겨나지도 않고 사라지지도 않는 본질뿐이라는 일원론을 주장했다. 그는 다양한 존재와 운동 변화는 실제로 존재하는 것이 아니라 우리 감각의 착각일 뿐이라고 했다.

변화는 있을 수 없다?

파르메니데스는 이오니아학파의 경험적이고 감각적인 접근 방법을 부정하고, 움직이지 않으며 변화하지 않는 실재를 파악하기 위해서는 추상적이고 논리적이며 합리적인 접근 방법을 이용해야 한다고 주장했다. 파르메니

데스의 영향을 받은 플라톤은 우리가 감각을 통해 경험하는 세상의 일들은 모두 이데아의 그림자일 뿐이어서 감각을 이용한 관측과 측정을 통해서는 진리를 발견할 수 없다는 주장을 폈다.

제논은 파르메니데스의 주장을 옹호했지만, 그와는 달리 간접증명법인 귀류법과 무한누진법을 이용했다. "날아가는 화살은 정지해 있다", "아킬레스는 거북이를 절대로 따라 잡을 수 없다"라고 한 제논의 역설은 무한누진법을 이용한 그의 논증을 잘 나타낸다. 제논의 이러한 역설은 현실과 맞지 않는 궤변에 불과해 보이지만 오랫동안 운동과 변화가 무엇인가에 대한 논쟁의 주제가 되었다.

제논의 주장은 역설에 불과

느리기로 소문난 거북이가 100미터 앞에서 출발하고 빠르게 달릴 수 있는 아킬레스가 100미터 뒤에서 출발하여 달리기 경주를 벌인다고 하자. 아킬레스가 거북이가 있던 자리까지 달려오는 동안에 거북이는 앞으로 기어가 조금 앞에 가 있을 것이다. 다시 아킬레스가 달려 거북이가 있던 위치까지 가면 그 동안에 거북이는 조금 더 앞으로 가 있을 것이다. 따라서 이런 과정을 무한 번 반복해도 거북이는 항상 아킬레스 앞에 가 있을 것이기 때문에 영원히 거북이를 따라 잡을 수 없다는 논리이다.

그러나 실제로는 아주 쉽게 아킬레스가 거북이를 따라 잡을 수 있다. 따라서 제논의 주장은 역설이다. 제논의 역설은 아무리 작은 것이라고 해도 영원히 반복하면 무한을 만들어 낸다고 생각한 데 있다. 그러나 무한히 많은 항을 더해도 무한한 양이 되지 않을 수도 있다. 우리는 고등학교 수학 시간에 $1 + 1/2 + 1/3 + 1/4 + \cdots$ 와 같이 작아지는 값을 무한히 더하면

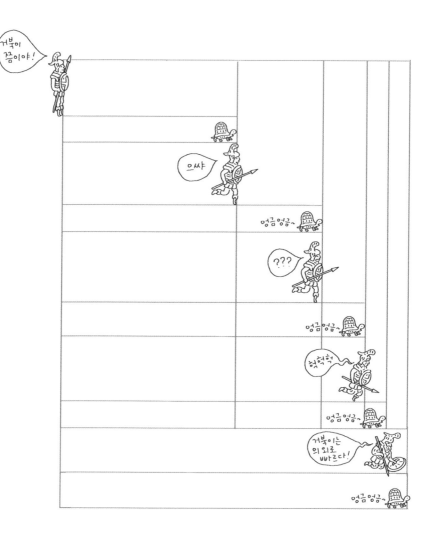

무한대가 되지만 $1 + 1/2 + 1/4 + 1/8 + 1/16 + \cdots$ 은 무한히 많은 항을 더해도 그 결과가 무한대가 아니라 2가 된다는 것을 배워서 알고 있다. 아킬레스가 아주 쉽게 거북이를 따라 잡을 수 있는 것은 이 때문이다.

A 아주 쉽게 따라잡을 수 있다.

Q 006

플라톤의 동굴의 비유에서
그림자가 상징하는 것은?

★ **시대** : 기원전 400년경   ★ **주제어** : 국가론, 이데아, 아카데미아

진리와 진리의 그림자

플라톤은 『국가론』 제7권에서 동굴의 비유를 통해 이데아의 세계와 현실 세계를 대비해 놓았다. 동굴의 비유를 통해 플라톤은 두 세계의 관계뿐 아니라 이데아의 세계를 볼 수 있는 눈을 가진 철학자들이 직면하게 될지도 모르는 위험을 경고하기도 했다. 동굴에는 많은 수의 죄수들이 벽면을 향해 묶인 채 앉아 있다. 그들은 자신들이 보는 것을 실재라고 여기지만 사실은 벽에 비친 그림자일 뿐이다. 우리가 일상생활에서 보는 것도 사실은 그림자들이다.

이 죄수들 중에서 한 명의 철학자가 족쇄에서 풀려나 뒤로 돌아 동굴을 벗어났다고 가정해 보자. 그는 최초로 그림자를 만드는 진짜 사물들과 그러한 그림자를 가능하게 하는 밝은 태양빛을 보게 된다. 그는 자신이 여태까지 실재라고 여겼던 벽에 비친 그림자들이 자신이 지금 보고 있는 사물들에 비해 얼마나 불완전한 것이었던가를 깨닫게 된다. 일반인이 가지고 있는 생각이 이데아에 비해 얼마나 불완전하고 혼동된 것인가를 깨달은 철학자는 다시 동굴로 돌아가 죄수들에게 그들의 세계가 얼마나 불완전한 것인가를 말한다. 그러나 죄수들은 그를 미치광이로 여기고 그를 믿으려 하지 않는다.

이데아와 기하학의 관계는?

그러나 동굴 밖으로 나가지 않고도 이데아의 세계를 이해할 수 있는 방법이 있다. 불완전한 현실세계에 살고 있는 우리가 이데아의 세계를 이해할 수 있게 되는 한 예를 수학과 기하학에서 찾아볼 수 있다. 우리가 그리는 삼각형이나 사각형, 그리고 원은 엄밀한 의미에서 삼각형이나 사각형 또는 원이 아니다. 완전한 삼각형, 사각형, 그리고 원을 닮은 도형일 뿐이다. 불완전한 도형을 이용하여 이 도형과 관련된 본질적인 성질을 증명할 수 있는 것은 우리의 이성적 추리의 결과이다. 이와 마찬가지로 이 세상의 모든 것들은 영원불변하고 완전한 이데아의 불완전한 표현들이다. 따라서 우리는 이런 표현들을 바탕으로 논리적이고 이론적인 추론을 통해 이데아를 발견해 가야 한다.

기하학을 모르는 사람은 들어오지 마시오

플라톤은 기원전 389년에 아테네에 아카데미아라는 학원을 세우고 제자들을 가르쳤다. 아카데미아의 입구에는 '기하학을 모르는 사람은 들어오지 마시오'라는 표지판이 있었다는 이야기가 전해진다. 이 말은 아카데미아에서 기하학을 매우 중요시했다는 것을 나타낸다. 플라톤이 기하학을 중요시했던 것은 기하학이 이데아를 이해하는 이성적인 추론의 훌륭한 방법을 제공한다고 믿었기 때문이다.

A 우리가 사는 현실세계

아리스토텔레스와
뉴턴의 힘에 대한 관점의 차이는?

★ **시대** : 기원전 350년경   ★ **주제어** : 자연운동, 강제운동, 관성의 법칙

아리스토텔레스는 운동을 어떻게 나누었나?

아리스토텔레스(BC 384~322)는 사물의 운동을 자연운동과 강제운동으로 나누었다. 자연운동은 우주의 중심으로 다가가거나 멀어지는 것과 같이 물질의 고유한 성질에 의해 일어나는 운동이고, 강제운동은 물질에 힘이 계속 가해져야 일어나는 운동이라고 보았다. 그는 흙이나 물을 많이 포함하고 있는 물질은 우주의 중심으로 다가가려는 성질이 있고, 불이나 공기를 많이 포함하고 있는 물질은 우주의 중심에서 멀어지려는 성질이 있다고 했다. 물체가 땅으로 떨어지거나 하늘로 날아가는 운동은 이러한 성질 때문에 일어나는 자연스런 운동이다. 자연스런 운동이 지구를 향하거나 지구에서 멀어지는 것은 지구가 우주의 중심에 자리 잡고 있기 때문이다. 또한 천체의 자연스런 운동은 원운동이라고 했다. 케플러가 1609년에 행성이 타원운동을 하고 있다는 것을 밝혀내기까지 오랫동안 천체가 원운동을 한다는 것은 누구도 부정할 수 없는 기본 원리로 받아들여졌다.

아리스토텔레스는 힘과 운동의 관계를 어떻게 파악했는가?

우리 주위에서 일어나는 여러 가지 운동은 힘을 가해야 운동이 계속되는 강제운동이다. 강제운동의 경우 속도는 힘에 비례하고 저항력에 반비례한다. 따라서 힘이 가해지지 않으면 속도도 0이 된다는 것이다. 아리스토텔레스는 우리가 돌을 던질 때 돌이 손과의 접촉을 떠나서도 강제운동을 계속하는 것에 대해 다음과 같이 설명했다. 돌이 공기를 밀면 공기가 돌을 뒤로 미는데, 이때 돌을 위로 올리는 추진력이 조금씩 작아져서 돌은 마침내 자연운동인 낙하운동을 하게 된다는 것이다.

뉴턴 역학의 운동법칙 중 첫 번째 법칙인 관성의 법칙에 의하면 물체에 힘을 가하지 않으면 물체는 정지하는 것이 아니라 운동 상태가 그대로 유지된다. 다시 말해 운동하던 물체는 계속 운동하고 서 있던 물체는 계속 서 있게 된다. 따라서 관성의 법칙은 아리스토텔레스의 힘과 운동의 관계에 대한 설명이 틀렸다는 것을 지적하고 있는 법칙이라고 할 수 있다. 뉴턴 역학의 운동에 관한 2법칙에 의하면 힘은 운동 상태를 바꾸는 데 필요하다. 아리스토텔레스 역학에서는 힘이 운동 상태를 유지하는 데 필요하다고 설명한 반면, 뉴턴 역학에서는 힘은 운동 상태를 바꾸는 데 필요하다고 설명하고 있는 것이다.

아리스토텔레스는 왜 진공의 존재를 부정했을까?

고대 역학에서는 진공의 존재를 강력하게 부인했다. 특히 아리스토텔레스는 진공이 존재할 수 없다고 강력하게 주장했다. 그는 진공에는 위치가 없기 때문에 운동이 불가능한데 실제로는 운동이 일어나고 있으므로 진공은 존재하지 않는다고 이야기했다. 또 속도는 가한 힘에 비례하고 저항력에 반

비례하기 때문에 저항이 0인 진공 속에서는 속도가 무한대가 되어야 하는데 그런 속도는 없으므로 진공은 존재하지 않아야 하며, 공기가 없는 진공에서는 포물선 운동이 불가능한데 실제로는 포물선 운동이 일어나고 있으므로 진공이 존재하지 않는다고 했다. 이러한 그의 주장은 오랫동안 정설로 받아들여져 1643년 갈릴레이의 제자였던 토리첼리가 실험을 통해 진공의 존재를 증명할 때까지 진공은 존재하지 않는 것으로 간주되었다.

A 아리스토텔레스가 힘이 운동 상태를 유지하는 데 필요하다고 설명한 반면, 뉴턴은 힘이 운동 상태를 바꾸는 데 필요하다고 설명

Q 008

기하학을 창시한 사람은 유클리드일까?

★ **시대** : 기원전 300년경　★ **주제어** : 「기하학 원론」, 알렉산드리아

알렉산드리아 시대의 과학

　알렉산더 대왕이 지중해 연안에서 시작하여 이집트와 중동지방을 정복한 후 그리스 과학의 중심지는 아테네에서 이집트의 알렉산드리아로 옮겨갔다. 기원전 300년경부터 500년 동안에는 수많은 뛰어난 과학자들이 알렉산드리아를 중심으로 활동했다. 알렉산드리아에서도 시대적으로 가장 먼저 활동한 사람들 중의 한 사람이 바로 기하학을 완성한 유클리드였다.

　유클리드의 일생에 대해서는 자세히 알려진 것이 거의 없다. 그러나 유클리드가 살았던 시대는 아테네를 중심으로 한 그리스 문화가 알렉산드리아로 중심을 옮겨가던 시기였으므로, 유클리드는 아테네의 아카데미아에서 공부한 후 기원전 320년에서 260년 사이에 알렉산드리아에서 활동한 것으로 추정된다. 유클리드를 흔히 기하학의 아버지라고 부르는데 그것은 그가 기하학을 창시했다거나 기하학을 확립했다는 의미가 아니다. 기하학의 역사는 매우 길어서 유클리드 이전에도 이미 기하학은 있었다. 그러나 유클리드 이전의 기하학에는 정리와 체계가 없었다. 유클리드는 기하학을 『기하학 원론』이라는 13권의 책으로 정리하고 체계를 갖춘 인물이다.

『기하학 원론』은 어떤 책인가?

유클리드는 기하학을 『기하학 원론』이라는 13권의 책으로 정리했다. 『기하학 원론』은 현재까지도 기하학의 고전으로 읽혀지는 책이다. 『기하학 원론』의 처음 네 권은 간단한 기하학적 도형, 삼각형, 원, 다각형, 평행선 등을 다루었고, 다섯 번째 책에서는 비례이론, 여섯 번째 책에서는 평면 기하학의 문제, 일곱 번째 책부터 아홉 번째 책까지는 수의 문제, 열 번째 책은 무리수의 문제, 마지막 세 권은 입체 기하학, 즉 원통, 원뿔 등과 같은 문제를 다루었다.

유클리드는 『기하학 원론』을 통해 그때까지 단편적으로 전해져 오던 기하학을 정리하여 단순화하고, 정리와 증명의 논리적 순서를 확립했으며, 낡은 증명 방법을 수정하고, 스스로 새로운 증명 방법을 고안한 것으로 평가받고 있다. 중학교에서 배우는 피타고라스 정리는 피타고라스가 아니라 유클리드가 증명했다는 것은 잘 알려진 사실이다. 유클리드는 『기하학 원론』 외에도 『광학』, 『음악의 원리』, 『현상』, 『도형분할에 관하여』 등 다방면의 저서를 남겼다. 유클리드가 기하학 외의 다른 많은 분야에도 관심을 지니고 있었음을 설명하는 부분이다.

기하학에 대한 긍지를 나타내는 일화

유클리드와 관계된 일화는 기하학의 각종 이론만큼이나 다양하다. 그중에서도 기하학을 배우는 것이 살아가는 데 아무런 도움이 되지 않는다고 불평하는 사람에게 "기하학을 배워서 이득을 보겠다는 이 사람은 기하학을 배울 자격이 없다. 차라리 몇 푼 주어 쫓아버려라!"라고 했다는 이야기는 가장 널리 알려진 유클리드의 일화 중의 하나이다. 이 일화는 유클리드가 가졌던 기하학에 대한 긍지를 엿볼 수 있는 부분이다. 또한 기하학을 배우는 데 지름길이 없겠느냐고 묻는 이집트의 왕 프톨레마이오스 1세에게 "기하학에는 왕도가 없습니다."라고 대답했다는 일화도 많은 사람들이 자주 인용하고 있다.

A | 알렉산드리아의 수학자 유클리드

비유클리드 기하학

『원론』은 개념의 정의와 일반적인 원칙인 공리로부터 출발한다. 그러나 평행선을 하나만 그을 수 있다는 평행선 공리(제5공리)는 사람들에게 불편하게 느껴졌고, 19세기에 와서야 평행선을 전혀 그을 수 없거나 여러 개 그을 수 있는 기하학(비유클리드 기하학)이 탄생했다. 비유클리드 기하학은 상대성 이론에서 굽은 우주 공간을 설명하는 데 사용됨으로써 새로운 우주론의 시대를 열게 해주었다.

지구에서 달, 지구에서 태양까지의 거리비를 알아낸 사람은?

★ **시대** : 기원전 300년경   ★ **주제어** : 지동설, 지구와 달의 크기 비

고대에도 지동설이 있었을까?

고대인들이 생각하고 있던 우주는 우리가 알고 있는 우주에 비하면 아주 간단했다. 고대에는 지구가 우주의 중심에 정지해 있고 그 주위를 7개의 천체(일, 월, 화, 수, 목, 금, 토)가 돌고 있으며, 그 밖에는 별들이 고정되어 있는 천구가 있다고 생각했다. 따라서 고대의 천문체계는 일곱 개의 천체가 어떻게 운동하고 있는지를 설명하는 것이었다. 일곱 천체의 운동을 설명하는 천문체계에는 천체들이 우주의 중심에 있는 지구 주위를 돌고 있다는 지구 중심 천문체계(천동설)와 태양을 중심으로 돌고 있다는 태양 중심 천문체계(지동설)가 있다.

대부분의 사람들은 태양을 중심으로 하는 지동설을 1543년 코페르니쿠스가 그의 저서 『천체의 회전에 관하여』에서 가장 먼저 주장한 것으로 알고 있다. 그러나 알렉산드리아 시대에도 이미 지동설이 있었다. 사모스 출신의 아리스타르코스(BC 310~230)는 다른 천체들이 태양을 돌고 있다는 지동설을 주장했던 것으로 알려져 있다. 그는 또한 과학적인 방법으로 지구에서 달, 그리고 지구에서 태양까지의 거리의 비를 측정했던 것으로도 유명하다.

피타고라스의 정리를 활용하면 지구에서 태양까지의 거리비를 구할 수 있다

달이 반달로 보일 때는 지구와 태양, 달이 직각삼각형을 이룬다. 따라서 지구에서 달과 태양 사이의 각도를 측정하면 피타고라스 정리를 이용하여 지구에서 달, 지구에서 태양까지의 거리비를 구할 수 있다. 아리스타르코

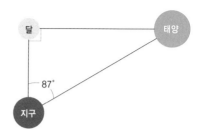

| 아리스타르코스의 거리 비 측정

스는 이 각(87도)을 측정하여 지구에서 태양까지의 거리는 지구에서 달까지의 거리의 19배라고 주장했다. 또한 이 거리비와 일식 때 달이 태양을 완전히 가린다는 사실을 이용해 태양의 지름은 달의 지름의 19배라고 주장을 펴기도 했다.

뿐만 아니라 아리스타르코스는 월식 때 달이 지구 그림자를 통과하는 시간을 측정하여 지구의 지름이 달의 지름의 4배라고 주장하기도 했다. 월식때 달이 지구의 그림자 속으로 완전히 들어가는 데 걸리는 시간이 달이 달의 지름만큼 움직여 가는 시간이다. 그리고 달이 지구 그림자 속으로 들어가기 시작할 때부터 반대편으로 나오기 시작할 때까지 걸리는 시간은 달이 지구의 지름만큼 움직여 가는 시간이다. 따라서 이 시간을 측정하여 비교하면 달의 지름과 지구 지름의 비를 알 수 있다.

왜 고대의 지동설은 받아들여지지 않았을까?

과학적 측정을 바탕으로 한 아리스타르코스의 지동설이 널리 인정받지 못하고 1,800년 후에 코페르니쿠스가 나타날 때까지 기다려야 했던 이유는

무엇일까? 당시 사람들이 받아들이고 있던 아리스토텔레스의 역학에 의하면 모든 물체는 우주의 중심으로 다가가려는 성질을 가지고 있다. 따라서 지구가 우주의 중심이 아니고 태양이 우주의 중심이라면 모든 물체가 태양을 향해 날아가야 하는데 실제로는 지구를 향해 떨어지므로 태양이 아니라 지구가 우주의 중심이라고 설명했었다. 그뿐 아니라 지구가 실제로 태양 주위를 빠른 속도로 돌고 있으면 그 위에 살고 있는 사람들은 지구 운동의 영향을 받아야 하는데 그런 영향을 받지 않고 편안히 살아간다는 것은 지구가 움직이지 않는 증거라고 생각했다. 당시 사람들은 지구가 움직이고 있다는 증거를 찾아내는 데 실패했으므로 아리스타르코스의 지동설을 받아들이지 않고 아리스타르코스보다 약 450년 후에 프톨레마이오스가 완성한 천동설을 받아들이게 되었다.

A 아리스타르코스

고대의 천문학

점성술에서 시작된 고대의 천문학은 종교적이고 정치적인 문제였다. 아낙사고라스는 태양이 불타는 돌이라고 주장했는데, 태양신에게 불경죄를 저지른 혐의로 고향에서 추방당해야 했다.

지구를 들어 보이겠다고
배짱을 부린 고대 과학자는?

★ **시대** : 기원전 350년경   ★ **주제어** : 아르키메데스, 부력의 법칙, 지렛대의 원리

아르키메데스는 누구인가?

알렉산드리아 시대의 최고 물리학자였던 아르키메데스(BC 287~212)는 실험을 통하여 물리학 원리를 알아내고 그를 이용해 많은 기계장치와 무기를 발명했다. 특히 지렛대의 원리를 이용한 다양한 기계장치를 발명했는데 이 중에는 적에게 무거운 돌을 날려 보내는 투석기, 해안으로 다가오는 적의 배를 들어 올리는 기중기 등이 있다.

아르키메데스는 시라쿠사 출신의 과학자로, 과학 원리를 이용하여 여러 가지 무기와 기구를 만든 것으로 널리 알려진 인물이다. 그는 당시 문화의 중심이던 알렉산드리아에서 유학하며 기하학을 배우고는 시라쿠사로 돌아와 과학 연구에 전념하여 많은 발명품과 저서를 남겼다. 지렛대의 원리를 이용하여 해변 모래톱에 올려놓은 선박을 진수한 이야기와 부력의 원리를 이용하여 금관의 진위를 밝혀냈다는 이야기는 유명한 일화이다.

지렛대의 원리를 잘 알고 있었던 아르키메데스는 시라쿠사의 왕인 히에론 2세 앞에서 "지렛대와 받침점을 주면 지구도 움직일 수 있다."고 이야기 했다고 전해진다. 지중해의 패권을 둘러싸고 세 차례에 걸쳐 일어난 로마와

카르타고의 전쟁 중 2차 포에니전쟁(BC 218~201)때 시라쿠사는 카르타고의 편을 들어 로마군의 공격을 정면으로 받게 되었다. 아르키메데스는 카르타고를 위하여 투석기, 기중기 등 지렛대를 응용한 무기를 고안했다.

아르키메데스는 이외에도 나선을 응용해 만든 양수기인 아르키메데스의 나선식 펌프를 만들기도 했다. 낮은 곳의 물을 높은 곳으로 퍼올리는 아르키메데스의 나선식 펌프는 오늘날에도 이집트 지방에서 수동식 양수기로 널리 사용되고 있다.

아르키메데스와 기하학

또한 아르키메데스는 우주 모형을 만들어 태양, 달, 지구의 일주 운동을 재현시키기도 했는데, 이 우주 모형은 일식이나 월식까지도 그대로 구현할 수 있었다고 한다. 그뿐만 아니라 천문 연구를 위해 측각기를 개량하여 지구에서 태양에 대한 각도를 재기 위한 장치를 고안하기도 하였다. 시라쿠사가 함락되던 날, 아르키메데스는 자기 집 마당의 모래 위에 도형을 그리며 기하학 연구에 몰두하고 있었는데 로마 병사가 그가 아르키메데스인지 모르고 죽였다고 전해진다. 아르키메데스는 기하학과 기술을 연결시킨 학자로 수학을 실제 문제 해결에 이용함으로써 그리스 수학을 발전시켰다. 그의 저서로는 『평면의 균형에 대하여』, 『포물선의 구적』, 『구와 원기둥에 대하여』, 『나선에 대하여』, 『코노이드(conoid)와 스페로이드(spheroid)』, 『부체에 대하여』, 『원의 측정에 대하여』, 『모래 계산자』, 『가축문제 기타』 등이 알려져 있다.

배를 태우는 거울이 정말 있었을까?

아르키메데스가 커다란 거울을 만들어 태양 빛을 반사시켜 해안으로 다가오는 로마의 배들을 불태웠다는 기록이 전해진다. 그러나 실제로 그런 무기가 사용되었는지는 확실하지 않다. 후세 사람들이 실험을 통해 300미터 정도의 거리에서라면 커다란 반사경을 이용해 낙엽에 불을 피울 수 있다는 것을 확인하기도 했다. 그러나 여러 개의 거울을 사용한다고 해도 태양 빛을 반사시켜 움직이는 배를 불태우는 것은 쉬운 일은 아니었을 것이다. 만약 그런 거울이 실제로 있었다면 그것은 하나 또는 몇 개의 거울이 아니라 수천의 군사들이 들고 있는 수많은 거울이었을 것이다.

A 아르키메데스

아르키메데스가 금세공 기술자의 거짓을 알아낸 후 외친 한 마디는?

★ **시대** : 기원전 350년경　★ **주제어** : 아르키메데스, 부력의 법칙

가짜 왕관의 진실을 밝혀내라

이탈리아 반도 남쪽의 시실리에 있었던 도시국가 시라쿠사의 왕 히에론 2세는 전쟁의 승리를 축하하기 위해 신전에 값비싼 금으로 관을 만들어 바치기로 했다. 왕은 금세공 기술자에게 금을 주어 금관을 만들도록 명령했다. 금세공 기술자는 왕관을 만들어 바쳤다. 그런데 금세공 기술자가 받은 금을 전부 쓰지 않고 일부를 가로채고는 은을 섞어 왕관을 만들었다는 소문이 돌았다. 왕은 아르키메데스에게 이틀의 말미를 주어 그것을 조사해 보도록 하였다.

아르키메데스는 왕관을 손상시키지 않고 왕관의 진위를 가려내야 했다. 이 일은 쉬운 일은 아니었다. 아르키메데스는 여러 가지 방법을 생각해 보았지만 해결책이 떠오르지 않았다. 어느 날 아르키메데스가 목욕탕에서 물이 가득 차 있던 탕에 몸을 담그자 물이 밖으로 넘쳐 흘렀다. 그 순간 아르키메데스는 욕조의 물이 물속으로 들어간 자신의 부피만큼 넘쳐흐른다는 것을 깨달았다. 그렇다면 물이 가득한 통 속에 금관을 넣으면 금관과 같은 부피의 물이 넘칠 것이었다. 여기까지 생각한 아르키메데스는 옷을 챙겨 입는 것도 깜빡한 채 "유레카"라고 외치며 거리로 뛰쳐나갔다고 한다.

유레카의 유래

가장 중요한 원리를 알게 되자 나머지 문제는 간단하게 해결되었다. 우선 금관을 만드는 데 사용된 금과 같은 양의 금의 부피를 측정하였다. 금의 부피를 측정하는 방법은 간단했다. 물이 가득한 통 속에 금을 넣고 넘쳐나는 물의 양을 측정하면 되었다. 이제는 금관의 부피를 측정할 차례이다. 금관의 부피를 측정하는 것도 간단했다. 물이 가득한 통 속에 금관을 넣고 넘쳐나는 물의 양을 측정하면 되었다. 은은 금보다 가볍기 때문에 같은 무게라면 부피가 컸다. 따라서 은을 섞은 금관은 순금보다 부피가 커야 하고 더 많은 물이 흘러나올 것이다. 세밀한 측정을 거듭한 끝에 아르키메데스는 금관에 은이 섞였다는 것은 물론 은이 얼마나 섞였는지도 알아냈다고 한다. 물이 넘치는 것을 이용하여 복잡한 모양을 가지고 있는 고체의 부피를 간단하게 측정하는 용기를 현재도 유레카관이라고 부른다.

부력의 원리는 무엇인가?

물과 같은 유체 속에 물체를 넣으면 물체의 무게는 물체의 부피와 같은 부피의 유체의 무게만큼 가벼워진다. 물체가 유체 속에 들어가기 위해서는 유체를 밀어내야 하는데 이것은 물체의 부피만큼의 유체를 더 넣은 것과 마찬가지이다. 이 유체는 물체를 밀어내려는 힘을 작용하는데 그것이 부력이다. 따라서 부력의 크기는 유체 속에 잠긴 물체의 부피와 같은 부피의 유체의 무게와 같다.

그릇에 들어 있는 물속에 물체를 넣으면 물체의 부피만큼 물이 불어나고, 물체의 무게는 이 불어난 물의 무게만큼 줄어든다. 물체의 부피와 같은 부피의 물의 무게만큼의 부력이 작용하기 때문이다. 따라서 물 밖에서 잰 무게와 물속에서 잰 무게의 차이는 물체의 부피를 나타낸다. 같은 무게의 순금 덩어리와 왕관을 물속에서 달아보았을 때 무게가 같으면 왕관도 순금으로 만들어진 것이고 무게가 다르다면 왕관은 순금이 아니라 다른 금속이 섞였다는 것을 나타낸다.

A 유레카

가장 위대한 수학자 3인

가우스는 자신의 제자 아이젠슈타인을 칭찬하기 위해 수학의 새로운 시대를 연 세 명의 위대한 수학자로 '아르키메데스, 뉴턴, 그리고 아이젠슈타인'을 꼽았다. 그러나 아이젠슈타인은 젊어서 일찍 죽었고, 가우스 사후 사람들은 이 목록에 가우스를 집어넣어 가장 위대한 수학자로 '아르키메데스, 뉴턴, 가우스'를 언급하게 되었다.

고대에 이미 증기기관을
창안한 인물은?

★ **시대** : 1세기 ★ **주제어** : 기계학파, 크테시비오스, 헤론, 클렙시드라, 헤론의 구

알렉산드리아의 기계학파

알렉산드리아에는 크테시비오스(BC 285~222)와 헤론(62~150)을 대표로 하는 기계학파가 있었다. 이들은 여러 가지 실용성 있는 기계를 만들어 냈다. 이발사의 아들이었던 크테시비오스는 여러 개의 밸브를 이용한 공기펌프를 발명했고, 이 공기펌프를 오르간에 연결하여 건반을 누르는 데 사용하기도 했다. 그는 또한 청동스프링으로 작동하는 투석기를 발명하기도 했으며, 물시계 클렙시드라도 만들었다. 클렙시드라는 물이 흘러서 종을 울리고 인형을 움직였으며, 새들이 노래하게 만드는 장치가 달려 있었다.

크테시비오스보다 늦은 시기인 62년경에 활동했던 헤론도 여러 가지 기계장치를 발명했다. 1896년 콘스탄티노플에서 『공기역학』이라는 원고가 발견되었는데 그것은 헤론이 학생들을 가르쳤던 강의노트였던 것으로 확인되었다. 이 원고에는 78가지 발명품에 대한 설명이 들어 있었는데 많은 부분은 포도주와 물을 따르는 용기에 관련된 것이었다. 이 원고에는 자동판매기, 수력 오르간, 소방기구, 주사기, 물시계, 태양에너지를 이용하는 분수, 증기력으로 작동하는 인형, 자동문, 기계 장치로 노래하는 새, 자동으로 심지를

조절하는 램프 등에 대한 설명도 포함되어 있었다.

최초의 증기기관이라고 할 수 있는 헤론의 구

이 중에서 통 속의 물을 끓여 증기로 만든 다음 두 개의 관을 통해 회전축이 부착되어 있는 공 속으로 들어가게 하고, 증기가 분사되는 힘으로 공이 축 주위를 돌도록 한 헤론의 공은 증기기관의 전신이라고 볼 수 있다. 헤론은 빛이 두 지점간의 최단거리의 경로를 통과하여 지나간다는 가설을 제안하기도 했다. 이 가설은 훗날 빛이 최단시간이 걸리는 경로를 지나간다는 페르마의 원리에 의해 부정되었다. 그러나 헤론은 자신의 가설을 기초로 입사각과 반사각이 같다는 반사의 원리를 증명하기도 했다.

기하학 분야에서는 삼각형의 세 변의 길이를 이용하여 넓이를 구하는 공식인 헤론의 공식을 발견한 것으로 유명하다. 그는 또한 어떤 수의 제곱근을 반복해서 계산해내는 방법을 알아내기도 했다.

불의 힘으로 열리는 신전의 문은 어떻게 작동할까?

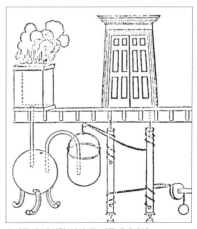

| 헤론이 발명한 성전 문 자동개폐장치

헤론의 또 다른 발명품으로는 성전 문 자동개폐장치를 들 수 있다. 성전 안의 제단에 불을 피우면 제단 아래 공기통의 공기가 더워져 부피가 팽창하고, 이 공기가 물이 들어 있는 통으로 흘러들어 간다. 그러면 물통 속의 물이 호스를 따라 다른 물통으로 흘러

들어가 물통이 무거워지게 되는데, 이 무거워진 물통이 줄을 잡아 당겨 성전 문을 열도록 되어 있었다. 제단의 불이 꺼져 공기가 차가워지면 그 과정이 반대로 진행되면서 성전 문이 닫히게 된다.

 헤론

자동 기계의 전설
여러 문화권에서는 스스로 움직이는 자동 인형이나 자동 기계의 전설을 갖고 있다. 기름으로 움직이던 거인 '골렘'이나, 중국 『열자』에 나오는 '언사의 인형' 이야기는 모두 자동 기계에 대한 고대인들의 꿈을 보여준다.

Q 013
최초로 지구의 둘레를
측정한 사람은?

★ **시대** : 기원전 200년경   ★ **주제어** : 알렉산드리아, 시에네, 에라토스테네스, 하지

에라토스테네스는 누구인가?

지리학자이자 수학자인 에라토스테네스(BC 276~192)는 기원전 276년경 지중해 연안에 있던 키레네에서 태어났지만 생애의 대부분을 알렉산드리아에서 활동했다. 그는 알렉산드리아 도서관의 수석 사서였는데 당시의 도서관은 책을 보관하고 빌려주기만 하는 곳이 아니라 학자들이 모여 학문에 대한 연구 결과를 토론하는 학문의 중심지였다. 수석 사서를 당대 최고의 학자가 맡는 것은 당연지사. 에라토스테네스는 과학, 철학, 문학 등 여러 분야의 책을 저술했지만 지리학의 업적으로 후세에 널리 알려진 인물이 되었다. 에라토스테네스의 업적 중에서 가장 중요한 것은 지구의 둘레를 측정한 것이다. 그는 알렉산드리아의 남쪽에 있는 시에네의 지면에 수직으로 판 우물에서 하지 정오에 태양광선이 수직으로 입사한다는 사실과, 같은

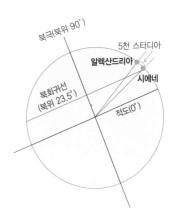

| 하지날의 태양의 위치와 그림자

시간에 알렉산드리아의 땅 위에 수직으로 세운 막대기에는 7도 각도의 그림자가 생긴다는 사실을 이용하여 지구의 둘레를 계산하였다.

에라토스테네스가 이런 측정을 할 수 있었던 것은 태양에서 오는 빛은 평행광선이며, 지구는 구형이라고 생각했기 때문이다. 알렉산드리아 시대에 지구와 달, 그리고 태양의 움직임에 대해 비교적 자세히 알 수 있었던 것은 관측된 사실을 합리적으로 설명할 수 있었기 때문이었다. 그러나 1,000년 후 중세가 끝날 무렵에는 이러한 합리성을 찾아볼 수 없게 되어 먼 바다 끝에는 깊이를 알 수 없는 낭떠러지가 있다는 것과 같은 터무니없는 주장이 등장하게 된다.

지구 둘레를 측정하다

에라토스테네스는 사람들의 보폭을 이용하여 알렉산드리아와 시에네 사이의 거리를 측정하여 5,000스타디아(1스타디아는 약 200미터)라는 것을 알아냈고, 이를 이용하여 지구의 둘레가 250,000스타디아(50,000킬로미터)라는 것을 알아냈다. 이 값은 오늘날 측정한 39,941킬로미터보다는 크지만 아리스토텔레스나 아르키메데스가 측정한 값(400,000스타디아)보다는 훨씬 정확한 값이었다. 에라토스테네스가 측정한 지구의 크기가 얼마나 정확한가는 그가 사용한 스타디아라는 단위가 얼마나 먼 거리를 나타내느냐에 따라 달라진다. 당시 그리스 지방과 이집트 지방에서 사용하던 스타디아의 길이가 달랐는데 에라토스테네스가 어떤 값을 사용했었는지는 알 수 없다. 그의 측정 결과가 얼마나 정확했느냐와 상관없이 그의 측정 방법이 매우 과학적이라는 것과 이런 측정을 위한 기본 가정이 정확했다는 것은 놀랄 만한 일이다.

지구를 열대, 온대, 한대로 나누다

지구 지도 위에 경도와 위도를 처음으로 표시하고 지구를 열대와 온대 그리고 한대로 나눈 사람도 에라토스테네스였다. 에라토스테네스는 지구를 두 개의 극과 하나의 적도를 가진 구라고 생각하고 지도를 만들어 경도와 위도를 넣고, 두 개의 한대와 두 개의 온대 그리고 하나의 열대를 그려 넣기도 했는데 그의 이런 생각은 매우 뛰어난 착상이었다.

A 에라토스테네스

천동설을 완성한 사람은?

★ **시대** : 기원전 200년경 ★ **주제어** : 알렉산드리아, 시에네, 에라토스테네스, 하지

『알마게스트』는 어떤 책인가?

코페르니쿠스가 지동설을 주장할 때까지 널리 받아들여졌던 지구 중심 천문체계인 천동설은 프톨레마이오스(85~165)가 저술한 『알마게스트』에 자세히 기술되어 있다. 이 책의 원 제목은 '천문학 집대성'이라는 뜻의 'H mathmatiksyntaxis'였다. 그러나 9세기 아라비아의 천문학자들은 이 책을 최고라는 뜻의 '메지스테(Megist)'라고 불렀다. 이 말에 정관사 al이 붙어 『알마게스트(Almagest)』(전 13권)가 되었다. 따라서 알마게스트란 가장 위대한 책이라는 뜻이다. 이 책에는 항성의 위치에 대한 목록과 행성 운동에 대한 설명이 포함되어 있다. 프톨레마이오스는 바빌로니아에서 구한 천문관측 자료와 그리스의 천문학자인 히파르코스의 관측 자료를 이용하여 행성의 운동, 태양과 달의 운동을 수학적으로 기술했다.

주전원 운동과 이심원 운동

프톨레마이오스는 히파르코스가 제안한 것으로 알려져 있는 주전원과 이심원을 이용하여 행성의 운동을 설명했다. 행성이 지구를 중심으로 원운동

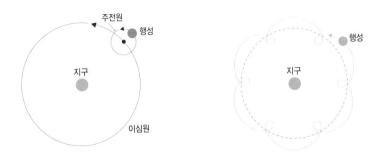

| 주전원 운동과 이심원 운동을 결합하면 행성이 앞과 뒤로 가는 현상을 설명할 수 있다

을 하고 있다고 해서는 행성의 운동을 제대로 설명할 수 없었다. 행성들이 앞으로 가기만 하는 것이 아니라 때로는 뒤로 가기도 하기 때문이었다. 이런 현상을 설명하기 위해 히파르코스는 행성이 어떤 점을 중심으로 원운동하고 있고(주전원 운동), 이 점이 지구 주위를 돈다고 설명했다(이심원 운동). 그러나 이심원의 중심은 지구가 아니라 지구에서 조금 떨어져 있는 점이었다.

프톨레마이오스는 정밀한 관측 자료를 바탕으로 이심원과 주전원의 지름을 결정하고 행성이 도는 속도를 결정하여 미래의 행성의 위치를 예측할 수 있는 천문체계를 만들었다. 주전원과 이심원을 이용한 프톨레마이오스의 천문체계는 오차 내에서 행성의 운동과 관련된 여러 가지 현상을 성공적으로 설명할 수 있었다.

지동설과 천동설

지동설은 태양을 중심으로 태양계 천체의 운동을 설명하는 학설이고 천동설은 지구를 중심으로 태양계의 운동을 설명하는 학설이다. 태양계를 이루는 천체들은 중력에 의한 상호 작용으로 인해 모두 움직이고 있다. 질량이 큰 천체는 조금씩 움직이고, 질량이 작은 천체는 많이 움직인다. 태양계에서 가장 많은 질량을 가지고 있는 태양의 질량은 태양계 전체 질량의 99.9퍼센트가 넘는다. 따라서 태양의 움직임은 무시할 수 있을 정도로 작은 반면 지구와 같은 행성들의 움직임은 상대적으로 크다. 이것이 태양을 중심으로 천체들의 운동을 설명하면 간단한 천문체계로 설명할 수 있지만 많이 움직이는 지구의 입장에서 천체의 운동을 설명하려고 하면 천문체계가 매우 복잡해질 수밖에 없는 이유이다.

A | 프톨레마이오스

알마게스트

'알마게스트'는 '가장 위대한 책'이란 뜻이다. 그리스 과학은 중세 이후 아랍 세계로 넘어가 보존·발전되었는데, 아랍인들이 프톨레마이오스의 업적을 너무나 존경한 나머지 그의 책을 "위대한 책"이라고 부른 것이다.

▌연표로 보는 고대 과학의 세계 ▌

BC 600년경
과학의 아버지 탈레스, 만물의 근원은 물이라고 주장. 마찰전기와 자석, 기하학에 관한 여러 가지 사실을 발견했으며 BC 585년의 일식도 예측했다.

BC 590년경
아낙시만드로스, 무한 개념을 말함

BC 480년경
레우키포스, 원자론 창시. 더 이상 쪼갤 수 없는 입자를 원자라 이름 붙임

BC 483년경
엠페도클레스, 만물의 근원은 흙, 물, 불, 공기이다. 사랑과 미움으로 물질이 생성하거나 소멸한다.

BC 490년경
제논, '아킬레스는 거북이를 따라잡을 수 있을까?'

BC 460년경
데모크리토스, 고대 원자론 주장

BC 350년경
헤라클레이데스, 지구의 자전설 주장

BC 335년경
아리스토텔레스, 리케이온 설립

62년경
헤론, 수증기로 움직이는 기력구(eolipile) 발명

BC 160년경
히파르코스, 로도스 섬에 천문대 설립. 춘분점의 세차운동 발견. 주전원(epicycle)을 사용하여 천동설 주장. 1,022개 별의 목록 작성

85년경
프톨레마이오스, 가장 위대한 책이라는 뜻의 『알마게스트』 저술

129년경
갈레누스, 해부학, 생리학 연구

BC 585년경

피타고라스, "만물의 근원은 수이다. 우주는 하나의 아름다운 질서체계이다. 저주받은 수 무리수를 주장하는 자 죽음을 면치 못 할지이니."

BC 570년경

크세노파네스, 만물의 근원은 흙

BC 541년경

헤라이클레이토스, "만물은 유전한다."

BC 500년경

아낙사고라스, "만물은 처음부터 그냥 존재했다."

BC 515년경

파르메니데스, 진실한 의미에서 존재하는 것은 생겨나지도 않고 사라지지도 않는 본질뿐이라는 일원론 주장

BC 330년경

유클리드, 『기하학 원론』 저술. 기하학을 배우는 데 지름길이 없겠느냐고 묻는 이집트의 왕 프톨레마이오스 1세에게 "기하학에는 왕도가 없습니다."라는 명언을 남김

BC 310년경

아리스타르코스, 태양중심설 주장 및 달의 지름, 지구와 태양 사이의 거리 측정

BC 273년경

에라토스테네스, 지구 둘레 측정. 세계지도에 최초로 경도와 위도 표시

BC 287년경

아르키메데스, 지렛대의 원리 개발

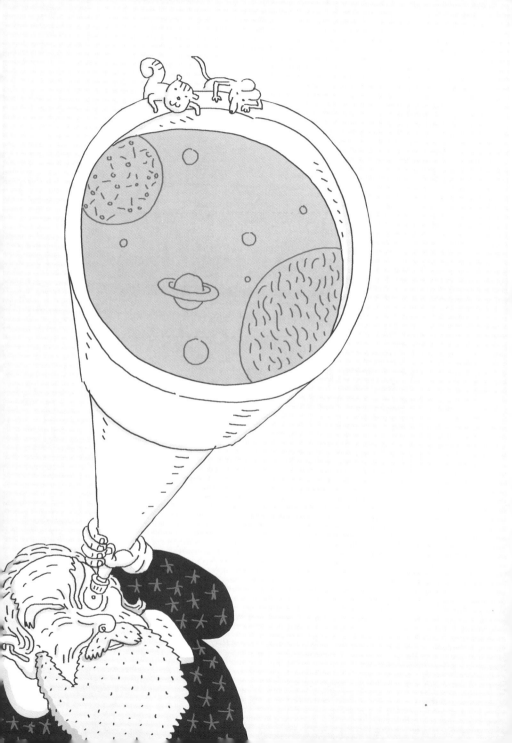

2장

천문학 혁명과 역학 혁명

새 로 운   과 학 의   탄 생 과   새   시 대 의   개 막

시대 설명

　코페르니쿠스가 태어난 1473년부터 뉴턴이 죽은 1727년까지의 약 250년은 과학의 역사에서 매우 중요한 의미를 지니는 시기이다. 조금 더 구체적으로 이야기하자면 코페르니쿠스의 『천체의 회전에 관하여』가 출판된 1543년부터 뉴턴의 『프린키피아』가 출판된 1687년까지의 150여 년은 인류의 자연에 대한 이해를 한 차원 높인 시기라고 할 수 있다.

　코페르니쿠스가 활동하던 1500년대는 아직 고대의 자연관과 천문체계가 받아들여지던 시기였고, 학문의 잘잘못을 신앙의 잣대로 판단하던 시기였다. 따라서 새로운 천문체계를 만들고 있던 코페르니쿠스는 매우 조심스러울 수밖에 없었다. 따라서 그는 자신이 일생 동안 연구해 온 새로운 천문체계를 출판하지 않으려고도 했었다.

　코페르니쿠스의 새로운 천문체계를 널리 홍보한 사람들은 코페르니쿠스가 죽은 후 태어난 케플러와 갈릴레이였다. 그들은 코페르니쿠스의 새로운 천문체계가 단순한 모델을 뛰어 넘어 진리에 가깝다고 주장했다. 이 일로 갈릴레이가 두 번이나 종교재판을 받았고 가택연금 속에서 숨을 거두었다는 것은 잘 알려진 사실이다. 새로운 과학적 이론을 주장하는 행위가 매우 위험하던 시기에 그들은 용감하게 진리를 말했던 사람들이었다.

　그들의 그런 희생은 시대를 바꾸어 놓았다. 교회도 더 이상 과학적 사실을 권위로 누르기가 어렵다는 것을 깨닫게 되었다. 그래서 교회는 과학을 과학자들에게 맡기기로 결정했다. 자유롭게 학문을 연구할 수 있는 시대가 시작된 것이다. 갈릴레이가 죽던 1642년에 태어난 뉴턴은 아무런 제약 없이 자유롭게 학문 연구에 몰두할 수 있었다.

150년 동안에 과학 이론만 바뀐 것이 아니었다. 과학을 대하는 사회와 종교계의 시각도 변했던 것이다. 이런 변혁의 시기를 우리는 과학 혁명기라 부르고 있다. 과학 혁명기는 다시 지동설이 제안되고 받아들여지던 천문학 혁명기와 새로운 역학이 등장하던 역학 혁명기로 나뉜다.

코페르니쿠스의 지동설이
천동설보다 부정확했던 이유는?

★ 시대 : 1543년 ★ 주제어 : 코페르니쿠스, 레티커스, 오시안더, 타원운동

코페르니쿠스, 새로운 천문체계를 생각하다

니콜라스 코페르니쿠스(1473~1543)는 폴란드의 토룬에서 출생하여 일찍 아버지를 잃고 외삼촌이었던 루카스 신부의 보호를 받으며 자랐다. 코페르니쿠스는 외삼촌의 도움으로 1496년에 이탈리아로 유학 가 볼로냐 대학에서 그리스 철학과 천문학을 공부했다. 1500년에 일시 귀국했다가 다음 해에 다시 이탈리아에 유학하여 파도바 대학에서 의학과 교회법을 공부하고 1506년에 귀국하여 외삼촌의 비서로 일했다. 1512년에 외삼촌이 죽은 후에는 많은 시간을 천체 관측에 할애했다.

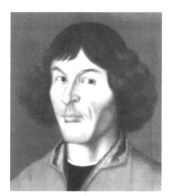

| 니콜라스 코페르니쿠스

코페르니쿠스가 지동설을 착안하고 그것을 확신하게 된 시기가 언제인지는 명확하지 않으나 지동설의 자세한 내용이 들어 있는 저서 『천체의 회전에 관하여』는 1525년에서 1530년 사이에 집필한 것으로 추정되고 있다. 그러나 그는 책을 완성한 후에도 출판을 미루었다. 코페르니쿠스가 일생을 투자한 연

구 결과의 출판을 주저한 것은 종교적으로 이단자가 될지 모른다는 염려와 사람들의 웃음거리가 될지도 모른다는 두려움 때문이었을 것으로 추정된다.

천동설이 지동설보다 낫다?

그가 이 책을 출판하기로 한 것은 독일의 젊은 수학자 레티커스의 권유 때문이었다. 레티커스는 1539년부터 약 2년 동안 코페르니쿠스로부터 직접 가르침을 받고, 코페르니쿠스의 책을 출판할 것을 강력하게 요청했다. 원고가 레티커스의 손을 거쳐 세계 최초의 뉘른베르크 활판인쇄소로 넘어간 것은 1542년이며, 이 책이 코페르니쿠스에게 전달된 것은 코페르니쿠스가 죽던 해인 1543년이었다. 『천체의 회전에 관하여』를 출판하기 위해 애를 쓰던 레티커스는 알려지지 않은 이유로 중도에 출판 작업을 그만두고 고향으로 돌아가 버렸다. 레티커스로부터 출판 작업을 넘겨받아 이 책을 출판한 사람은 루터파 신부였던 오시안더였다.

코페르니쿠스의 『천체의 회전에 관하여』가 출판된 후에도 이 책은 사람들의 주목을 받지 못했다. 지구가 빠른 속도로 태양 주위를 돌고 있다는 생각을 사람들이 쉽게 받아들이기 어려웠던 것이 가장 큰 이유였지만, 지동설의 예측이 천동설의 예측보다 더 정확하지 못했던 데도 그 원인이 있었다. 코페르니쿠스의 지동설에서는 행성이 일정한 속도로 태양 주위를 원운동하고 있다고 했기 때문에 실제 관측값과 오차가 있었다. 이 문제는 후에 케플러가 행성이 타원운동을 하고 있다는 것을 밝혀내 해결되었다.

문제가 된 『천체의 회전에 관하여』의 서문

『천체의 회전에 관하여』에는 두 개의 서문이 들어 있다. 그 중 하나는 지동설이 실제로 지구가 태양을 돌고 있다는 것이 아니라 행성의 운동을 설명하기 위한 하나의 수학적 모델에 지나지 않으므로 지동설을 사실이라고 믿지 않기를 바란다는 내용을 담고 있다. 이것은 일생 동안 지동설을 연구했으며, 지동설을 확신하고 있던 코페르니쿠스의 생각이 아니었을 것으로 판단된다. 코페르니쿠스가 썼던 서문의 원본이 발견되어 이런 정황은 더욱 확실해졌다. 학자들은 레티커스의 부탁을 받고 이 책의 출판을 마무리했던 오시안더가 이 서문을 끼워 넣었다고 추측한다. 이 서문은 책이 출간된 후에도 오랫동안 지동설이 사람들의 관심을 갖지 못하도록 하는 데 일조했다.

A 행성이 타원운동이 아닌 원운동을 한다고 보았기 때문에

코페르니쿠스 혁명

코페르니쿠스가 세계관을 바꾼 것을 코페르니쿠스 혁명이라고 부른다. 코페르니쿠스, 다윈, 프로이트를 세계관의 혁명을 가져온 세 명으로 꼽는 것은 코페르니쿠스를 통해 우리가 우주의 중심이 아닌 걸 알게 되었고, 다윈을 통해 우리가 동물 중의 하나라는 걸 알게 되었으며, 프로이트를 통해 우리의 사고가 이성 중심이 아니라는 걸 알게 되었기 때문이다.

티코 브라헤가 세웠던
천문관측소는?

★ **시대** : 16세기 말　★ **주제어** : 티코 브라헤, 행성운동법칙, 우라니보르그

티코 브라헤와 모조 코

케플러의 행성 운동법칙은 지동설을 완성한 중요한 법칙이었다. 그런데 케플러의 행성 운동법칙은 티코 브라헤(1546~1601)의 관측 자료 없이는 나올 수 없었다. 그런 의미에서 브라헤는 지동설을 완성시키는 데 핵심적인 역할을 한 사람이었다고 할 수 있다.

1546년에 덴마크의 귀족 가문에서 태어난 티코 브라헤는 당시 천문학자들 사이에서 아주 유명한 사람이었다. 브라헤가 유명해진 이유 중 하나는 바로 금속으로 만든 모조 코였다.

스무 살이던 1566년, 브라헤는 사촌 만더러프 파스베르크와 크게 다투었다. 파스베르크가 거짓으로 밝혀진 티코의 점성술 예언을 두고 티코를 조롱하며 모욕을 주었기 때문이다. 티코는 오스만 터키의 슐레이만 황제의 죽음을 예언하고 그 예언을 라틴어로 쓴 시 속에 포함시키기도 했다. 그러나 슐레이만 황제는 티코가 그의 죽음을 예언하기 6개월 전에 이미 죽었다는 사실이 밝혀졌다. 이 일로 두 사람은 격투를 벌이게 되었고 칼싸움 도중에 파스베르크의 칼이 티코의 이마와 코를 잘라 버렸다. 이 때문에 그는 금과 은

그리고 동을 합금해 만든 모조 코를 붙이고 다녔는데 매우 정교하게 잘 만들어진 이 모조 코는 피부와 잘 어울렸다고 한다.

우라니보르그 천문대

티코 브라헤의 정확한 천체 관측이 명성을 얻자 덴마크의 왕이었던 프레드릭 2세는 덴마크의 해안에서 10킬로미터 정도 떨어져 있는 밴섬을 그에게 주며 그곳에 천문 관측소를 짓도록 했다. 하늘의 성이라는 뜻을 가진 우라니보르그는 해마다 규모가 커져서 덴마크 총생산의 5퍼센트를 사용하는 대규모 성이 되었다. 우라니보르그에는 도서관, 제지공장, 인쇄소, 연금술사의 실험실, 용광로가 있었으며 심지어는 법을 어기는 노예를 감금하는 감옥도 있었다. 티코 브라헤는 이곳에서 20년간 육분의, 사분의와 같은 관측도구를 이용하여 천체의 움직임을 세밀하게 관측했다. 그러나 티코 브라헤의 든든한 후원자였던 프레드릭 2세가 죽은 후 새로 덴마크의 왕이 된 크리스천 4세는 브라헤에 대한 재정 지원을 중단했다. 그러자 티코 브라헤는 천문 관측기구와 그동안 수집한 자료들을 가지고 프라하의 신성로마제국으로 옮겨가 제국의 수학자가 되어 자신의 관측 자료를 분석하여 새로운 천문체계를 만드는 일을 시작했다.

티코 브라헤가 생각했던 천문체계

브라헤는 천동설은 물론 지동설도 받아들이려고 하지 않았다. 그는 두 개의 천문체계를 절충한 새로운 체계를 제안하고 자신의 자료를 이용하여 이 체계의 정당성을 증명하려고 노력했다. 그가 생각하고 있던 체계는 모든 행성이 태양을 중심으로 공전하고 태양과 달은 지구를 중심으로 도는 체계였

| 티코 브라헤의 천문체계

다. 티코가 이런 일을 시작할 때 그의 조수로 일하게 된 사람은 루터파 개신교 신자로 교회의 박해를 피해 독일의 그라츠에서 프라하로 온 케플러였다. 두 사람이 만난 후 오래지 않아 브라헤가 죽게 되자 그의 관측 자료를 넘겨받게 된 케플러는 그의 자료를 분석하여 행성운동의 법칙을 발견했다. 따라서 케플러와 브라헤의 만남은 지동설이 원운동의 문제를 해결하고 완전한 천문체계가 될 수 있는 계기가 되었다.

A 우라니보르그

케플러의 타원궤도
발견을 담은 책 제목은?

★ **시대** : 1609년　★ **주제어** : 케플러, 행성운동법칙, 조화의 법칙, 신천문학, 우주의 조화

티코 브라헤와 케플러의 만남

신분이 낮은 가정에서 태어나 불우한 어린 시절을 보냈던 케플러 (1571~1630)는 천문학에 대한 열정으로 어려운 상황을 극복했다. 그는 스물다섯 살 때 코페르니쿠스의 지동설을 지지하는 첫 번째 책인 『우주의 신비』라는 책을 썼다. 1601년 신교도에 대한 박해를 피해 프라하에 온 케플러는 티코 브라헤의 조수가 되었다.

그러나 티코 브라헤는 그의 자료를 모두 케플러에게 보여주지 않으려고 했다. 그러나 티코 브라헤가 갑자기 죽은 후 모든 관측 자료는 케플러에게 넘어갔다. 케플러는 이 자료를 분석하여 행성 운동의 법칙을 발견했는데 이는 쉬운 일이 아니었다.

케플러는 브라헤의 관찰결과에 접근할 수 있다면 8일 안에 화성 궤도의 문제를 해결하여 태양 중심 모델이 가지고 있던 부정확성을 없앨 수 있다고 말하기도 했다. 하지만 브

| 케플러

라헤가 죽은 후 그의 자료를 이용해 화성의 궤도를 결정하는 데는 꼬박 8년이 걸렸다. 케플러는 2절지 900장을 채우는 고통스럽고 힘든 계산을 한 후에 화성 궤도를 알아낼 수 있었다.

행성 운동의 법칙

케플러의 타원궤도는 행성의 운동을 완벽하고 정확하게 설명할 수 있는 것으로 판명되었다. 그의 결론은 과학과 과학적 방법, 즉 관측과 가설, 수학을 결합시켜 얻어낸 승리였다. 케플러는 그의 획기적인 발견을『신천문학』이라는 제목의 책으로 1609년에 출판했다. 그 책에는 실패로 끝난 수많은 시행착오를 포함해 8년 동안의 까다로운 연구 과정이 상세하게 설명되어 있었다.

케플러의 행성 운동법칙

그는 독자들에게 인내심을 요구했다. 그는 이 책에서 "만약 이 책의 계산들이 지겹게 생각된다면, 엄청난 시간 동안 그것들을 적어도 70번은 반복해서 계산해야 했던 나를 생각해 주십시오"라고 말했다. 이 책에는 행성 운동에 관한 1법칙과 2법칙이 포함되어 있었다. 1법칙은 행성이 태양을 초점으로 하는 타원궤도를 돌고 있다는 것이고, 2법칙은 일정한 시간에 태양과 행성을 연결하는 선이 그리는 면적은 일정하다는 면적 속도 일정의 법칙이다.

케플러가 가장 사랑했던

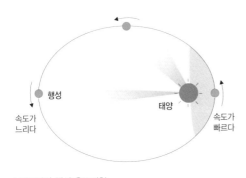
| 케플러의 행성 운동법칙

행성 운동의 3법칙은 1619년에 발표된 『우주의 조화』라는 책에 들어 있다. 조화의 법칙이라고도 이름 붙여진 이 법칙은 궤도 반지름의 3제곱은 주기의 제곱에 비례한다는 것이다. 조화의 법칙은 후에 뉴턴이 중력의 법칙을 발견하는 데 중요한 역할을 했다.

불행했던 케플러의 일생

케플러는 매우 가난한 가정에서 태어났다. 특별한 일자리가 없었던 아버지는 후에 용병으로 군대에 근무하기도 했고 어머니는 영매였다. 따라서 케플러는 매우 불행한 일생을 보내야 했다. 특히 1615년부터 시작된 케플러의 어머니 카타리나에 대한 마녀 논쟁으로 그는 많은 고통을 겪어야 했다. 어머니에 대한 마녀 논쟁은 1617년에 더욱 악화되었고, 1620년에는 어머니가 감옥에 갇히게 되었다.

마녀사냥이 한창이던 당시에 마녀로 지목된다는 것은 곧 죽음을 의미했다. 케플러는 어머니를 구하기 위해 온갖 노력을 기울였다. 그 결과 어머니는 14개월 후인 1621년 10월에 풀려날 수 있었다. 마녀로 지목된 어머니를 변호하는 동안 케플러는 『우주의 조화』를 쓰는 일 외에는 모든 일을 뒤로 미뤄야 했다.

행성 운동의 법칙을 발견한 후에도 아무런 주목을 받지 못했던 케플러는 천문학 연구를 중단하고 다른 일에 몰두하기도 했다. 1628년에는 발렌슈타인 후작의 전속 점성술사가 되어 슐레지엔으로 거처를 옮겼지만 1630년 11월 15일 길에서 급사하였다.

A 『신천문학』

갈릴레이는
망원경으로 무엇을 보았을까?

★ **시대** : 1610년　★ **주제어** : 망원경의 발명, 별 세계의 보고, 갈릴레이 위성, 금성의 위상 변화

망원경의 발명

1564년 2월 15일 피사에서 태어난 갈릴레오 갈릴레이(1564~1642)는 학생 때 성당에서 미사를 보다 천정에서 흔들리는 샹들리에를 유심히 관찰하게 되었다. 그는 그것을 보며 진자의 주기는 진동의 크기나 진자의 무게와는 관계가 없고 진자의 길이에만 영향을 받는다는 진자의 등시성을 발견했다. 갈릴레이는 이 원리를 이용해 시간을 재는 도구인 맥박계를 발명하기도 했다. 1608년 10월에 망원경에 대한 특허권을 취득한 사람은 네덜란드 플랑드르 지방에서 안경을 만들고 있던 한스 리퍼세이였다. 망원경에 대한 소문을 들은 갈릴레이는 즉시 망원경 만드는 일에 착수했고, 1609년 8월에 갈릴레이는 베니스의 총독에게 그 당시 세계에서 가장 훌륭한 망원경을 선물했다.

망원경으로 하늘을 보다

갈릴레이는 망원경을 이용해 하늘을 관측하기 시작했다. 먼저 갈릴레이는 달을 관찰해 달이 고원, 깊은 골짜기, 높은 산들로 가득 차 있다는 것을 알아냈다. 그것은 천체들이 결점이 없는 구라고 생각했던 아리스토텔레스의

견해와 대조되는 것이었다.
하늘 세계가 완전하지 않다
는 것은 후에 갈릴레이가
망원경으로 태양을 관찰
하여 태양표면에서 흑점
을 찾아냄으로써 다시 확
인되었다. 또한 갈릴레이는
1610년 1월에 목성 주위를 돌고
있는 네 개의 위성을 발견했다. 프톨레
마이오스가 우주의 중심은 지구라
고 주장하고 모든 천체는 지구
를 중심으로 돌고 있다고 주
장했었지만, 이제 모든 것이
지구를 도는 것이 아니라는
확실한 증거를 갈릴레이가
찾아낸 셈이다.

　코페르니쿠스는 『천체의 회전에 관하여』에서 시력만 충분히 좋다면 수성
과 금성의 위상(보름달, 반달, 초승달 같은 모양의 금성)의 변화를 관측해 지구
가 태양을 도는지, 아니면 태양이 지구를 도는지 확인할 수 있을 것이라고
지적했다. 1910년 가을, 갈릴레이는 최초로 금성의 위상 변화를 관찰한 후
결과를 도표로 만들었다. 그가 예상했던 대로 관측결과는 태양 중심 모델에
서 예측한 바와 완전히 일치했으며 이는 코페르니쿠스의 지동설을 지지하는
확실한 증거가 되었다.

갈릴레이 위성의 발견

목성은 20개가 넘는 많은 위성을 거느리고 있다. 이 중에서 가장 큰 네 개의 위성을 갈릴레이 위성이라고 부른다. 갈릴레이는 처음 망원경으로 목성 주위를 도는 위성을 발견한 후, 이 위성을 메디치의 별이라고 불렀다. 당시 갈릴레이는 메디치에 속한 수학자였다. 그러나 후세 사람들은 이 위성을 메디치의 별이라고 부르지 않고 갈릴레이 위성이라고 불렀다. 후세 사람들에게는 후원자보다 발견자인 갈릴레이가 더 중요했기 때문일지도 모른다. 갈릴레이 위성은 목성 주위를 돌고 있는 이오, 에우로파, 가니메데, 칼리스토를 일컫는다.

갈릴레이 위성의 발견은 코페르니쿠스의 새로운 천문체계가 사실이라는 것을 말해 주는 중요한 간접 증거가 되었다. 모든 천체는 지구를 돌고 있어야 한다는 고대 천문학의 설명과 달리 이 위성들은 목성을 중심으로 돌고 있는 것이 확실했기 때문이었다.

A 태양의 흑점, 목성의 위성, 토성의 고리,
달의 산과 골짜기, 금성의 위상 변화

갈릴레이는 정말
'그래도 지구는 돈다'라는 말을 했을까?

★ **시대** : 1633년　★ **주제어** : 갈릴레이, 종교재판, 『두 체계의 대화』

『두 체계의 대화』, 그리고 지동설과 천동설

갈릴레이는 두 번의 종교재판을 받았다. 1616년에 있었던 첫 번째 재판에서는 갈릴레이가 피고가 아니라 지동설 자체가 재판의 대상이었지만 이 재판 결과 갈릴레이는 더 이상 코페르니쿠스의 지동설을 홍보할 수 없게 되었다. 갈릴레이는 한때 그의 친구였던 마페오 바베리니 추기경이 1623년에 우르반 8세 교황으로 선출되자 이 기회를 이용하여 자신의 주장을 담은 책을 쓰기로 했다. 그는 개인적으로 교황을 알현하고 우주에 대한 두 경쟁 체계를 비교하는 책을 쓰는 것에 대해 이야기하여 허락을 받은 후 『두 체계의 대화』라는 제목의 책을 쓰기 시작했다.

1632년에 출판된 『두 체계의 대화』에서 갈릴레이는 세 명의 인물을 등장시켜 지동설과 천동설에 대해 토론하도록 했다. 살비아티는 지동설 지지자들을 대표하는 인물로 지적이고 설득력 있는 인물이었으며, 어릿광대인 심플리치오는 천동설을 고수하려고 노력했다. 두 사람 사이에서 대화를 이끌어 가는 세그레도는 중개자로서의 역할을 했으나 때로 심플리치오를 꾸짖고 조롱하면서 지동설을 노골적으로 지지하기도 했다.

이단 심문소의 재판

갈릴레이가 책을 쓰는 10년 동안 여러 가지 주위 환경이 달라졌다. 그 동안 계속된 30년전쟁이 정치적, 종교적 배경을 바꿔놓았고, 그 결과 우르반 8세는 더 이상 갈릴레이에게 우호적이지 않게 되었다. 성장하는 신교도들에 대해 점점 더 큰 위협을 느끼고 있었던 교황은 자신의 입장을 바꾸어 전통적인 지구 중심 우주관에 의문을 제기하는 이단적인 과학자들이 쓴 모독적인 저작물들을 금지시켰다.

『두 체계의 대화』가 출판된 후 곧 종교재판소는 '이단의 강력한 혐의'라는 죄목으로 갈릴레이에게 출두할 것을 명령했다. 재판은 1633년 4월에 시작되었다. 갈릴레이의 이단죄는 지구가 태양 주위를 돌고 있다는 그의 주장이 '하나님은 지구를 굳은 반석 위에 세우시고 영원히 움직이지 않도록 하셨다'라고 한 성경 말씀에 어긋난다는 것이었다.

재판을 관장하는 열 명의 추기경들 중에는 바베리니와 같이 갈릴레이에게 공감을 나타내는 합리주의자들도 있었다. 2주 동안 갈릴레이에 반대되는 증거들이 모아졌으며 고문의 위협도 있었다. 그러나 바베리니는 계속해서 관대와 관용을 청했다. 그들의 요청은 어느 정도 수용되어 유죄 판결이 난 후에도 갈릴레이는 사형을 당하거나 지하 감옥에 갇히는 대신 무기한 가택 연금형을 선고받았고 『두 체계의 대화』는 금서목록에 추가되었다.

성서와 천문학

갈릴레이는 메디치 대공의 어머니에게 보낸 편지에서 성서는 하늘나라가 어떻게 돌아가는지를 가르쳐주는 책이 아니라 하늘나라에 어떻게 갈 수 있는지를 가르쳐주는 책이라고 설명했다. 갈릴레이의 주장은 과학적 진리는 성서를 통해 얻을 수 있는 것이 아니라는 것이다. 하지만 신실한 가톨릭 교도였던 갈릴레이가 성서의 사실성을 부정했던 것은 아니다. 다만 성서는 영혼의 구원이라는 원래의 목적에 충실하기 위해 과학적 사실과는 다른 이야기가 있을 수도 있다고 생각한 것이다. 하지만 이러한 논란은 신학적으로 간단히 결론지을 수 있는 성질의 것이 아니었다.

A 실제로 갈릴레이가 그런 말을 했다는 증거는 어디에도 없다. 후세의 어떤 사람이 이런 말을 만들어 냈고 그것이 그 당시 갈릴레이의 심정을 가장 잘 나타내는 것으로 여겨져 널리 인용되었을 것으로 추정된다.

Tip 갈릴레이의 명언

"그래도 지구는 돈다"와 함께 유명한 갈릴레이의 또 다른 명언은 "자연은 기하학의 언어로 씌어진 책"이라는 것이다. 갈릴레이에 의해서 수학적 방법으로 자연을 설명하는 근대적 과학 방법론이 탄생했다고 볼 수 있다.

Q 020

갈릴레이는 피사의 사탑에서
정말 낙체 실험을 했을까?

★ **시대 :** 1600년대　★ **주제어 :** 갈릴레이, 낙체 실험, 피사의 사탑

갈릴레이의 역학 연구

갈릴레이는 가택연금 생활을 하는 동안 역학연구에 몰두했다. 그의 강력한 지지자이자 후원자였으며 수녀였던 딸이 죽은 후 한동안 깊은 실의에 빠져 있던 갈릴레이는 낙하하는 물체의 속도와 관련한 실험을 시작했다. 빠르게 낙하하는 물체의 속도와 거리를 측정할 수 없었던 갈릴레이는 주로 경사면을 이용하여 실험했다. 그는 이러한 실험을 통해 정지 상태로부터 낙하하는 물체가 움직인 거리는 시간의 제곱에 비례한다는 것을 알아냈고, 이것을 수식을 통해 나타냈다.

또한 갈릴레이는 물체에 힘이 가해지지 않으면 속도가 변하지 않는다는 관성의 법칙을 발견했다. 그는 관성의 법칙에 대해 "평평한 평면에서 운동하는 물체는 외부에서 힘이 가해지지 않는 한 같은 속도와 같은 방향으로 운동을 계속한다."고 설명했다. 이것은 운동 상태가 유지되기 위해서는 힘이 계속 가해져야 한다고 했던 아리스토텔레스 역학에 반하는 것이었다.

피사의 사탑 실험

갈릴레이와 관계된 일화 중에서 가장 유명한 것이 바로 피사의 사탑에서 했다는 낙체 실험이다. 아리스토텔레스의 고대 역학에서는 무거운 물체는 지구 중심으로 다가가려는 성질이 더 크기 때문에 가벼운 물체보다 더 빨리 떨어진다고 믿었다. 그러나 갈릴레이는 피사의 사탑에서 무거운 공과 가벼운 공을 함께 떨어뜨리는 낙체 실험을 통해 무거운 물체와 가벼운 물체가 같이 떨어진다는 것을 증명했다고 전해진다.

갈릴레이의 제자였던 비센조 비비아니의 글에 갈릴레이가 피사의 사탑에서 낙체 실험을 했다는 기록이 남아 있지만 구체적인 상황이 묘사되어 있지 않고, 그것을 증명할 만한 다른 증거들이 발견되지 않아 갈릴레이가 실제로 그런 실험을 했는지 확실하게 알 수는 없다. 그러나 갈릴레이는 논리적인 증명을 통해 무거운 물체와 가벼운 물체가 같이 떨어져야 한다는 것을 잘 알고 있었던 것은 확실하다.

무거운 물체가 가벼운 물체보다 빨리 떨어진다고 가정해 보자. 그렇다면 무거운 물체와 가벼운 물체를 묶어서 하나로 만들어 떨어뜨리면 이 물체는 처음의 무거운 물체보다 더 무거워졌으므로 처음의 무거운 물체보다 더 빨리 떨어져야 한다. 하지만 가벼운 물체와 무거운 물체를 연결했으므로 두 물체의 중간 속도로 떨어져야 한다는 것도 논리적으로는 맞다. 서로 다른 두 가지 결과가 논리적으로 맞게 된 것은 가정이 틀렸기 때문이다. 가벼운 물체와 무거운 물체가 같이 떨어진다고 하면 이런 모순이 생기지 않는다.

갈릴레이의 빛 속도 측정 시도와 상대성 원리

갈릴레이는 1600년대 초에 빛의 속도를 측정하려고 시도했다. 갓을 씌운 등을 든 사람들을 산 위에 세우고 한 사람이 등의 갓을 벗기면 먼 산 위에서 그 불빛을 본 다른 사람이 등의 갓을 벗기도록 했다. 그러나 두 사람이 1킬로미터 정도 떨어져 있을 때나 불과 몇 미터 떨어져 있을 때나 빛이 두 지점을 오가는 데 걸리는 시간에 아무런 차이를 발견하지 못했다. 따라서 갈릴레이는 빛의 속도에 대해 어떤 결론도 내릴 수 없었다. 1632년에 출판한『두 체계의 대화』에서 갈릴레이는 조석현상을 지구의 운동과 관련하여 설명하려고 시도하기도 했다.

갈릴레이는 등속도 운동하는 모든 기준계에서는 같은 물리 법칙이 성립해야 한다는 상대성원리를 제안했다. 따라서 절대적인 속도는 존재하지 않고, 마찬가지로 절대적 정지 상태도 존재하지 않는다고 했다. 다시 말해 다른 물체와의 상대적 위치 변화를 비교하지 않고는 정지해 있는지 등속도로 달리고 있는지를 구별할 수 없다는 것이다. 갈릴레이가 제안한 상대성원리는 뉴턴 역학의 가장 중요한 바탕이 되었다.

A 갈릴레이가 피사의 사탑에서 실제로 낙체 실험을 했다는 기록은 갈릴레이의 제자였던 비센조 비비아니가 쓴 자서전에 처음 등장하지만 현재 대부분의 학자들은 갈릴레이가 실제로 그런 실험을 한 것으로는 믿지 않고 있다.

기적의 해에
뉴턴은 무엇을 발견했는가?

★ **시대** : 1666년　★ **주제어** : 뉴턴, 중력법칙, 기적의 해, 흑사병, 그랜담

우울했던 어린 시절

아이작 뉴턴(1642~1727)은 1642년 크리스마스에 영국 링컨셔 지방의 그랜담에서 남쪽으로 12킬로미터쯤 떨어진 울즈소프에서 태어났다. 뉴턴이 태어나기 전에 아버지가 죽었고 어머니가 일찍 재혼했기 때문에 뉴턴은 우울한 어린 시절을 보냈다. 뉴턴은 열두 살 때 그랜섬에 있는 학교에 입학했다. 그러나 재혼했던 바나바 스미스가 죽자 다시 집으로 돌아온 어머니는 뉴턴이 열일곱 살이 되던 1659년에 그를 울즈소프로 불러들여 농장을 돌보도록 했으나 외삼촌의 도움으로 다시 그랜섬의 학교로 돌아갈 수 있었다.

1661년 6월 5일에 뉴턴은 케임브리지 대학의 트리니티 칼리지에 입학했다. 처음에 뉴턴은 연구원들과 특대 자비생들의 심부름을 해주는 서브사이저라는 아르바이트생으로 대학에 입학했다. 뉴턴은 트리니티 칼리지에서 플라톤과 아리스토텔레스의 철학을 공부했고 데카르트의 저서도 읽었다. 갈릴레이가 쓴 『두 체계의 대화』를 읽은 것도 이 시기였다. 1664년에는 장학생으로 선발되어 서브사이저의 생활을 끝내고 석사 학위를 받을 때까지 아무런 제약 없이 연구를 계속 할 수 있게 되었다.

흑사병과 기적의 해

뉴턴이 학사 학위를 받던 1665년에 영국에는 흑사병이 돌기 시작했다. 정부는 박람회를 취소하고 대중 집회를 금지했으며 공립학교의 수업을 중단했다. 이에 따라 대학도 문을 닫았다. 따라서 뉴턴은 대학을 떠나 고향인 울즈소프로 돌아가 그 곳에서 연구에 몰두했다. 이 기간 동안에 뉴턴은 뉴턴역학의 기초가 되는 미적분법과, 중력법칙, 그리고 운동법칙의 기초를 모두 발견한 것으로 알려져 있다.

대학으로부터 해방된 기간이 뉴턴에게는 깊은 사색의 시간을 제공했다. 여러 가지 정황으로 보아 모든 연구가 울즈소프에서 이루어졌다고 볼 수는 없지만 이 동안에 뉴턴역학의 핵심적인 부분에 대한 구상이 끝났던 것으로 보인다. 뉴턴이 울즈소프에서 보내면서 역학의 핵심적인 연구를 했던 1666년을 사람들은 기적의 해라고 부른다. 이 해에 뉴턴의 나이는 스물세 살이었다.

1667년 4월에 울즈소프에서 케임브리지로 돌아온 뉴턴은 그 해 10월에 연구원 자격 선발 시험을 치르고 연구원에 선발되었다. 연구원으로 선발됨으로써 뉴턴은 대학 공동체의 영구적인 구성원 자격을 부여받았다. 그로부터 9개월 후에는 석사 학위를 받았다.

사과가 떨어지는 것을 보고 중력의 법칙을 발견했을까?

뉴턴이 어머니 농장의 사과나무 아래 앉아 있다가 사과가 떨어지는 것을 보고 중력의 법칙을 발견했다는 일화는 널리 알려진 이야기이다. 어떤 전기에서는 사과가 뉴턴의 머리에 직접 떨어졌다고도 한다. 그러나 실제로 그랬는지는 확실하지 않다. 다만 뉴턴이 사과를 땅으로 떨어지게 하는 힘과 달이 멀리 달아나지 않고 지구 주위를 돌게 하는 힘을 연결시킨 것은 확실하다.

서로 관계없어 보이는 두 가지 사실을 연결하는 것이 새로운 발견을 위한 중요한 단계가 된 예는 많이 있다. 뉴턴이 사과와 달의 운동을 연결시켰을 때 중력의 법칙이 나올 수 있었다.

A 기적의 해에 뉴턴은 케임브리지를 떠나 고향인 울즈소프에서 운동과 변화를 기술하는 데 필요한 미분적분법에 대해 연구했고, 세 가지의 운동법칙과 중력법칙을 발견했다.

Q 022

뉴턴과 오랫동안
격렬하게 다투었던 인물은?

★ **시대** : 17세기 중반 ★ **주제어** : 뉴턴, 뉴턴식 망원경, 광학 실험

뉴턴의 광학 연구

뉴턴은 역학법칙을 완성시킨 사람으로 잘 알려져 있지만 실제로는 광학 연구에 더 많은 시간을 소비했다. 1669년 10월 29일 뉴턴이 아이작 배로우의 뒤를 이어 루카스 석좌 교수가 된 후에 강의한 과목도 광학이었으며, 왕립협회 회원 가입도 광학에 대한 연구업적이 있었기에 가능한 일이었다.

1669년경부터 뉴턴은 전부터 관심을 가지고 있던 광학에 대한 공부를 다시 시작했으며 연금술에도 관심을 가졌던 것으로 보인다. 1669년에는 뉴턴이 결정적인 실험이라고 부른 광학 실험을 했다. 고대 과학에서는 여러 가지 색깔의 빛은 흰색의 빛에 어둠이 다른 정도로 섞인 것이라고 했었다. 그러나 뉴턴은 한 개의 프리즘을 통해 분산된 빛 중에서 한 가지 색깔의 빛만을 두 번째 프리즘에 입사시키면 더 이상의 분산이 일어나지 않는다는 것을 보여주어 흰색 빛이 여러 색깔의 빛이 혼합된 빛임을 증명했다.

뉴턴식 반사망원경을 만든 것도 이때쯤이었다. 굴절망원경에서는 대물렌즈로 빛을 모아 만든 상을 대안렌즈로 확대하여 보았다. 그러나 뉴턴식 반사망원경에서는 오목거울을 이용하여 빛을 모아 상을 만들고 이 상을 대안렌

즈로 확대하여 본다.

왕립협회 가입과 갈등의 시작

1672년에 뉴턴은 그의 후원자였던 배로우의 권유로 왕립협회에 가입했다. 뉴턴은 왕립협회에 가입한 첫 해부터 로버트 후크(1635~1703)와 갈등을 빚기 시작했다. 뉴턴은 왕립협회에 가입한 후 자신이 발명한 반사망원경을 왕립협회에 기증했는데 이것이 후크와 오랫동안 갈등을 겪게 되는 원인이 되었다. 뉴턴이 만들어 왕립협회에 기증한 반사망원경을 후크는 이미 자기가 구상했던 것이라고 주장하며 뉴턴의 『빛과 색채 이론』을 혹평했기 때문이었다.

후크와의 갈등은 1703년에 후크가 죽을 때까지 계속되었다. 후크가 왕립협회 간사로 있던 1677년부터 1680년까지 13년 동안 뉴턴이 왕립협회에 나타나지 않았던 것과 뉴턴이 그의 빛에 대한 연구 결과를 모은 『광학』을 후크가 죽고 자신이 왕립협회 회장이 된 1704년에 가서야 출판했던 것은 후크와의 갈등관계가 얼마나 심각했었는지를 잘 나타내 주는 실례이다.

뉴턴과 연금술

1670년대에 뉴턴은 연금술에 몰두했던 것으로 알려져 있다. 연금술은 철이나 구리와 같이 값이 싼 금속을 금이나 백금과 같은 귀금속으로 바꾸는 기술을 말한다. 알렉산드리아 시대부터 시작된 연금술은 중세를 거치면서 다양한 형태로 변해갔다. 그중의 일부는 오늘날의 화학과 비슷한 양태로 변화해서 주로 물질을 정제하여 질병을 치료하는 약을 만드는 기술로 발전했다.

뉴턴은 화학자였던 보일을 통해 연금술을 접했을 것으로 추정된다. 연금술에 몰두했던 사람들의 특징 중 하나는 자신의 발명이나 발견을 다른 사람들에게 알리려 들지 않았다는 것이다. 뉴턴이 역학법칙과 미분적분법을 발견하고도 발표에 늑장을 부렸던 이유 역시 연금술의 영향이 아니었을까 싶다.

A 로버트 후크

빛의 본질은 무엇인가?

아리스토텔레스는 흰빛이 빛의 본질이라 주장하고, 빛이 여러 가지 색깔을 띠는 것은 빛에 어둠이라는 성질이 섞이기 때문이라고 설명했다. 빛이 프리즘을 통과하면서 여러 가지 색깔로 분산되는 것도 프리즘이 빛에서 어둠의 성질을 흡수하기 때문이라고 했다. 그러나 뉴턴은 결정적인 실험을 통해 여러 가지 색깔의 빛이 빛의 본질이며 흰색은 여러 가지 색깔의 빛이 합쳐진 것이라는 사실을 밝혀냈다.

뉴턴과 라이프니츠 중에서
미적분법을 먼저 발명한 사람은?

★ **시대** : 17세기 중반 ★ **주제어** : 유율법, 라이츠니츠, 미분법

뉴턴과 미분법

뉴턴은 1660년대에 이미 운동법칙을 기술하는 데 필요한 미적분법을 구상했다. 뉴턴 역학에서 힘은 질량과 가속도를 곱한 값($f = ma$)과 같다. 가속도는 속도의 변화율이다. 가속도에는 긴 시간 동안의 속도의 평균적인 변화율을 나타내는 평균 가속도와 순간순간의 변화율을 나타내는 순간 가속도가 있다. 운동법칙에는 평균 가속도가 아닌 순간 가속도가 필요하다. 순간 가속도를 구하는 방법이 미분법이다. 뉴턴은 이것을 미분법이라고 부르지 않고 유율법이라고 불렀다. 1673년부터 1675년 사이에 라이프니츠(1646~1716)도 파리에서의 독립적인 연구를 통해 1660년대 뉴턴이 알아냈던 것과 유사한 무한급수와 미적분의 개념을 발전시켰다.

뉴턴과 가까이 지내던 올드버그와 콜린스가 뉴턴에게 그의 수학 연구결과를 발표하도록 권고했지만 뉴턴은 망원경과 광학적 견해 차이로 후크와 격론을 벌이고 있었기 때문에 자신의 연구결과를 출판하려 하지 않았다. 하지만 뉴턴은 올드버그의 권유에 따라 1676년 6월과 10월에 자신이 오래전에 이미 미적분법을 발견했다는 것을 알리는 내용의 편지를 논문과 함께 라이프니츠

에게 보냈다. 그러나 라이프니츠는 1684년 10월 라이프치히 대학의 학술지 『학술기요』에 미적분 논문을 발표했다. 뉴턴은 이 일로 충격을 받고 격분했지만 라이프니츠는 발명의 공을 한 사람이 가져야 할 이유는 없다고 반박했다.

두 가지 미적분법

두 사람이 발전시킨 미적분학은 큰 틀에서는 같았지만 구체적인 내용에서는 다른 점이 있었다. 미적분법에서는 어떤 양을 0에 가까운 아주 작은 양으로 나누는 문제와 아주 작게 나눈 무한히 많은 양을 다룬다. 무한히 작은 값과 무한히 많은 양을 다루는 데는 항상 어려움이 따르게 마련이다. 이러한 어려움을 피해가기 위해 뉴턴은 유율법이라는 방법을 사용했다. 아주 작은 양을 아주 작은 양으로 나누는 대신 시간에 대한 변화율을 나타내는 유율을 사용하였으며 유율을 나타내기 위해 변수 위에 점을 찍었다. 그러나 라이프니츠는 작은 양들 사이의 비율을 나타내기 위해 우리가 현재 사용하는 dy/dx 형태의 표기법을 발전시켰다.

두 가지 다른 표기법에 대한 우월성과 우선권에 대한 논쟁이 영국과 독일을 중심으로 계속되었지만 점차 보편성을 띤 라이프니츠의 기호체계를 사용하게 되었다. 영국에서는 국가적 자존심을 걸고 뉴턴식 표기법을 200년 정도나 고집했다. 그러나 19세기 말 뉴턴의 모교 케임브리지 대학의 해석학회라는 학술모임이 라이프니츠의 표기법을 수용하자는 운동을 벌였다. 그 결과 영국에서도 라이프니츠 체계가 채택되었다. 그러나 미적분법 발견의 공로는 뉴턴과 라이프니츠 두 사람 모두가 공유하는 것으로 결론지어졌다.

A 선후를 판단할 수 없다.

뉴턴의 운동법칙과
중력법칙이 들어 있는 책의 제목은?

★ **시대** : 17세기 ★ **주제어** : 중력법칙, 운동법칙, 프린키피아

뉴턴과 핼리의 만남

1684년 8월에 에드먼드 핼리(1656~1742)가 케임브리지에 있던 뉴턴을 방문한 사건은 뉴턴을 다시 역학 연구에 전념하도록 하는 계기가 되었다. 핼리는 당시 케플러의 3법칙으로부터 거리 제곱에 반비례하는 중력법칙을 유도해내는 문제로 고민 중에 있었다. 그의 동료였던 후크는 자신이 이미 그것을 해냈다고 주장했지만 실제로 유도과정을 보여주지는 못했다.

뉴턴을 방문한 핼리는 이 문제에 대해 뉴턴과 의논했고 뉴턴은 이미 오래전에 자신이 그 문제를 해결했다고 대답했다. 뉴턴은 그해 11월에 핼리에게 『물체의 궤도 운동에 관하여』라는 논문을 보냈다. 여기에는 거리 제곱에 반비례하는 중력법칙은 물론 케플러의 1법칙과 2법칙의 증명도 들어 있었다.

핼리가 최초로 케임브리지를 방문했던 1684년 8월부터 1686년 봄까지 뉴턴은 오로지 『프린키피아』의 원고 작업에만 전념했다. 뉴턴이 역학연구에 몰두해 있던 1684년 가을에서 1685년 겨울에 이르는 몇 개월은 과학사에서 가장 중요한 시기이다. 왕립협회에서는 뉴턴에게 『프린키피아』를 출판할 것을 권했다. 그러나 역제곱의 법칙에 관한 후크와의 우선권 논쟁으로 『프린키

피아』의 출판은 여러 번의 어려운 고비를 넘겨야 했다.

프린키피아의 탄생

1886년 4월 뉴턴의 원고가 왕립협회에 도착했고 핼리는 학회를 움직여 5월 19일부터 『프린키피아』의 인쇄를 시작하도록 했다. 왕립협회가 재정난으로 출판비용을 부담할 수 없게 되자 핼리는 자신이 발행인이 되어 출판비용을 부담했다. 1686년 가을에는 『프린키피아』 제2권의 원고가 완성되었다. 그러나 뉴턴은 후크와의 분규가 아직 끝나지 않았다는 이유로 출판을 미루도록 요청했다. 10월까지 13매만 인쇄되었고 4개월 동안 인쇄가 중단되었다.

『프린키피아』의 인쇄가 끝난 것은 1687년 7월 5일이었다. 1687년 봄에는 곧 대작이 출판될 것이라는 소문이 영국 전역에 돌았다. 출판 직전 『철학회보』에는 핼리가 쓴 『프린키피아』에 대한 긴 서평이 실리기도 했다. 책이 출판된 후에는 수학계를 중심으로 빠르게 그 내용이 전파되었다. 뉴턴 역학은 영국에서 돌풍을 일으켰고 단번에 자연철학자들 사이에 정설로 군림하게 되었다. 뉴턴의 책은 유럽 대륙에서도 인정을 받았다. 1688년의 봄과 여름에 대륙의 대표적인 서평잡지에 『프린키피아』에 대한 서평이 실렸다.

1687년 뉴턴이 출판한 책의 원제목은 'Philosophiae Naturalis Principia Mathematica'라는 라틴어로 되어 있었다. 이 제목을 영어로 번역하면 'Mathematical Principles of Natural Philosophy', 해석하자면 '자연철학의 수학적 원리'이다. 이 책은 『프린키피아』라는 제목으로 국내에 출간되어 있다.

말년의 뉴턴

『프린키피아』를 출판한 후 뉴턴은 과학 이외의 문제에 관심을 가지기 시작했다. 1705년에는 조폐국장이 되었고, 영국 왕실로부터 기사 작위를 받았다. 조폐국장으로 있는 동안 뉴턴은 위조화폐를 방지하기 위해 많은 노력을 기울였다. 당시 금화나 은화는 매끄러운 테두리를 가지고 있었는데 그것을 조금씩 갉아내는 사람들이 많았다. 뉴턴은 그것을 방지하기 위해 동전의 가장자리를 도틀도틀하게 만들어 화폐의 변조를 방지했다.

결혼하지 않아 자식이 없었던 뉴턴은 말년에 조카 부부와 함께 살았다. 1727년 런던 교외의 켄싱턴에서 죽은 뉴턴은 웨스트민스터 사원에 묻혔다.

A 『자연철학의 수학적 원리』

▌연표로 보는 천문학 혁명과 역학 혁명 ▌

1543년
코페르니쿠스,
『천체의 회전에 관하여』 출판
베살리우스,
『인체 해부에 관하여』 출판

1595년
얀센,
현미경 발명

1600년
길버트, 『자석에 대하여』 출판
지자기 발견, 전기와 자기를 구별

1633년

갈릴레이 종교재판 받음. "그래도 지구는 돈다."라는 갈릴레이의 유명한 말은 후세의 호사가들이 갈릴레이의 심정을 빗대어 지어낸 말로 추측됨.

1632년
갈릴레이,
『두 우주체계의 대화』 출간

1628년

윌리엄 하비, 논문 『동물의 심장과 혈액의 운동에 관한 해부학적 연구』에서 혈액순환설 발표. 심장펌프설 주장. 갈레노스의 이론 부정.

1655년
호이겐스, 굴절망원경 제작
토성 고리 발견
토성의 위성 관측

1660년
말피기,
개구리의 허파에서
모세혈관 발견

1661년
페르마의 원리 발견

1695년
파팽,
피스톤 증기기관
개념 설계

1693년
세이버리,
증기를 이용한
양수펌프 개발

1687년
뉴턴,
『자연철학의 수학적 원리』 출판

1705년

영국의 천문학자 E. 핼리가 핼리혜성이 태양 주위를 76년 주기로 공전함을 발견. 사람들은 핼리의 공적에 의해서 혜성 중에 주기적인 것이 있다는 것을 비로소 알게 되었다.

1727년
브래들리,
지구 공전에 의한
광행차 발견

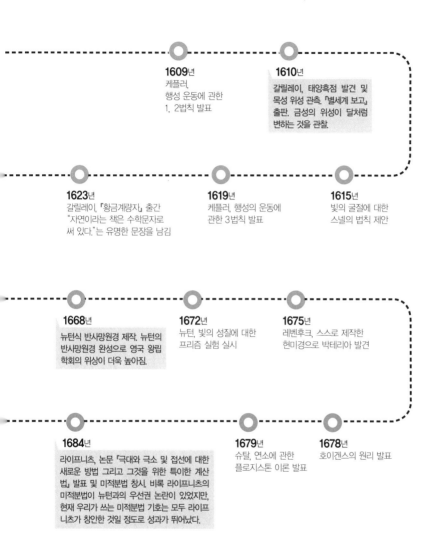

1609년
케플러,
행성 운동에 관한
1, 2법칙 발표

1610년
갈릴레이, 태양흑점 발견 및
목성 위성 관측. 『별세계 보고』
출판. 금성의 위성이 달처럼
변하는 것을 관찰.

1623년
갈릴레이, 『황금계량자』 출간
"자연이라는 책은 수학문자로
써 있다."는 유명한 문장을 남김

1619년
케플러, 행성의 운동에
관한 3법칙 발표

1615년
빛의 굴절에 대한
스넬의 법칙 제안

1668년
뉴턴식 반사망원경 제작. 뉴턴의
반사망원경 완성으로 영국 왕립
학회의 위상이 더욱 높아짐.

1672년
뉴턴, 빛의 성질에 대한
프리즘 실험 실시

1675년
레벤후크, 스스로 제작한
현미경으로 박테리아 발견

1684년
라이프니츠, 논문 『극대와 극소 및 접선에 대한
새로운 방법 그리고 그것을 위한 특이한 계산
법』 발표 및 미적분법 창시. 비록 라이프니츠의
미적분법이 뉴턴과의 우선권 논란이 있었지만,
현재 우리가 쓰는 미적분법 기호는 모두 라이프
니츠가 창안한 것일 정도로 성과가 뛰어났다.

1679년
슈탈, 연소에 관한
플로지스톤 이론 발표

1678년
호이겐스의 원리 발표

3장

물질과 생명에 대한 새로운 이해

생 명 현 상 과 물 질 을 새 롭 게 이 해 하 다

시대 설명

17세기 말에 등장한 뉴턴 역학은 새로운 과학이 등장하는 토대가 되었다. 뉴턴 역학의 중력법칙이나 운동법칙들이 자연을 이해하는 새로운 이론적 기틀이 되기도 했지만 뉴턴 역학에서 사용한 새로운 과학적 방법과 자연관이 다양한 분야의 과학 발전에 기여한 바도 크다.

뉴턴 역학이 탄생하던 17세기에 생물학 분야에서도 커다란 변화가 시작되고 있었다. 생물학의 발전은 의학 분야에서 가장 먼저 시작되었다. 심장에서 나온 혈액이 온몸을 돌고 난 후 다시 심장으로 들어간다고 주장했던 하비의 혈액 순환설은 의학과 생물학 발전에 중요한 계기를 제공했다. 하비는 혈액 순환설을 증명하기 위해 물리적인 실험 방법을 생물 실험에 도입했고 이는 생물학 연구에 크게 기여했기 때문이다.

물리학자였던 로버트 후크가 현미경 관찰을 통해 코르크에서 세포막을 발견하고, 말피기가 여러 가지 생물체의 기관을 관찰한 것은 현미경을 이용한 세포 생물학 발전의 시발점이 되었다. 현미경을 이용하게 됨으로써 세포에 대한 이해를 높일 수 있었고 이는 생명체에 대한 이해를 새롭게 하는 데 크게 기여했다.

물리학과 생물학이 큰 발전을 이루고 있던 1700년대에 화학 분야에서는 아직도 고대의 물질관을 완전히 버리지 못하고 있었다. 물질은 물, 불, 흙, 공기의 4원소로 이루어졌다는 4원소설은 공기와 흙에서 여러 가지 성분이 분리되면서 더 이상 받아들여질 수 없게 되었다. 그러나 4원소설을 대신할 새로운 원자론은 1808년이 되어서야 영국의 돌턴에 의해 제안되었다. 따라서 1700년대 화학에서는 새로 발견된 여러 가지 화학적인 현상을 설명하기 위해 플로지스톤설이라는 잘못된 이론이 주장되기도 했었다. 그러나 1808년 원자론이 제안되면서 물질을 새롭게 이해할 수 있는 토대가 마련되었다.

1800년대에 있었던 과학계의 가장 큰 사건은 진화론의 등장이라고 할 수 있을 것이다. 1809년 프랑스의 라마르크는 『동물철학』이라는 책을 통해 용불용설에 의한 진화론을 주장했다. 라마르크의 진화론은 큰 반향을 불러오지는 않았다. 그러나 1859년 다윈이 『종의 기원』을 통해 자연선택에 의한 진화론을 주장했을 때는 사정이 달랐다. 생물학자들은 물론 과학자가 아닌 사람들까지도 가세하여 진화론에 대한 논란을 벌이기 시작했다.

의학 근대화의 계기를 제공한 『인체 해부에 관하여』를 출판한 사람은?

★ **시대** : 16세기   ★ **주제어** : 베살리우스, 인체 해부에 관하여, 갈레노스

인체 해부에 관심을 갖게 되다

고대에는 동양이나 서양 모두 인체의 해부를 금기시했다. 따라서 인체에 대한 연구가 매우 큰 제약을 받았다. 벨기에의 해부학자였던 베살리우스는

| 『인체 해부에 관하여』

1543년 일곱 권으로 된 저서 『인체 해부에 관하여』를 스위스의 바젤에서 출판했다. 이 책은 약 1천 년 동안 유럽의 많은 사람들에게 신봉되어 온 갈레노스의 인체 해부에 관한 학설의 오류를 하나하나 지적하여 의학 근대화의 계기를 제공했다.

베살리우스는 1514년 벨기에 브뤼셀에서 의학자 집안의 아들로 태어났다. 파리 대학에서 의학을 공부하고 1537년 파도바 대학에서 의학박사 학위를 받은 베살리우스는 파도바

대학의 외과학과 해부학 교수가 되었다. 인체 해부에 관한 철저한 지식이 외과에 필수적이라는 것을 알고 잘 알고 있었던 그는 이발사들이 해부하던 전통을 깨고 직접 사체 해부에 많은 시간을 보냈다.

그 당시 의과대학에서는 갈레노스(129~199)의 의학을 주로 가르쳤다. 베살리우스도 처음에는 갈레노스의 의학에 아무런 의문을 가지지 않았다. 그러나 1540년 1월부터 그는 갈레노스 의학에 의존하던 전통을 깨고 인체 해부를 통해 알게 된 사실을 바탕으로 갈레노스의 교과서를 비판하기 시작했다. 베살리우스는 갈레노스의 해부학이 인체 해부에 기초하지 않고 주로 개나 원숭이 그리고 돼지와 같은 동물 해부로부터 얻은 지식을 사람에게 적용한 것이라는 사실을 알게 되었다.

해부학 교재를 출판하다

베살리우스는 스스로 인체 해부학 교과서를 출판하기로 하고 1542년 초에 교과서에 들어갈 삽화를 위해 르네상스의 위대한 화가인 티치아노의 작업장이 있는 베네치아로 갔다. 그리고 티치아노의 제자 반 칼카르에게 삽화를 그리게 하고 베니스의 유명 조각가에게 복제를 부탁해 총 300개의 해부도를 만들었다. 이렇게 해서 해부도 목판을 만든 베살리우스는 원고와 목판을 스위스의 바젤로 가져가서 1543년에 『인체 해부에 관하여』 일곱 권을 출판했다.

이 삽화들은 매우 정교해서 오늘날 보아도 전혀 손색이 없을 정도다. 『인체 해부에 관하여』에서 베살리우스는 갈레노스의 해부학적 오류를 수정하여 인체의 골격과 근육, 혈액, 뇌 등 9개 부문을 상세히 묘사하였다. 『인체 해부에 관하여』의 출판은 근대 해부학의 탄생을 의미하는 것이었다.

혈액은 심장벽을 통과할 수 없다

갈레노스 의학에서는 우심실의 피가 심장벽을 통과하여 좌심실로 간다고 설명했다. 심장을 직접 해부해본 베살리우스는 심장벽이 너무 촘촘해서 피가 절대로 통과할 수 없다는 것을 알게 되었다. 베살리우스는 직접 해부를 해보기 전까지는 갈레노스의 학설이 틀릴 것이라고는 생각도 하지 못했지만 혈액이 절대로 통과할 수 없는 심장벽은 갈레노스의 주장이 틀렸다는 것을 확실하게 보여주었다고 기록했다.

이것은 천 년이 넘은 오랜 세월 동안 정설로 받아들여져 오던 갈레노스의 의학 체계가 붕괴하기 시작했다는 것을 의미하는 것이었다. 새로운 과학이 등장하기 위해서는 기존의 학설이 부정되어야 한다. 그러나 기존의 학설을 부정하기 위해서는 확실한 실험적 사실이 발견되어야 한다. 짧은 기간 동안에 기존의 학설이 무너지고 새로운 학설이 등장하는 것을 과학사에서는 과학혁명이라고 한다.

A 안드레아스 베살리우스

유럽에서 혈액 순환설을
처음 주장한 사람은 누구?

★ **시대** : 17세기   ★ **주제어** : 혈액 순환설, 하비

서양의 혈액 순환설

동양에서는 오래 전에 작성된 의학 서적에 혈액 순환에 관한 자세한 내용이 실려 있었다. 하지만 서양에서는 17세기가 되어서야 심장에서 나간 피가 온몸을 돌아 다시 심장으로 돌아온다는 혈액 순환설이 제기되었다. 서양에서 혈액 순환설을 처음으로 주장한 사람은 영국의 의사였던 윌리엄 하비(1578~1657)였다.

영국의 포크스턴 출신으로 1597년 케임브리지 대학을 졸업한 후, 이탈리아 파도바 대학에 유학하여 의학을 공부하고 귀국 후에는 제임스 1세와 찰스 1세의 시의로 활약했던 윌리엄 하비는 인체의 구조와 기능, 특히 심장과 혈관에 대해 많은 연구를 했고 해부학과 외과학 강의를 하기도 했다.

하비는 1628년에 『동물의 심장과 혈액의 운동에 관한 해부학적 연구』라는 제목의 연구논문을 발표했다. 이 책에서 하비는 심장의 박동을 원동력으로 하여 혈액이 순환된다고 하는 혈액 순환설을 발표했다. 또한 하비는 동물의 발생에 관해서도 연구를 하여 1651년 『동물발생론』을 저술하고 모든 생물은 알에서 생겨난다고 주장하기도 했다.

하비의 정량적 실험

하비는 정량적 실험과 측정이 과학연구의 기본요소라고 생각하고 인체의 생리현상을 관찰하기 위해 저울, 온도계, 습도기 따위의 측정도구를 이용했다. 그는 이런 기구를 이용한 측정으로 30분 동안 심장에서 동맥으로 내보내는 피의 양이 전체 혈액의 양보다 많다는 것을 밝혀냈고, 피는 동맥과 정맥을 통하여 순환해야 하며 심장의 박동이 이 순환 운동의 동력을 제공한다고 주장했다. 정량적 실험이 거의 시도되지 않고 있었던 당시 의학계에서 그의 실험과 주장은 매우 획기적인 것이었다.

윌리엄 하비는 생물학과 의학 연구에 관찰과 측정에 의거하는 실증적인 방법을 도입했을 뿐만 아니라 정략적인 측정과 측정 결과의 물리학적 분석이 중요하다는 것을 강조하기도 했다. 그는 1맥박당 약 56.6그램의 피가 동맥으로 흘러들어간다는 것을 알아내고 1분당 72맥박을 기준으로 해서 1분 동안에 얼마나 많은 양의 피가 동맥으로 흘러들어가는지를 계산했다. 이렇게 계산해 보면 1시간당 동맥으로 흘러들어가는 피는 245킬로그램이나 되어 간에서 계속 생산하기에는 너무 많은 양이라고 추론했다. 이러한 분석 방법은 근대 생물학을 발전시킨 매우 중요한 발전이었다.

하비의 뛰어난 점은 그 이전 사람들이 이론적으로만 접근하려 했던 문제들을 실험적인 방법으로 접근하여 올바른 결론에 도달한 점이다. 하지만 아직 현미경을 사용하지 않았으므로 동맥과 정맥이 어떻게 연결되어 있는지는 밝혀내지 못했다. 그러한 지식은 말피기가 현미경을 이용하여 동맥과 정맥을 이어주는 모세혈관을 발견할 때까지 기다려야 했다.

A 영국의 의사였던 윌리엄 하비

실핏줄을 발견하여
혈액 순환 과정을 밝혀낸 사람은?

★ **시대** : 1660년 ★ **주제어** : 혈액 순환설, 실핏줄, 말피기, 레벤훅

현미경 생물학의 시작

현미경을 이용하여 생물체를 처음으로 관찰하기 시작한 사람은 영국의 로버트 후크(1635~1703)였다. 후크는 현미경을 이용하여 살아 있거나 죽어 있는 생물을 관찰하여 이를 기술하고 또 그림을 그려서 1665년에 『현미경 관찰』이라는 책을 발간했다. 특히 그는 코르크를 관찰하여 식물의 세포막을 최초로 발견하고 세포(cell)라는 이름을 붙였다. 후크 이후에 많은 사람들이 현미경을 이용하여 생물체를 관찰했는데 그 중에는 안토니 레벤훅(1632~1723)과 마르셀로 말피기(1628~1694)가 대표적이다. 레벤훅은 자신이 만든 렌즈 두 개를 얇은 은판 사이에 끼워 넣어 100여 개의 현미경을 만들었다. 아직 배율이 매우 낮은 돋보기에 불과한 초보 단계의 현미경이었지만 그는 이것을 이용하여 원생동물과 박테리아를 관찰할 수 있었다.

현미경 해부학의 창시자

현미경 해부학의 창시자라고 불리는 마르셀로 말피기는 1628년에 이탈리아에서 태어나 볼로냐 대학에서 의학을 공부하고 피사 대학과 메시나 대

학의 교수로 있으면서 현미경을 이용한 의학 연구를 계속했다. 그는 자신의 연구 결과를 주로 영국의 왕립협회의 학회지에 발표했는데 1661년에 발표한 『허파에 관하여』라는 저서에는 개구리 허파에 있는 모세관을 기술하고 피가 동맥에서 정맥으로 흐를 때 허파가 하는 기능에 대하여 설명했다. 이것이야말로 하비의 혈액 순환론을 완성시킨 중요한 관찰이라 할 수 있다. 이러한 활동으로 말피기는 1668년에 이탈리아인으로서는 최초로 영국 왕립협회 펠로우(회원)가 되었다.

　말피기는 현미경을 이용하여 피부와 콩팥을 관찰했으며 여러 종류의 동물들 사이의 허파를 비교하기도 했다. 그는 또한 달걀 속에서의 병아리의 부화과정을 관찰하여 발생학 발전에도 크게 기여했다. 말피기는 현미경 해부

학의 창시자라고 인정되고 있는데 여러 해부학적 기관들이 그의 이름을 따서 명명되었다. 피부에는 그의 이름을 딴 말피기 층이 있으며, 콩팥에는 두 개의 말피기 소체가 있고, 곤충에도 말피기 관이 있다. 말피기는 또한 뇌를 해부하기도 했으며 식물에 대한 현미경 연구도 했다.

말피기와 식물세포

말피기는 1670년대에 현미경을 이용하여 식물의 내부 구조를 자세히 관찰했다. 말피기는 식물이 어떻게 영양분을 만들어내는지는 잘 이해하지 못했지만 식물의 잎에서 영양분이 만들어진다는 것은 알아냈다. 말피기가 식물의 영양분이 어디에서 만들어지는지를 알아내기 위해 식물의 잎을 잘라버리자 뿌리가 물과 영양분을 흡수할 수 있는데도 불구하고 식물은 더 이상 자라지 않았다.

말피기의 왕성한 현미경 관찰은 생물학 발전에 새로운 전기가 되었다. 생명체에서 일어나는 여러 가지 현상을 세포 단위에서 일어나는 물질 대사와 에너지 대사로 설명하려는 세포 생물학은 말피기에 의해 시작되었다고 할 수도 있을 것이다. 세포 생물학의 발전으로 생물학은 크게 발전할 수 있었다.

A 이탈리아의 생물학자 마르셀로 말피기

Q 028

처음으로 탄산 음료수를
만든 사람은 누구인가?

★ **시대** : 1767년   ★ **주제어** : 블랙, 캐번디시, 프리스틀리, 고정공기, 바람의 물

기체의 분리

1700년대에는 공기 중에서 여러 가지 기체가 분리되었다. 1754년에 스코틀랜드의 의과대학생이었던 조셉 블랙(1728~1799)은 탄산마그네슘을 가열하면 무게의 12분의 7이 감소하면서 꽤 많은 분량의 공기가 방출된다는 사실을 발견했고, 같은 무게의 탄산마그네슘을 산에 녹일 때에도 가열한 경우와 같은 양의 기체가 나온다는 사실을 알아내서 이 기체를 고정공기라고 불렀다. 1766년에 영국의 캐번디시(1731~1810)는 금속을 묽은 산에 반응시켜 그가 가연성 공기라고 명명한 수소를 분리해내는 데 성공했다. 캐번디시는 아연, 주석, 철 등에 묽은 황산, 염산 등을 반응시켜 이 가연성 공기를 얻었다. 캐번디시는 이 결과를 『인공의 공기들』이라는 제목으로 왕립학회에서 발표했다.

프리스틀리와 바람의 물

기체 발견에 가장 중요한 역할을 한 사람은 영국의 프리스틀리였다. 프리스틀리는 비국교도 신학교를 졸업하고 목사로 있던 자유 사상가였다. 프리

스틀리는 1767년에 맥주통에서 나오는 기체를 분석하여 고정공기(이산화탄소)를 발견하고 이를 왕립학회에 보고했다. 프리스틀리는 이산화탄소를 이용해 바람의 물이라고 불린 탄산수를 만들었는데 탄산수는 괴혈병 치료제로 알려져 영국 해군에서 널리 사용했다. 실제로는 괴혈병 치료에 아무런 효능이 없는 탄산수가 널리 사용된 것은 사업가가 과대선전을 했기 때문이었다. 프리스틀리는 탄산수를 발명한 공로로 1772년에 왕립학회가 주는 최대 영예인 코플리 메달을 받기도 했다.

산소의 발견

프리스틀리는 또한 1773년 8월에 1일에 커다란 렌즈를 이용하여 산화수은을 높은 온도로 가열시켰을 때 발생된 기체를 모아 여러 가지 실험을 하였다. 이 기체 속에서는 촛불이 격렬하게 연소되었고, 쥐가 활발하게 운동했으며, 사람도 기분이 좋아졌다. 산소를 발견한 것이다. 프리스틀리는 산소를 발생시키는 방법과 산소의 성질에 대해 1775년 3월에 왕립학회의 철학회보에 다음과 같이 설명했다.

"실험 대상 물질에 렌즈의 초점을 맞춘다. 그러면 수은이 든 용기 안에 기체가 생겨나 용기를 가득 채운다. 최근 나는 서로 다른 물질은 이 과정에서 서로 다른 기체를 발생시킨다는 것을 발견했다. 이 결과 얻어진 모든 기체들은 보통 공기에 비해 호흡이나 가열을 5~6배 더 촉진한다는 놀라운 사실이 밝혀졌다."

프리스틀리는 산소 외에도 여러 가지 기체들을 분리해 저장했는데, 그 중에는 암모니아, 염산, 산화질소, 산소, 질소, 이산화탄소가 포함되어 있었다. 그러나 프리스틀리는 자신이 발견한 기체들을 플로지스톤과 연관시켜 설명했기 때문에 산화와 연소를 제대로 이해하는 데는 실패했다.

　산소를 발견한 프리스틀리는 파리를 방문해 라부아지에를 만나 자신의 발견에 대해 설명해 주었다. 라부아지에는 여러 가지 실험을 통해 프리스틀리의 발견을 확인한 후 이 기체에 산소라는 이름을 붙였다. 그 후 두 사람 사이에는 산소 발견자의 지위를 놓고 논쟁이 벌어졌다. 그러나 후세 사람들은 프리스틀리를 산소 발견자라고 인정하고 있다.

A 영국의 화학자 조셉 프리스틀리

플로지스톤

17세기 말~18세기 초에 과학자들이 연소 현상을 설명하기 위해 고안한 물질 개념이다. 그에 따르면 연소란 물질 내에서 플로지스톤이 빠져나가고 공기가 그 자리를 대신 채우는 현상이다. 그리스어로 '불꽃'이라는 뜻을 지닌 플로지스톤(Phlogiston)은 숯이나 종이처럼 잘 타는 물질에 더 많이 포함되어 있다고 여겨졌다.

근대 화학의
아버지라고 불리는 사람은?

★ **시대** : 1789년 ★ **주제어** : 라부아지에, 연소, 산화, 산소, 화학원론, 질량보존의 법칙

부자였던 라부아지에

화학의 아버지라고 불리는 라부아지에는 1789년에 출판한 『화학원론』에서 연소와 산화에 대해 설명했으며 화학 반응 전후의 총 질량은 변하지 않는다는 질량 보존의 법칙을 발표하여 화학혁신을 이루었다. 화학을 혁신하여 새로운 화학이 등장할 토대를 마련한 앙투안 라부아지에는 1743년 파리에서 변호사의 아들로 태어나 마자랭 대학에서 법률학을 공부했다. 22세이던 1766년에는 할머니가 남긴 유산을 물려받아 부자가 되었다. 1768년부터는 이 유산을 바탕으로 세금징수 회사를 운영하기 시작했다. 라부아지에는 이런 사업을 통해 돈을 많이 벌었으므로 자비로 화학 연구와 관련된 비용을 충당할 수 있었다.

세상의 모든 물질이 물, 불, 흙, 공기의 4원소로 이루어졌다는 4원소론을 믿지 못하게 된 라부아지에는 연소 과정에서의 공기의 역할에 대해 조사하기 시작했다. 1772년 11월 1일 라부아지에는 황이나 인이 연소할 때 무게가 증가하는 것은 연소 과정에서 공기를 흡수하기 때문이며, 반대로 이산화납을 가열할 때 무게가 감소하는 것은 이산화납이 공기를 잃기 때문이라고 주

장하는 논문을 과학 아카데미에 제출했다. 1774년에 그는 첫 번째 책인『물리와 화학의 에세이』를 출판했는데 이 책에는 그가 실험을 통해 알게 된 내용을 정리해 놓았다.

산소의 발견과 화학원론

이 해는 영국의 프리스틀리가 탈플로지스톤 기체라고 부른 산소를 발견한 해였다. 프리스틀리는 10월에 유럽 여행 도중 라부아지에를 방문하여 자신의 발명에 대해 이야기했다.

라부아지에는 연소 중에 물질에 흡수되는 공기가 프리스틀리가 발견한 탈플로지스톤 기체라고 생각하게 되었다. 1754년에는 이 기체가 탄소와 결합하여 블랙(1728~1799)이 고정공기라고 부른 이산화탄소를 합성한다는 것을 발견하기도 했다. 1777년에 과학 아카데미에 제출되었으나 1781년에야 출판된 보고서에서 라부아지에는 탈플로지스톤 기체를 산소라고 명명했다. 그는 이 보고서에서 연소는 플로지스톤이 분리되는 현상이 아니라 물질이 산소와 결합하는 현상이라고 설명했다.

라부아지에의 견해는 1789년에 출판된『화학원론』으로 인해 더욱 널리 받아들여지게 되었다. 이 책은 세 부분으로 나뉘어 있는데 1부는 원소로 이루어진 기체의 형성과 분해 및 산의 형성에 대한 내용을 담고 있다. 2부에서는 산과 염기의 결합 및 중성염의 생성에 대하여 다루었으며, 3부에서는 화학 연구에 사용되는 실험기구와 이들의 작동방법을 설명해 놓았다.

단두대의 이슬로 사라지다

『화학원론』이 출판된 1789년은 프랑스 대혁명이 일어난 해이기도 하다.

1793년 1월 루이 16세가 처형된 후 프랑스는 무정부 상태에 빠졌고 광기 어린 도살장으로 변했다. 1793년 11월 말 라부아지에와 그의 장인은 협잡꾼들의 대표, 탐욕스런 지주의 아들, 화학 연구자, 세금징수인, 은행의 관리인이었다는 이유로 체포되어 수감되었다. 프랑스와 유럽 과학자들의 탄원에도 불구하고 라부아지에와 그의 장인은 1794년 5월 8일 단두대에서 처형당하고 말았다. 프랑스의 물리학자 라그랑쥬는 "라부아지에를 처형하는 데는 1초밖에 안 걸리지만 라부아지에와 같은 과학자가 다시 나오는 데는 100년이 걸릴 것이다."라고 하여 라부아지에의 처형을 애석해 했다.

A 앙투안 라부아지에

라부아지에의 숨은 손

라부아지에는 그림을 매우 못 그렸다고 한다. 하지만 당시 과학 책은 정교한 그림이 꼭 필요했다. 그 그림을 그린 것은 라부아지에의 부인이다. 학식과 교양이 넘치는 부인의 도움으로 라부아지에는 세밀한 소묘로 가득 찬 책을 남길 수 있었다.

일정성분비의 법칙을
발견한 과학자는?

★ **시대** : 1799년 ★ **주제어** : 프루스트, 탄산구리, 당량, 당량표

탄산구리의 성분

프랑스의 화학자 프루스트(1754~1826)는 1799년 탄산구리($CuCO_3$)에 대한 연구를 통해 같은 종류의 화합물 속에 포함된 원소의 중량비는 제조하는 방법에 관계없이 항상 일정하다는 일정성분비의 법칙을 발견하여 원자론이 등장할 수 있는 기초를 마련했다.

일정성분비의 법칙을 발견한 프랑스의 화학자 프루스트는 파리에서 약사의 아들로 태어났으나 프랑스 대혁명을 피해 스페인으로 이주해 그곳에서 20년간 머물렀다. 스페인의 여러 대학의 교수와 마드리드의 왕립 실험소 교수를 역임했던 프루스트는 1808년에 귀국한 후, 화학 반응에 관한 일정성분비의 법칙을 발견했다. 프루스트는 자연에 존재하는 탄산구리(공작석)와 실험실에서 만든 탄산구리의 성분을 조사하여 비교했다. 그는 이러한 실험을 통하여 탄산구리는 만드는 방법에 관계없이 모두 구리, 탄소, 산소의 비율이 항상 5:1:4라는 것을 알아냈다. 그는 또한 다른 여러 화합물에 대해서도 성분 원소의 양의 비율이 일정하다는 것을 알아냈다.

일정성분비의 법칙과 원자론

원자론이 등장하기 이전의 4원소설에서 네 가지 원소는 알갱이가 아니라 연속적인 물질이었다. 따라서 임의 양으로 배합하는 것이 가능했다. 다시 말해 구리, 탄소, 산소를 여러 가지 비율로 섞어 탄산구리를 만드는 것이 가능했다. 그러나 프루스트가 발견한 일정 성분비의 법칙에 의하면 탄산구리 속의 각 성분의 비율은 항상 일정해야 했다. 이것은 탄산구리를 만드는 성분들이 더 이상 작게 나누어지지 않는 알갱이로 이루어졌다는 것을 의미한다. 따라서 일정성분비의 법칙은 물질이 더 이상 쪼갤 수 없는 알갱이인 원자로 이루어졌다는 원자론이 나올 수 있는 기초를 제공했다.

화학에서 수학적 관계를 찾아내기 위해 노력했던 리히터는 당량이라는 개념을 형성하는 데 도움을 주었다. 어떤 원소의 일정한 양과 결합하는 다른 원소의 양을 당량이라고 한다. 리히터의 연구는 1802년에 피셔에 의해 요약되었는데 피셔는 황산 1,000그램과 결합하는 산과 염기의 당량표를 만들었다. 이 표에 의하면 염산은 712그램, 수산화나트륨은 859그램, 수산화칼륨은 1,605그램이었다. 이것은 1,000그램의 황산이나 712그램의 염산을 중화시키기 위해서는 859그램의 수산화나트륨이나 1,605그램의 수산화칼륨이 필요하다는 것을 뜻했다. 1800년대 초에 밝혀진 이런 경험법칙들은 원자론의 등장에 중요한 역할을 했다.

당량과 원자량

당량은 두 가지 원소가 화학 반응을 할 때 서로 얼마의 양이 정확하게 결합하는지를 나타내는 양이다. 만약 모든 원자가 1:1로 결합한다면 당량의 비는 그대로 원자량의 비가 될 것이다. 그러나 A원자 몇 개와 B원자 몇 개가 결합하는지 알지 못하고서는 당량으로부터 원자량의 비를 알 수는 없다. 당량은 실험을 통해 쉽게 결정할 수 있지만 결합하는 원자의 수를 알지 못하고서는 원자량을 결정할 수 없었다. 따라서 원자량을 결정하기 위해서는 화학 반응에 참가하는 원자의 수를 셀 수 있는 방법이 발견될 때까지 기다려야 했다.

A 프랑스의 화학자 프루스트

원자론의 제시자이자 심한 색맹이기도 했던 과학자의 이름은?

★ **시대 :** 1808년   ★ **주제어 :** 돌턴, 화학의 신체계, 원자론, 배수비례의 법칙

열두 살짜리 초등학교 교장선생님

영국의 기상학자였으며 화학자였던 존 돌턴(1766~1844)은 1808년 『화학의 신체계』라는 책을 통해 원자론을 제시하여 물질을 새롭게 이해하도록 했다. 원자론을 제안한 돌턴은 영국 컴벌랜드주의 작은 마을인 이글스필드에서 1766년 9월 6일 태어났다. 돌턴이 받은 유일한 학교 교육은 마을의 초등학교 교육뿐이었다. 돌턴은 기상학에 능통한 로빈손이라는 퀘이커교도로부터 수학 교육을 받았고, 이 사람의 영향으로 기상학에 관심을 가지게 되었다.

돌턴은 열두 살 때 재능이 인정되어 마을 초등학교 교장이 되었고, 열다섯 살이 되던 1781년에는 형 조나단과 함께 켄달로 이주하여 퀘이커교도의 학교를 운영하면서 수학, 라틴어, 그리스어, 프랑스어 등을 독학으로 공부했다. 그는 직접 만든 기구를 이용하여 죽을 때까지 온도, 기압, 우량 등의 기상 관측을 단 하루도 거르지 않았다.

돌턴은 식물학, 곤충학, 수학에 이르는 넓은 영역을 연구했는데 1793년에는 연구 수행에 많은 편의를 제공받았던 맨체스터의 뉴칼리지로 옮겨갔다. 그는 맨체스터의 뉴칼리지에서 수학과 과학 철학을 강의하였고, 라부아

지에의 『화학원론』을 교재로 화학도 강의했다. 1794년에는 1789년에 설립된 맨체스터 문학과 철학학회 회원으로 가입하였고, 1817년에는 학회의 회장이 되어 1844년 죽을 때까지 회장으로 활동했다.

배수비례의 법칙과 원자론

돌턴은 기체의 용해도로부터 힌트를 얻어 원자설을 제안하고 배수비례의 법칙을 발견했다. 두 가지 원소가 화합하여 두 가지 이상의 화합물을 만들 때 한 원소와 결합하는 다른 원소의 중량비는 정수비를 이룬다는 배수비례의 법칙은 물질이 더 이상 쪼개지지 않는 알갱이로 이루어져 있다고 가정해야 설명할 수 있는 법칙이었다. 따라서 배수비례의 법칙 발견은 원자론으로 나아가는 길잡이가 되었다고 할 수 있다.

돌턴의 가장 위대한 업적인 원자론은 1808년에 출판한 그의 저서 『화학의 신체계』 제1권에 포함되어 있다. 이 책의 제2권은 1810년에 출판되었다. 돌턴은 1832년에 옥스퍼드의 영국학술협회로부터 민법학박사 학위를 받았고, 1834년에는 에딘버그의 협회로부터 법학박사 학위도 받았다. 돌턴은 78세이던 1844년 7월 26일 오후 그날의 기상을 기록하려고 하다 손이 떨려 침실에 누웠다가 다음날 혼수상태에 빠진 후 그대로 세상을 떠났다.

『화학의 신체계』에서 돌턴은 모든 물질의 가장 작은 입자를 가리키는 원자라는 말을 처음으로 사용했다. 원자량을 정하기 위해서 돌턴은 단순성의 원리를 적용했다. 그는 두 원소가 한 가지 화합물을 만든다면 그 화합물은 두 원소의 원자 하나씩을 포함하고 있다고 가정했고, 두 원소로 이루어진 두 번째 화합물이 존재한다면 그것은 한 원소의 원자 하나에 다른 원소의 원자 두 개가 결합하여 만들어진 것이라고 가정했다. 이것을 기호를 이용해 나타내면 A원소와 B원소가 결합하여 화합물을 만들 때 화합물이 한 가지만 존재한다면 그 화합물의 조성은 AB이고, 두 번째 화합물의 조성은 AB_2라는 것이다. 돌턴은 이 가정을 바탕으로 수소와 산소가 결합하여 만들어진 물의 화학식은 HO라고 했다. 돌턴의 원자론은 이러한 불확실한 가정을 포함하고 있었기 때문에 처음에는 널리 받아들여지는 데 어려움이 있었다.

돌턴과 색맹

오늘날 색맹을 돌터니즘이라고 부르기도 한다. 기상학과 화학을 주로 연구했던 돌턴과 색맹은 무슨 관계가 있을까? 돌턴은 아주 심한 색맹이었다. 붉은 빛깔이 돌턴에게는 항상 녹색으로 보였다. 따라서 돌턴은 색맹에 관심이 많았다, 그는 1794년 10월에 색맹에 대해 최초의 논문을 발표하기도 했다. 현재 색맹을 돌터니즘이라고 부르게 된 것은 그가 색맹이었기 때문일까 아니면 색맹에 관한 논문을 발표했기 때문일까? 아마 두 가지 모두 때문일 것이다.

A | **존 돌턴**

돌턴의 원자론이
널리 받아들여지지 않은 이유는?

★ **시대** : 1802년 　★ **주제어** : 돌턴, 배수비례의 법칙, 단원자 분자, 2원자 분자

배수비례의 법칙

돌턴은 원자론을 발표하기 이전인 1802년에 배수비례의 법칙을 발견했다. 탄소와 산소와 같이 두 원소가 결합하여 여러 가지 화합물을 만들 때 탄소의 일정한 양과 결합하는 산소의 양은 항상 정수비를 이룬다는 것이 배수비례의 법칙이다. 만약 모든 물질이 더 이상 쪼개지지 않는 알갱이인 원자로 이루어졌다고 가정하면 배수비례의 법칙은 쉽게 설명할 수 있다. 모든 화합 결합은 원자와 원자의 결합이므로 탄소 원자 하나와 결합하는 산소 원자는 하나 아니면 둘 또는 셋과 같이 정수여야 한다. 따라서 탄소 하나와 결합하는 산소 원자의 수는 정수비를 이룰 수밖에 없다.

돌턴은 같은 원소의 원자는 모두 같은 특성을 갖고, 다른 종류의 원소의 원자는 크기, 무게, 부피가 서로 다르다고 했다. 그는 또한 A원소와 B원소가 결합하여 2개 이상의 화합물을 만들 경우, A원소 일정량과 결합하는 B원소의 무게가 간단한 정수비를 이루는 현상을 A원자 1개와 결합하는 B원자가 1개 또는 2개, 3개가 되기 때문이라고 설명했다. 따라서 A원자 1개와 결합하는 B원자의 비는 항상 1:2:3과 같이 정수비를 이루는데 이것이 배수비례의 법칙이다.

당량과 원자량

돌턴은 각각의 원소 사이에 반응하는 당량이 이미 실험적으로 결정되어 있으므로 당량을 기초로 상대적 중량을 결정했다. 수소 1그램과 반응하는 산소의 당량은 16그램이므로 수소 1개와 산소 1개가 반응한다고 하면 산소 무게는 수소 무게의 16배가 된다고 설명했다. 그러나 이런 방법으로 원소의 원자량을 결정하기 위해서는 한 종류의 원자 몇 개가 다른 종류의 원자 몇 개와 결합하는가를 알아야 되었다. 돌턴은 단순성의 원리를 이용해 CO, CO_2와 같은 몇 가지 간단한 화합물의 조성을 밝히는 데는 성공했지만 단순성의 원리는 복잡한 화합물이 어떤 종류의 원자들이 몇 개씩 결합되어 이루어졌는지를 밝혀내는 데는 도움이 되지 않았다.

따라서 원자의 결합수를 제시하지 못한 돌턴의 원자론은 널리 받아들여질 수 없었다. 원자의 수를 세는 방법은 아보가드로에 의해 제시되었다.

단원자 분자와 2원자 분자

우리가 알고 있는 대부분의 기체는 산소(O_2), 질소(N_2), 수소(H_2)와 같이 두 개의 원자로 이루어진 2원자 분자들이다. 그러나 돌턴 시대에는 다른 종류의 기체 사이에는 인력이 작용하여 결합하지만 같은 종류의 기체는 서로 밀어내기 때문에 2원자 분자가 존재할 수 없다고 생각하고 있었다. 따라서 2원자 분자가 관계하는 화학반응을 설명하는 데 많은 어려움을 겪었다. 2원자 분자의 문제는 원자론이 등장하고도 50년이나 흐른 후에 해결되었다.

A 돌턴이 원자의 수를 세는 방법을 제시하지 못했기 때문에

원자의 수를 세는
간단한 방법을 제시한 두 사람은?

★ **시대** : 1811년 ★ **주제어** : 게이뤼삭, 아보가드로, 아보가드로 수, 카니자로

원자의 수를 세어라

원자의 수를 세는 간단한 방법을 제시한 것은 게이뤼삭(1778~1850)과 아보가드로였다. 게이뤼삭이 두 종류의 기체가 화합하는 경우 두 기체의 중량의 비뿐만 아니라 부피도 간단한 정수비를 이룬다는 것을 발견한 것은 결합수를 결정하는 새로운 방법의 가능성을 제시했다. 그는 수소와 산소가 결합하여 물을 만드는 경우 반응하는 수소와 산소의 부피의 비가 2:1인 것을 알아냈다. 게이뤼삭의 이러한 발견을 바탕으로 아보가드로는 1811년에 서로 다른 원소라도 같은 온도, 같은 압력, 같은 부피에는 같은 수의 입자가 들어 있다는 가설을 발표했다. 이 가설에 의해 이제 화학반응에 참가하는 원자들의 개수의 비를 쉽게 알 수 있게 되었다. 눈에 보이지 않는 원자의 수를 세는 대신 기체의 부피의 비만 측정하면 원자의 개수의 비를 알 수 있었기 때문이다.

그러나 화학 반응 과정에서 한 분자가 두 개의 원자로 분열된다고 가정해야만 설명할 수 있는 반응이 발견되었기 때문에 아보가드로의 가설은 널리 받아들여지지 않았다. 그것을 설명하기 위해 아보가드로는 수소와 염소가

두 개의 원자가 결합된 2원자 분자라고 주장했으나 같은 원자끼리는 반발해야 한다는 것이 당시의 일반적인 견해였으므로 쉽게 받아들여지지 않았다. 특히 당시의 화학계를 이끌고 있던 베르셀리우스(1779~1848)가 강력하게 2원자 분자의 존재를 부정했기 때문에 아보가드로의 가설이 받아들여지는 데는 50여 년의 시간을 필요로 했다.

카니자로의 설득

1820년부터 1860년까지는 원자설이 화학에서 그다지 중요한 역할을 하지 못했다. 대부분의 화학자들은 원자의 결합수에 대한 불확실한 추측을 포함하는 원자량을 채용하지 않았고, 아보가드로의 가설을 받아들이지 않았으므로 원자의 결합수를 밝히는 일반적인 방법을 찾지 못하고 있었다. 따라서 1860년대까지 화학은 큰 혼란을 겪어야 했다. 이러한 혼란을 해결하기 위하여 1860년 9월 3일에 칼루스헤에서 최초의 국제 화학회의가 개최되었다. 이 회의에서 이탈리아의 제노바 대학의 교수였던 카니자로(1826~1910)는 아보가드로의 가설을 받아들일 것을 강력하게 역설했다.

이 논문에서 카니자로는 수소 기체의 분자량이 수소 원자를 1로 하여 결정한 원자량의 2배라는 것을 밝히고, 그 이유는 기체의 분자가 두 개의 원자로 이루어졌으며, 다른 기체 또는 화합물은 같은 온도, 같은 부피, 같은 압력에서 같은 수의 입자를 가지고 있기 때문이라고 설명했다. 카니자로의 노력으로 대부분의 화학자들이 아보가드로의 가설을 받아들이게 되었고 화학의 혼란이 일단락되었다.

아보가드로의 수

오스트리아의 화학자 조셉 로슈미트는 1865년에 처음으로 $1cm^3$ 속에 들어 있는 입자의 수가 2.6×10^{19}개라는 것을 알아냈으며, 1909년 프랑스의 화학자 페린은 1몰 속에 들어 있는 입자의 수인 6.02×10^{23}을 아보가드로를 기념하여 아보가드로의 수라고 부르자고 제안했다. 따라서 아보가드로의 수는 1몰 속에 들어 있는 원자나 분자의 수를 나타낸다. 수소의 원자량은 1이고, 탄소의 원자량은 12이다. 원자량은 원자 1몰의 질량을 나타낸다. 따라서 원자 하나의 질량을 알기 위해서는 원자량을 아보가드로의 수로 나누어야 한다.

A 게이뤼삭과 아보가드로

Q 034
최초의 진화론인 용불용설을
주장한 사람은 누구인가?

★ **시대** : 1809년 ★ **주제어** : 진화론, 용불용설, 라마르크, 동물철학

생물학의 전환점

생물학에 있어서 19세기는 매우 중요한 시기였다. 진화론, 세포설, 멘델 법칙 등 중요한 학설이 이 시기에 체계화되었기 때문이다. 과학혁명 이후 자연을 물질로만 이해하려는 기계론적 자연관이 팽배해 있었고, 신이 자연에 개입할 자리는 점점 줄어들고 있었다. 진화론은 자연과 인간을 구분하던 경계를 없애고 인간을 자연의 범주에 포함시킨 사건이었다.

진화론을 처음으로 제기한 사람은 프랑스의 귀족 가문에서 태어난 라마르크(1744~1829)였다. 프랑스 육군의 장교로 근무했던 라마르크는 낙마사고로 목을 다친 후 군에서 제대하고 생물학 연구를 시작했다. 1778년에는 프랑스의 꽃에 관한 책 세 권을 출판하여 명성을 얻고 파리 식물원 표본 관리자가 되었다. 그 후 자연사 박물관 곤충학 교수를 지내기도 했는데 이때는 무척추 동물에 대해 연구했다.

동물철학과 용불용설

라마르크는 1809년에 출판한 저서 『동물철학』에서 원시동물은 자연 발

생으로 생겼으며 이로부터 구조적으로 더 복잡한 동물이 생겨 포유동물에 이르게 되었다고 주장했다. 라마르크는 두 가지 가설을 설정했다. 하나는 어느 부분이고 쓰면 쓸수록 발달되어 커지지만 반대로 쓰지 않는 부분은 작아져서 없어진다고 하는 용불용설이다. 다른 하나는 생물이 생활하면서 커지거나 작아진 형질 즉, 획득형질이 자손에게 유전한다는 것이었다.

라마르크는 자기의 가설을 증명하는 예를 많이 들었는데 뱀의 조상은 도마뱀과 같이 몸이 짧고 다리가 달렸을 것이라고 추정하고, 뱀이 필요에 따라

땅을 기게 되었고 가는 구멍 속으로 기어들어 가게 되자, 기는 데 필요 없는 다리가 없어지고 몸은 가늘고 길어졌다고 했다. 또한 기린의 목이 길게 된 것은 기린이 높은 나무에 있는 먹이를 먹기 위해 목을 길게 늘이다보니 목이 점점 길어져 현재와 같이 됐다고 설명했다. 라마르크의 진화론은 획득형질이 유전한다는 가설을 실험적으로 증명해내지 못하였고, 목적론적인 요소가 있어서 근대의 기계론적인 자연관과는 대립되는 면이 있었지만 진화론을 최초로 체계화한 학설이었다.

진화론과 종의 불변론

라마르크의 진화론은 해부학자였던 퀴비에의 강력한 도전을 받았다. 퀴비에는 여러 가지 그룹의 생물체는 서로 비교할 수 없으며 생물의 종은 변하지 않는다는 종의 불변론을 주장했다. 그는 해부학 지식을 이용하여 화석 일부로 이미 멸종된 생물 전체를 재구성하기도 했다. 현재 존재하는 생물의 조상격인 화석을 발견하여 그것을 연구하기도 했지만 퀴비에는 화석에 나타나는 종은 지각의 변천과정에서 멸종된 것이라고 생각했다. 또 지구에는 3차에 걸친 대변혁이 있었는데, 그 가운데 마지막 것이 노아의 대홍수였다고 주장하면서 진화론을 격렬하게 반대했다.

A 프랑스의 생물학자 장밥티스트 라마르크

원숭이 논쟁은
누구와 누구 사이에서 벌어졌는가?

★ **시대** : 1860년 ★ **주제어** : 진화론, 종의 기원, 자연선택, 윌버포스, 헉슬리

당신 할아버지와 할머니 중 어느 쪽이 원숭이었습니까?

1860년 6월에 과학 진보를 위한 영국 연합의 연례 모임에서는 역사적으로 유명해진 원숭이 논쟁이 있었다. 옥스퍼드의 새뮤얼 윌버포스 주교는 진화론을 반대하는 연설 끝에 진화론 지지자인 헉슬리 쪽을 바라보면서 "당신 할아버지와 할머니 중 어느 쪽이 원숭이었습니까?"라고 물었다. 이에 대해 헉슬리는 "제 할아버지가 그저 가련한 원숭이었는지, 혹은 자연으로부터 특권과 위대한 능력을 부여받아 그 영향력을 과학에 대한 억압에 사용하는 인간이었는지 물으신다면 저는 망설임 없이 원숭이 쪽을 택하겠습니다."라고 대답했다.

원숭이 논쟁은 윌버포스 주교와 헉슬리 사이에 있었지만 실제로 이 논쟁을 유발한 사람은 찰스 다윈(1809~1882)이다. 다윈은 1809년에 개혁가와 지식인을 유난히 많이 배출한 영국 중부 슈로즈버리 인근에서 부유한 영주의 아들로 태어났다. 다윈은 케임브리지에서 만난 존 헨슬로우라는 생물학 교수의 권유로 남미 대륙 지도를 작성하기 위한 정부 프로젝트의 탐사여행을 떠나는 비글호를 타고 남미 대륙과 아프리카를 여행했다. 다윈은 스물두

살이던 1831년 12월 27일에 여행을 떠나 5년 동안 계속된 탐사여행을 통해 많은 새로운 동식물을 발견하고 그것을 기록으로 남겼다.

종의 기원

여행에서 돌아온 다윈은 여행기를 정리하여 1839년에 『비글호 여행기』를 출판했는데 이 책은 곧 베스트셀러가 되었다. 여행에서 돌아 온 후 다윈은 그가 수집한 자료들을 모아 생물의 한 종이 다른 종으로 진화해간다는 이론을 만들기 시작했다. 그는 여행을 통해 한 종이 다른 종으로 변해간다는 확신을 가지게 되었다. 하지만 무엇이 그런 변화를 가능하게 하는지를 알 수 없었다.

이 문제를 해결하는 데는 경제학자 토머스 맬서스가 1798년에 출판한 『인구론』이 중요한 역할을 했다. 맬서스는 인구가 기하급수적으로 증가할 수 있지만 식량의 생산이 제한적이기 때문에 실제로는 그렇지 않다는 것을 지적했다. 다윈은 여기서 중요한 힌트를 얻었다. 종의 구성원들이 환경에 적응하는 능력을 놓고 서로 경쟁하여 스스로의 개체수를 더 이상 늘어나지 못하도록 한다는 것이 분명해졌다. 이러한 경쟁에서 승리한 개체는 살아남아 자손을 남기고 경쟁에서 진 개체는 자손을 남기지 못하게 되는 것이다.

『종의 기원』은 다윈이 50살을 막 넘긴 1859년 11월 24일에 출판되었다. 그리고 초판으로 인쇄된 1,250권이 출판되던 날 매진될 정도로 큰 반향을 불러일으켰다.

창조론과 진화론의 논쟁

『종의 기원』은 종의 불변론자들에 의해 강력한 도전을 받았지만 생물학자와 박물학자들로부터는 열렬한 지지를 받기도 했다. 진화론의 지지자와 반대자들 사이에는 격렬한 토론이 계속되었다. 진화론에 대한 논쟁은 생물학계 밖으로 확대되었고 결국에는 과학계를 벗어나 종교계와 일반인들이 참여하는 논란으로 확대되었다.

신이 모든 생물을 종류대로 창조했다고 믿는 창조론과 가장 단순한 생명체가 진화해 다양한 생명체가 형성되었다는 진화론은 현재까지도 격렬한 논쟁을 계속하고 있다. 진화론이 완전한 이론이 되기 위해서는 최초 생명체가 어떻게 만들어졌는지를 설명할 수 있어야 한다. 그러나 최초 생명체의 형성에 관해서 몇 가지 이론이 제시되었을 뿐 아직 확실한 것은 아무 것도 없다. 따라서 창조론과 진화론 사이의 논쟁은 앞으로도 계속될 것이다.

A 진화론을 반대했던 새뮤얼 윌버포스 주교와 진화론을 주장하던 토머스 헨리 헉슬리

검은 완두콩을 심어도
흰 완두콩이 열릴 수 있을까?

★ **시대** : 1866년 ★ **주제어** : 멘델, 유전법칙, 우열의 법칙, 독립의 법칙, 분리의 법칙

완두콩으로 유전학을 연구한 신부

그레고르 멘델(1822~1884)은 1865년 2월 『식물의 잡종에 관한 실험』이라는 논문을 통해 유전법칙을 발표했다. 오스트리아 태생의 신부였던 멘델이 수도원 뒤뜰에서 8년 동안 완두콩을 재배하는 실험을 통해 알아낸 유전법칙을 이 논문에 담은 것이다. 멘델의 유전법칙에는 우열의 법칙, 분리의 법칙, 독립의 법칙이 포함되어 있다.

우열의 법칙은 부모의 형질 중에서 우성 형질이 후대에 나타난다는 내용인데, 실험에서도 두 가지 색깔의 완두콩을 교배하면 두 가지 색깔이 섞인 제3의 색깔을 가진 완두콩이 나오는 것이 아니라 두 색깔 중 우성인 형질의 색깔만 후대에 나타났다.

분리의 법칙은 우열의 법칙에 따라 우성 형질만 나타난 잡종 1세대끼리 교배하면 그 가운데서 우성 형질과 열성 형질이 분리되어 나타난다는 내용인데, 실험에서도 동그란 완두콩 순종과 주름진 완두콩 순종을 교배해 얻은 잡종 1세대 동그란 완두콩끼리 교배하면 동그란 완두콩과 주름진 완두콩이 일정한 비율로 나타났다.

마지막으로 독립의 법칙은 서로 다른 형질은 독립적으로 우열의 법칙과 분리의 법칙을 만족한다는 내용인데, 실험에서도 완두콩의 색깔과 모양이라는 두 가지 형질은 우열의 법칙과 분리의 법칙을 각각 만족시키며 서로 간에 간섭하지 않았다.

멘델의 유전법칙은 사람들의 관심을 끌지 못했다.

멘델이 성공적으로 유전법칙을 발견할 수 있었던 것은 그가 적절한 실험 재료를 선택했기 때문이었다. 멘델이 사용한 완두콩은 여러 가지 대립되는 성질을 가지고 있었으며 밭이나 온실에서 쉽게 재배할 수 있었다. 멘델의 끈질기고 치밀한 실험 또한 성공의 열쇠가 되었다. 멘델은 여러 계통의 완두콩을 2년간 예비 재배한 후 현저한 차이를 보이는 일곱 쌍의 형질을 선택하였다. 그리고 교배는 언제나 반대교배를 하였으며 부모식물 옆에 같이 재배하여 대조군을 만들었고 실험결과를 수학적으로 분석했다. 그는 또한 이 같은 실험을 8년 동안이나 계속하는 인내력을 발휘하기도 했다. 그러나 멘델의 발견은 오랫동안 사람들의 관심을 끌지 못하고 도서관에서 잠을 자야 했다.

멘델의 유전법칙의 재발견

멘델의 연구는 네덜란드 생물학자 드브리스에 의해 1900년이 되어서야 빛을 보게 되었다. 드브리스는 도서관에서 자신의 연구결과와 같은 내용을 담은 멘델의 논문을 발견하고는 깜짝 놀랐다. 그는 1900년에 자신의 연구결과를 발표하면서 멘델의 논문을 첨부했다. 얼마 뒤 독일의 코렌스도 완두콩과 옥수수를 이용한 실험으로 똑같은 결과를 얻었다. 그는 이미 수십 년 전 멘델이 같은 내용을 발표했다는 사실을 알고 더 이상의 연구와 발표를 포기했다. 또한 혼자서 같은 연구를 하고 있던 오스트리아 체르마크도 드브리스의 발표를 접하고 자신의 연구결과에 멘델의 논문을 덧붙여 발표했다. 불과 몇 달 사이에 세 명의 생물학자가 같은 내용을 잇달아 발견하자 사람들은 멘델에 관심을 보이기 시작했다. 멘델은 1900년의 유전법칙 재발견을 통해 유전학의 아버지 자리에 오를 수 있었다.

A 있다.

멘델의 실험 조작

통계학의 선구자 피셔는 멘델의 연구 노트를 검토한 후, 멘델이 자신의 예측에 들어맞도록 실험 결과를 조작했다는 사실을 발견했다. 통계적으로 지나치리만큼 변이가 적었기 때문이다. 멘델의 연구와 업적이 위대하다는 것은 부인할 수 없지만, 오늘날의 눈으로 보면 그는 정직하지 못한 과학자이기도 하다.

▌연표로 보는 물질과 생명에 대한 새로운 발견의 역사 ▌

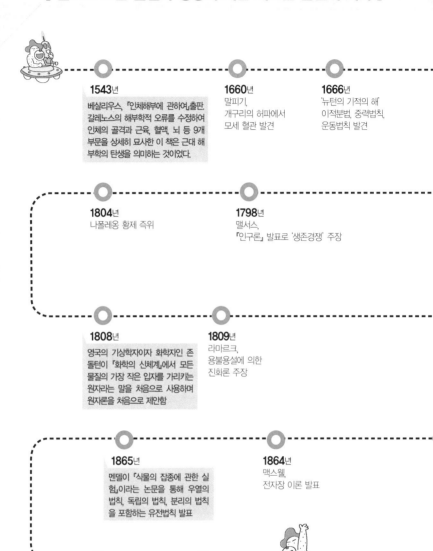

1543년
베살리우스, 『인체해부에 관하여』출판 갈레노스의 해부학적 오류를 수정하여 인체의 골격과 근육, 혈액, 뇌 등 9개 부문을 상세히 묘사한 이 책은 근대 해부학의 탄생을 의미하는 것이었다.

1660년
말피기, 개구리의 허파에서 모세 혈관 발견

1666년
'뉴턴의 기적의 해' 이적분법, 중력법칙, 운동법칙 발견

1804년
나폴레옹 황제 즉위

1798년
맬서스, 『인구론』 발표로 '생존경쟁' 주장

1808년
영국의 기상학자이자 화학자인 존 돌턴이 『화학의 신체계』에서 모든 물질의 가장 작은 입자를 가리키는 원자라는 말을 처음으로 사용하며 원자론을 처음으로 제안함

1809년
라마르크, 용불용설에 의한 진화론 주장

1865년
멘델이 『식물의 잡종에 관한 실험』이라는 논문을 통해 우열의 법칙, 독립의 법칙, 분리의 법칙을 포함하는 유전법칙 발표

1864년
맥스웰, 전자장 이론 발표

1866년
헤켈 '개체발생은 계통 발생을 반복한다'고 주장

1882년
코흐, 결핵균 발견

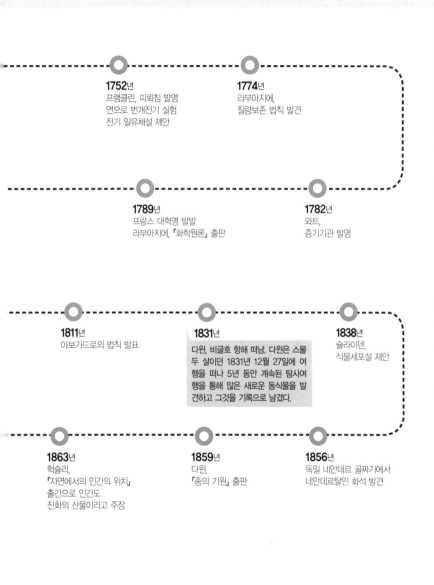

1752년
프랭클린, 피뢰침 발명
연으로 번개전기 실험
전기 일유체설 제안

1774년
라부아지에,
질량보존 법칙 발견

1789년
프랑스 대혁명 발발
라부아지에, 「화학원론」 출판

1782년
와트,
증기기관 발명

1811년
아보가드로의 법칙 발표

1831년
다윈, 비글호 항해 떠남. 다윈은 스물
두 살이던 1831년 12월 27일에 여
행을 떠나 5년 동안 계속된 탐사여
행을 통해 많은 새로운 동식물을 발
견하고 그것을 기록으로 남겼다.

1838년
슐라이덴,
식물세포설 제안

1863년
헉슬리,
「자연에서의 인간의 위치」
출간으로 인간도
진화의 산물이라고 주장

1859년
다윈,
「종의 기원」 출판

1856년
독일 네안데르 골짜기에서
네안데르탈인 화석 발견

4장

전기와 열의 새로운 발견

전 기 와 열 에 대 한 새 로 운 이 해 가 인 류 의 생 활 방 식 을 바 꾸 어 놓 다

시대 설명

물질의 성질을 이해하기 위해서는 전기와 자기의 성질을 이해해야 한다. 물질 사이의 여러 가지 상호작용 중에서 전자기적인 상호작용이 가장 중요하기 때문이다. 우리 주위에서 일어나는 여러 가지 자연 현상은 대부분 전자기적 상호작용의 결과이다. 하지만 인류는 오랜 기간 동안 전기와 자기를 제대로 이해하지 못하고 있었다.

전기와 자기에 대한 연구를 본격적으로 시작한 사람은 영국의 길버트라고 할 수 있다. 길버트는 1600년에 출판한 『자석에 관하여』라는 책에서 처음으로 전기와 자기에 관한 여러 가지 실험을 소개하고 전기와 자기가 서로 다른 현상이라고 주장했다. 따라서 1820년 외르스테드가 전류의 자기작용을 발견할 때까지 전기와 자기는 서로 아무 관계가 없는 별개의 현상으로 취급되었다.

그러나 외르스테드가 전류의 자기작용을 발견하고, 곧이어 1831년에 패러데이가 전자기 유도법칙을 발견함으로써 전기와 자기는 통합되어 전자기학이 되었다. 전자기학을 통합하여 하나의 통일된 학문체계로 완성한 사람은 영국의 맥스웰이었다. 맥스웰은 전자기학을 4개의 맥스웰 방정식으로 통합하고 수학적 계산을 통해 전자기파의 존재를 예측했다. 헤르츠가 맥스웰이 예측했던 전자기파를 실험을 통해 발견한 것은 1888년의 일이었다.

열에 대한 학문적 연구도 19세기에 시작되었다. 열을 이용하여 동력을 발생시키는 열기관은 이미 17세기부터 사용되고 있었지만 1824년 프랑스의 카르노가 『열의 기동력과 그 능력을 개선시킬 수 있는 기계에 대한 고찰』이라는 논문을 발표한 이후부터 열역학에 대한 연구가 본격화되었다고 할 수 있다. 카르노는 열도 물질의 화학작용이라는 열소설에 근거하여 열기관의 열효율을 분석하려고 시도했다.

그러나 마이어, 줄, 클라우지우스와 같은 학자들의 노력으로 열도 에너지의 한 종류라는 것이 밝혀졌고, 이에 따라 열역학 제1법칙인 에너지 보존 법칙이 확립되었다. 그러나 열역학 제1법칙만으로는 열과 관련된 현상을 모두 설명할 수 없게 되자 클라우지우스는 열역학 제2법칙인 엔트로피 증가의 법칙을 제시했다. 이로써 열과 관계된 현상을 통합적으로 이해할 수 있게 되었다.

영국의 물리학자 윌리엄 길버트는 지구를 커다란 ○○(이)라고 했다

★ **시대 :** 1600년   ★ **주제어 :** 길버트, 『자석에 대하여』, 지자기

길버트가 자석에 대한 연구를 시작하다

전기와 자기는 고대부터 알려져 있었다. 그러나 전기와 자기에 대한 체계적인 연구는 영국의 길버트부터 시작되었다고 할 수 있다. 그는 1569년에 케임브리지 대학에서 의학박사 학위를 받고 의사가 되었지만, 과학 분야에 관심이 많아 자석의 성질을 연구하고 이를 이용해 천체의 운동을 설명하려고 시도했다. 길버트가 쓴 『자석에 대하여』는 근대 전기 자기학의 출발점이 되었다.

1600년에 출판되어 길버트의 이름을 후세에 남긴 책인 『자석에 대하여』의 원제목은 『자석과 자성 물체에 대하여, 그리고 커다란 자석인 지구에 대하여 많은 논의와 실험을 통해 증명된 새로운 자연 철학』이라는 긴 이름이었다. 길버트는 이 책에서 기존에 진행되었던 자석에 대한 거의 모든 실험 결과를 집대성해 자석과 전기의 성질을 종합적으로 정리했다.

전기와 자기를 분리하다

길버트 이전까지는 '인력', '감추어진 힘' 또는 '호감과 반감'과 같은 불확

실한 용어를 이용해 전기력과 자기력을 함께 취급해 왔었다. 전기와 자석의 힘을 모두 신비한 힘으로 생각했던 것이다. 그러나 길버트는 자기현상과 전기현상이 전혀 다른 현상이라고 주장했다. 길버트는 『자석에 대하여』의 제2권에서 자석의 성질을 나타내는 원인은 마찰전기의 전기력을 나타내는 호박의 힘과는 다르다고 주장했다. 이런 맥락에서 호박처럼 전기력을 나타내는 물질은 전기적 물질(electricum)로, 자석의 성질을 지닌 물질은 자기적 물질(magneticum)로 불렀다. 길버트의 이런 주장은 전기와 자기를 분리시켜 전기학과 자기학이라는 독립된 연구 분야를 성립시키는 결과를 가져왔다.

그러나 1820년 외르스테드가 전류의 자기작용을 발견하여 전기와 자기가 모두 전하의 작용이라는 것이 밝혀짐에 따라서 전기학과 자기학은 다시 전자기학으로 통합되었다.

지구는 커다란 자석이다

길버트는 지구가 거대한 자석이라고 주장하기도 했다. 당시에는 나침반의 바늘이 북쪽을 가리키는 것은 북두칠성을 이루고 있는 별의 신비한 작용 때문이거나, 북극을 덮고 있는 철로 된 산 때문이라고 믿고 있었다. 그러나 길버트는 나침반의 바늘이 남북을 가리키는 것은 지구 자기에 의한 것이라고 주장했다. 그는 아래위로 자유롭게 움직일 수 있는 구형 자석을 이용하여 자석이 수평에서 기울어지는 각도(복각)를 측정, 이 각도가 위도에 따라 달라진다는 것을 알아냈다. 길버트는 이런 현상이 생기는 것은 지구가 거대한 자석이기 때문이라고 설명했다.

A 자석

대기압을 증명하기 위해 유명한
마그데부르크 반구 실험을 했던 인물은?

★ **시대** : 1650년　★ **주제어** : 게리케, 반구실험, 발전기, 진공펌프

진공펌프와 반구 실험

마그데부르크의 시장이었던 게리케는 여러 가지 과학 실험을 한 사람으로 유명하다. 그는 유황공을 회전시켜 마찰전기를 발생시키는 장치를 발명하여 다양한 전기 실험이 가능하도록 했고, 진공 펌프를 만들어 진공관에 관련된 여러 가지 실험을 했다.

오토 폰 게리케(1602~1686)는 마그데부르크의 부유한 가문에서 태어나서 열다섯 살 때 라이프치히 대학의 인문학부에 입학했다. 그 후 게리케는 예나 대학과 네덜란드의 라이덴에서도 공부를 했다. 게리케는 진공은 존재

| 마그데부르크의 반구 실험

할 수 없다고 주장했던 오래된 생각을 믿지 않고 공기 펌프를 이용해 진공을 만들 수 있다는 것을 실제로 보여 주었다.

1650년경에 진공 펌프를 만든 게리케는 그를 유명하게 만든 반구 실험을 하기 시작했다. 그는 구

리로 지름이 51센티미터인 두 개의 반구를 만들어 맞댄 다음 가운데 공기를 빼면 여러 필의 말을 이용해 양쪽에서 잡아당겨도 떨어지지 않는다는 것을 보여주었다. 그러나 공기를 다시 집어넣으면 쉽게 반구가 분리되었다. 1663년에는 베를린에서 프리드리히 빌헬름 1세 앞에서 24필의 말을 이용해 반구 실험을 해 보였다. 이 당시 게리케는 마그데부르크의 시장이었으므로 이 실험을 마그데부르크의 반구 실험이라고 부른다.

전기 발생 장치의 발명

1663년에 게리케는 마찰을 이용해 전기를 발생시키는 전기 발생 장치를 발명했다. 이 발전기는 유리 구 안에 유황을 부어 넣어 만든 유황공에 회전축을 달아 회전시킬 수 있도록 만든 것이었다. 이 유황공을 빠른 속도로 회전시키면서 패드를 대서 마찰시키면 마찰에 의해 전기가 발생했다. 마찰에 의해 대전된 유황구는 발전기에서 떼어내 전기 실험을 위한 전원으로 사용할 수도 있었다. 후에 이 전기 발생 장치는 벨트와 회전바퀴를 달아 더 빠르게 회전시킬 수 있도록 개량되어 전기 실험을 하는 과학자들에게 전원을 공급했다.

진공 속에서의 소리와 빛의 전파

게리케는 자신이 만든 진공 펌프를 이용해 소리와 빛의 전파에 관한 재미있는 실험을 했다. 유리 용기 속에 종을 넣고 종이 울리고 있는 동안 진공 펌프를 이용해 공기를 뺐다. 공기가 빠짐에 따라 종소리는 들리지 않았지만 종이 흔들리는 모습은 볼 수 있었다. 소리는 공기가 있어야 전달되지만 빛은 공기가 없어도 전달된다는 것을 확인한 실험이었다.

빛이 눈에 보이지 않는 작은 알갱이라고 생각하던 시기에는 빛을 전파시키는 매질이 없어도 아무 문제가 되지 않았다. 그러나 후에 빛이 파동이라는 것이 밝혀지자 빛을 전파시키는 매질이 무엇인가 하는 문제가 심각하게 대두되었다. 빛은 공기가 아닌 다른 매질을 통해 전파되고 있다. 그렇다면 그 매질은 무엇일까? 이 문제의 해답은 아인슈타인의 상대성 이론이 발표되고 나서야 구할 수 있었다.

A 오토 폰 게리케

진공과 기압 연구

진공과 대기압의 발견자는 갈릴레이의 제자였던 토리첼리이다. 그는 수은을 가득 넣은 시험관을 거꾸로 뒤집어, 진공이 생기는 것과 대기압에 의해 수은주의 높이가 일정하게 고정된다는 사실을 보여주었다. 파스칼 역시 기압 연구를 했는데, 그 덕분에 기압의 측정 단위가 '파스칼'이 되었다. 여름철 일기예보에서 기압을 설명하며 '헥토파스칼'이라는 단위를 쓰는 것을 쉽게 들을 수 있다.

전기를 저장하는 축전기에
해당하는 유리병을 부르는 말은?

★ **시대** : 1745년　★ **주제어** : 무센부룩, 클라이스트, 라이덴병

전기 실험을 위한 전원이 필요하던 시기

18세기는 전기에 대한 여러 가지 실험이 행해지기 시작한 시기였다. 전기 실험을 하기 위해서는 전기를 공급하는 전원이 있어야 한다. 처음에는 유황으로 만든 공을 회전시킬 때 발생하는 마찰전기를 이용하여 전기 실험을 했다. 그러나 1745년에서 1746년 사이에 만들어진 라이덴병이 새로운 전원으로 사용되어 더 많은 전기 실험이 가능하게 되었다.

전기를 저장했다가 사용하는 축전기인 라이덴병을 발명한 사람은 페트루스 무센부룩(1692~1762)과 에발트 폰 클라이스트(1700~1748)였다. 1745년에서 1746년 사이에 만들어진 라이덴병은 과학자들이 전기에 관한 새로운 여러 가지 실험을 할 수 있도록 했다. 1692년에 네덜란드 라이덴에서 공기 펌프, 현미경, 망원경과 같은 과학기기를 제조하여 팔던 상인의 아들로 태어난 무센부룩은 1715년에 라이덴 대학에서 의학으로 학위를 받고 영국과 독일에 머물기도 했지만 네덜란드로 돌아와 오랫동안 라이덴 대학에서 강의하면서 전기에 대한 연구를 계속했다.

라이덴병

라이덴병을 발견한 것은 우연한 실험에 의해서였다. 마찰을 이용해 전기를 발생시키는 기전기를 가지고 전기에 관한 실험을 하던 무센부룩은 대전된 유리병의 전하가 어떻게 되는지 보기 위해 병에 반쯤 물을 채웠다. 무센부룩은 오른손으로 병을 잡고 왼손으로는 마찰 기전기에 연결되어 있는 철사를 잡

| 라이덴병의 발명

은 후 기전기를 회전시켰다. 아무 일도 일어나지 않았다. 그러나 철사의 한 끝을 병 속의 물에 넣었을 때는 대단한 충격을 받았다. 물이 담긴 유리병이 기전기에서 발생된 전기를 모으고 있다가 철사를 물에 넣는 순간 무센부룩의 몸을 통해 한꺼번에 방전된 것이다. 무센부룩의 이 고통스런 경험은 라이덴병을 발명하도록 했다. 라이덴병이라는 이름은 무센부룩을 기념하기 위해 그의 고향이었던 라이덴의 이름을 따 프랑스의 아베 놀레가 붙였다. 무센부룩은 그의 실험결과를 즉시 파리의 과학 아카데미에 보고했다. 1746년 1월에 라틴어로 쓴 무센부룩의 편지는 놀레에 의해 프랑스어로 번역되었다.

라이덴병을 최초로 발명한 사람은 누구인가?

무센부룩과 라이덴병의 최초 발명자 자리를 놓고 경쟁했던 클라이스트는 1700년에 독일 포메라니아에서 태어나 1720년대에는 라이덴 대학에서 공부하면서 과학에 대한 관심을 키워갔다. 클라이스트는 스스로 발전기를 제작하여 여러 가지 실험을 했다. 그는 대전된 전기량을 늘리기 위해 대전체로 사용될 병에 물을 채우고, 전하가 달아나는 것을 막기 위해 병을 부도체로 둘러쌌다. 기전기를 돌려서 병을 대전시키고 있는 동안에 한 손으로 병을 만

졌다. 그 역시 무센부룩과 마찬가지로 커다란 충격을 받았다. 이것은 1745년 11월 4일에 있었던 일이었다. 그는 자신의 실험결과를 편지로 베를린 아카데미 회원들에게 알렸다.

무센부룩과 클라이스트가 연달아 라이덴병을 발견하자 두 사람 사이에는 라이덴병의 발견을 두고 우선권 논쟁이 일어났다. 두 사람의 논쟁은 무승부로 끝났고 현재는 두 사람이 독립적으로 발견한 것으로 인정되고 있다.

A 라이덴병

라이덴병과 전지
라이덴병은 전지의 발명이라고 볼 수는 없다. 왜냐면 라이덴병은 전기를 저장하기는 하지만 전극을 연결하면 순간적으로 전기를 모두 방출해 버리기 때문이다. 이와는 달리 전지는 전기를 지속적으로 발생시키거나 일정량을 지속적으로 방출해야만 한다.

이른바 동물 전기라는 것을
발견한 과학자는?

★ **시대** : 1791년 ★ **주제어** : 갈바니, 동물 전기, 볼타전지

해부학자 루이기 갈바니

이탈리아의 해부학 교수였던 루이기 갈바니(1737~1798)는 1791년에 발표한 『전기가 근육운동에 주는 효과에 대한 고찰』이라는 제목의 논문에서 동물 전기라는 새로운 종류의 전기가 존재한다고 주장했다. 그의 이런 주장은 옳지 않은 것으로 밝혀졌지만 볼타전지를 발명하는 계기가 되었다.

이탈리아의 생물학자이자 볼로냐 대학의 해부학 교수로 전기학 발전에 중요한 계기가 된 발견을 한 갈바니는 1737년에 이탈리아의 볼로냐에서 태어났다. 갈바니는 신학을 공부한 후 수도원에 들어가려 했지만 아버지는 볼로냐 대학에서 의학을 공부하도록 설득했다. 의학을 공부하면서 과학도 함께 공부한 그는 1759년에 의학학사 학위를 받는 날 오후에 철학학사 학위도 받았다. 1762년에 의학박사 학위를 받은 그는 볼로냐 의과대학의 해부학 교수가 되었고 동시에 자연과학대학의 산부인학 교수가 되었다.

갈바니가 동물 전기를 발견하다

갈바니는 많은 실험을 통해 명성을 쌓아갔지만 그를 유명하게 만든 것은

1786년의 개구리 해부 실험이었다. 갈바니는 죽은 개구리 다리가 전기가 흐를 때마다 움직이는 것을 관찰하는 실험을 하고 있었다. 어느 날 우연히 해부용 나이프를 개구리 다리에 대기만 했을 뿐 전기를 통하지 않았는데도 개구리 다리가 움직이는 것을 발견했다. 갈바니는 이것을 조사하여 개구리를 구리판 위에 놓거나 구리철사로 매단 후 철로 만든 해부용 칼로 개구리 다리를 건드리면 전기가 통하지 않아도 다리가 움직인다는 것을 알아냈다. 그는 또한 비가 오고 천둥과 번개가 치는 날에 철로 만든 갈고리에 꿰어 공중에 매달아 놓은 개구리의 다리가 움직이는 것도 발견했다.

갈바니는 그의 발견을 발표하지 않고 미루다가 1791년이 되어서야 『전기가 근육운동에 주는 효과에 대한 고찰』이라는 제목의 논문을 발표했다. 이 논문에서 갈바니는 동물은 동물 전기라고 부르는 생명의 기를 가지고 있다고 주장하고 동물 전기는 금속으로 근육이나 신경을 건드리면 작용한다고 했다. 그는 동물의 뇌는 동물 전기가 가장 많이 모여 있는 곳이며 신경은 동물 전기가 흐르는 통로라고 믿었다. 그는 또한 신경을 통한 전기 유체의 흐름이 근육을 자극하여 근육이 움직이게 한다고 설명했다.

프랭클린은 공중 전기를 발견했다

1700년대 전기에 관한 연구에서 빼놓을 수 없는 사건이 1752년에 미국의 벤저민 프랭클린이 아들 윌리엄 프랭클린과 함께 한 공중 전기 실험이다. 그는 이 실험을 통해 번개와 벼락이 모두 전기가 방전되는 현상이라는 것을 알아내고 이 전기를 공중 전기라고 불렀다.

그러나 전기에 동물 전기나 공중 전기가 따로 있는 것이 아니다. 전기는 모든 물질이 가지고 있는 기본적인 성질이어서 어디에나 있을 수 있다. 전기

가 어디에 존재하더라도 그것의 성질은 모두 같다. 더구나 갈바니가 발견했던 동물 전기는 개구리의 다리에서 발생한 전기도 아니었다. 하지만 갈바니나 프랭클린의 이러한 발견은 전기를 이해하는 데 큰 도움이 되었다.

A 루이기 갈바니

Q 041

볼타전지를 만들기 위해
필요한 것은 무엇인가?

★ **시대** : 1800년 ★ **주제어** : 볼타, 볼타전지, 전해액

갈바니의 동물 전기를 의심하다

갈바니가 발견한 동물 전기에 대한 이해를 바탕으로 볼타전지를 발명한 사람은 갈비니와 가깝게 지내던 파비아 대학의 알렉산드로 볼타(1745~1827)였다. 갈바니보다 8년 늦은 1745년에 이태리에서 태어난 볼타는 초등교육을 마친 다음 학교를 그만두고 독학으로 전기에 대한 연구에 몰두했다. 정규 대학교육을 받지 않았지만 그가 열여덟 살이 되었을 때에는 전기 분야에서 명성을 떨치고 있던 유럽의 학자들과 교류했다.

1791년 갈바니가 발표한 동물 전기에 대한 논문을 본 볼타는 개구리 다리의 근육이 동물 전기에 의해 움직였다는 갈바니의 설명에 의심을 갖게 되었다. 개구리 다리를 이용한 전기 실험을 여러 가지로 다시 해본 그는 곧 이상한 사실을 발견한다. 개구리 다리의 한 쪽을 구리판에 대고 다른 쪽에 철로 된 칼을 대면 개구리 다리가 움직이지만 양쪽에 같은 종류의 금속을 대면 개구리 다리가 움직이지 않는다는 것을 발견한 것이다. 그래서 그는 개구리 다리에 흐른 전류는 개구리 다리에서 생긴 것이 아니라 두 가지 서로 다른 금속 때문에 생긴 것이 아닌가 하는 생각을 하게 되었다.

볼타전지

볼타는 구리판과 철로 된 칼 사이에 소금물에 적신 종이를 끼워 넣어도 전기가 흐른다는 것을 발견했다. 동물 전기가 따로 있는 것이 아니라 두 가지 다른 종류의 금속이 전해액의 이온과 작용하여 전기를 발생시켰던 것이다. 볼타는 이 원리를 이용하여 1800년에 볼타전지를 발명했다.

볼타전지는 아연판과 구리판을 번갈아 쌓고 각각의 판 사이에 소금물에 적신 천을 끼워 넣은 것이었다. 볼타가 발명한 전지는 많은 사람들로부터 좋은 평판을 받아 유럽 전역에 볼타의 이름을 알렸다. 1801년에는 파리로 가서 나폴레옹 황제 앞에서 볼타전지를 발명하게 된 실험들을 재현하고 볼타전지를 이용하여 물을 전기 분해하는 실험을 하기도 했다. 이 실험으로 그는 많은 상금과 훈장을 받았고, 1810년에는 백작의 작위까지 받았다.

볼타전지 만들기

두 종류의 금속과 이온을 포함하고 있는 전해액만 있으면 쉽게 볼타전지를 만들 수 있다. 전해액에 두 종류의 금속을 담그고 두 금속을 도선으로 연결하면 도선에 전류가 흐른다. 오렌지 속에 들어 있는 액체도 이온을 포함하고 있으므로 오렌지에 두 종류의 금속을 꽂아도 볼타전지가 된다. 우리 침에도 이온이 들어 있다. 따라서 혀에 두 종류의 금속을 댔을 때도 약한 전류가 흐르는 것을 느낄 수 있다.

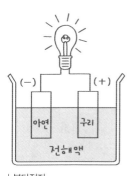

| 볼타전지

A 서로 다른 금속과 이온을 포함하고 있는 전해액

쿨롱은 무엇으로 전하 사이에 작용하는 힘을 측정했을까?

★ **시대** : 1785년 ★ **주제어** : 쿨롱, 쿨롱의 법칙, 비틀림 저울

군인 공학 기술자 쿨롱

전기와 자기에 대해 조금이라도 공부한 사람이라면 누구나 전하 사이에 작용하는 힘은 전하량의 곱에 비례하고 거리 제곱에 반비례한다는 쿨롱의 법칙을 기억하고 있을 것이다. 쿨롱의 법칙은 프랑스의 군인이며 공학 기술자였던 샤를 오귀스탱 드 쿨롱(1736~1806)이 발견했다.

실험을 통해 전하 사이에 작용하는 힘에 대한 정량적인 법칙을 알아낸 프랑스의 토목공학 기술자 쿨롱은 1736년에 부유한 가문에서 태어났다. 마자랭 대학에 입학한 쿨롱은 처음에 수학과 천문학, 그리고 식물학 공부를 했다. 1761년에는 공학 기술자로 군에 입대하여 장교가 되었다. 그는 20년 이상 군에 근무하면서 진지의 설계와 건축, 토목과 같은 분야에서 일했다.

이 동안 쿨롱은 서인도 제도에 있는 프랑스령 마르티니크에서 오랫동안 근무하면서 진지를 구축하는 일을 하기도 했다. 마르티니크에서 근무하는 동안 얻은 경험이 후에 역학과 전기 연구에 큰 도움이 되기는 했지만 건강에는 해가 되어 그 후 오랫동안 여러 가지 질병에 시달려야 했다.

프랑스로 돌아온 쿨롱은 역학 연구를 시작하여 1773년에 첫 번째 논문을

프랑스 과학 아카데미에 제출했다. 구조 분석, 기둥의 균열, 토목 공학의 문제 등을 미분과 적분법을 응용하여 분석한 그의 논문은 과학 아카데미에서 높은 평가를 받았다. 1777년에는 과학 아카데미에서 공모한 나침반의 제작법에 응모했는데 이것이 계기가 되어 전기와 자기 분야에 관심을 가지게 되었다.

비틀림 저울을 이용한 전기력 측정

1781년부터 쿨롱은 전기 사이에 작용하는 힘을 설명하는 법칙을 알아내기 위한 연구를 시작했다. 그는 전하 사이에 작용하는 힘을 정밀하게 측정할 수 있는 장치를 고안했다. 철사의 비틀림을 이용하여 전하 사이에 작용하는 힘을 측정하는 비틀림 저울은 전하 사이에 작용하는 작은 힘을 정밀하게 측정하는 것을 가능하게 했다. 이러한 측정 장치를 이용해 전하 사이에 작용하는 힘의 세기를 정밀하게 측정한 쿨롱은 같은 종류의 전하 사이에 작용하는 반발하는 힘과 다른 종류의 전하 사이에 작용하는 끌어당기는 힘이 거리의 제곱에 반비례한다는 것을 알게 되었다.

1785년과 1791년 사이에 쿨롱은 전기와 자기의 성질을 설명하는 일곱 편의 논문을 과학 아카데미에 제출했다. 이 논문에는 거리 제곱에 반비례하는 전기력에 관한 내용은 물론 도체와 유전체의 성질, 전기력의 작용 원리에 대한 설명 등이 포함되어 있었다. 쿨롱은 물질에는 완전한 도체나 부도체가 존재하지 않는다고 설명하고 전기력은 뉴턴이 제안한 중력과 마찬가지로 원격작용에 의해 작용한다고 설명하기도 했다.

전하량의 단위 쿨롱

전하량의 크기를 나타내는 단위는 쿨롱의 이름을 따서 C(쿨롱)이라고 부

른다. 1C은 1미터 떨어져 있을 때 약 90억 N(뉴턴)의 힘이 작용하는 전하량이다. 1A(암페어)의 전류가 흐르는 도선에는 1초 동안에 1C의 전하량이 지나간다. 전자 하나가 가지고 있는 전하량은 1.6×10^{-19}C이다. 따라서 1A의 전류가 흐르는 도선에는 매초 6.25×10^{18}개의 전자가 지나가야 한다. 가는 도선 속으로 이렇게 많은 전자들이 지나가는 모습을 상상해 보는 것도 재미있는 일일 것이다.

A 철사가 비틀리는 정도를 이용해 힘의 크기를 측정하는 비틀림 저울

Q 043

회로에 흐르는 전류는 전압에 비례하고 저항에 반비례한다는 법칙은?

★ **시대** : 1827년　★ **주제어** : 전류, 전압, 저항, 옴의 법칙, 일률

가난한 옴이 박사 학위를 받다

전압과 전류 그리고 저항 사이의 관계를 나타내는 옴의 법칙을 알아낸 사람은 독일의 옴이었다. 열쇠공이었던 옴의 아버지는 공식 교육을 받은 적이 없는 사람으로 독학을 통해 수학과 과학을 공부해 상당한 수준의 지식을 가지고 있던 사람이었다. 옴의155 형제들은 수학과 과학에 대해 학교에서보다 훨씬 더 많은 것을 아버지로부터 배웠다. 옴은 에르랑겐 대학에 입학했지만 학비를 대는 것이 어려워 3학기 후에는 더 이상 학교를 다닐 수가 없었다. 대학을 그만 둔 옴은 스위스에 가서 수학 교사로 일하기도 했다. 학교 교사와 개인교습을 하면서 혼자서 수학을 계속 공부한 옴은 1811년에 에르랑겐 대학에서 수학으로 박사 학위를 받았다.

실험에 열중하는 교사

예수회에서 운영하는 고등학교 교사로 자리를 잡은 옴은 물리 실험에 관심을 가지게 되었다. 옴은 물리 실험 중에서도 전기 실험에 특히 관심이 많았다. 학생들을 가르치면서 수학과 물리학을 공부하던 옴은 1825년에 1년

동안 다른 모든 일을 그만두고 전기 실험에 전념하기로 했다. 옴은 우선 볼타전지에 연결된 도선 사이에 흐르는 전류의 세기를 측정하는 일부터 시작했다. 전류의 세기를 측정하기 위해서 그가 처음에 사용한 방법은 실에 매달려 있는 자석 바늘이 돌아가는 정도를 측정하는 것이었다. 후에는 바늘을 비틀림 저울에 매달아 사용했다. 다음으로 그가 했던 실험은 전류의 세기와 도선의 길이 사이의 관계를 알아내는 것이었다.

이러한 실험결과를 모아 1826년에 옴은 두 편의 논문을 발표했다. 이 논문들에는 그 동안 옴이 실험을 통해 얻은 자료들이 수록되어 있었는데 이 자료들은 옴의 법칙을 이끌어내기에 충분한 것이었다. 옴의 법칙은 1827년에 출판한 『수학적으로 분석한 갈바니 회로』라는 책에 들어 있었다. 그러나 불행하게도 옴의 법칙은 반론에 부딪혔다. 독일의 많은 과학자들이 전압과 전류가 전혀 다른 양이라고 생각했던 데 반해 옴은 이 두 가지가 서로 밀접하게 관계된 양이라고 주장했기 때문이다.

외국에서부터 인정받기 시작한 옴

옴의 연구는 외국에서부터 인정받기 시작했다. 자체유도 현상을 밝혀낸 미국의 조셉 헨리는 옴이 전기회로 주변에 남아 있던 모든 혼란을 제거했다고 평가했고, 프랑스의 과학자들도 옴의 업적을 인정하기 시작했다. 1841년에 영국 왕립협회는 그의 업적을 기리기 위해 코플리 메달을 수여했고 그를 왕립협회 외국인 회원으로 받아들였다. 그러자 베를린 과학 아카데미에서도 그를 회원으로 받아들였다.

A 옴의 법칙

전기력과 자기력의 차이점은?

★ **시대** : 1820년 ★ **주제어** : 전류의 자기작용, 외르스테드, 앙페르의 법칙

전기 실험을 하는 약사

1820년에 덴마크의 물리학자 한스 크리스천 외르스테드(1777~1851)는 전류가 흐르면 자석의 성질이 만들어진다는 것을 발견했다. 외르스테드의 발견은 두 가지 서로 다른 것으로 생각하고 있던 전기와 자기를 하나의 현상으로 묶는 계기가 됐고 전자기학이라는 새로운 학문 분야를 탄생시켰다.

전류의 자기작용을 발견하여 길버트 이후 전기학과 자기학이라는 전혀 다른 두 분야로 나누어져 있던 전기학과 자기학을 다시 하나로 합치도록 한

| 한스 크리스천 외르스테드

외르스테드는 1777년에 덴마크의 랑겔란트 섬에서 약사의 아들로 태어났다. 외르스테드는 코펜하겐 대학에서 약학을 공부하여 약사가 되었으며, 1798년에는 칸트 철학에 대한 연구로 역시 코펜하겐 대학에서 박사 학위를 받았고, 1801년에는 여행경비를 지급하는 장학금을 받고 독일과 프랑스를 3년 동안 여행하기도 했다. 이 여행 동안 그는 독일과 프랑스의 많은

학자들과 교류할 수 있었다. 여행에서 돌아온 외르스테드는 코펜하겐 대학의 교수가 되었다.

우연한 발견이 역사를 바꾸어 놓다

교수가 된 후에 그는 전류와 음향에 대한 연구를 시작했다. 그가 전자기학의 역사를 바꾸어 놓은 실험을 한 것은 1820년 4월 어느 날 저녁이었다. 새로운 전지를 이용하여 다음날 강의에서 하게 될 실험준비를 하고 있던 외르스테드는 놀라운 사실을 발견했다. 실험에 사용할 전기회로를 구성하고 스위치를 올리자 가까이 있던 나침반의 바늘이 갑자기 움직여 도선과 수직한 방향으로 향한 것이다. 깜짝 놀란 외르스테드는 이 실험을 여러 번 반복했다. 스위치를 올릴 때마다 자석의 바늘이 움직였다.

당시는 과학자들이 전기와 자기 사이의 관계를 밝혀내려고 시도했지만 성공하지 못하고 전기와 자기 사이에는 아무런 관계가 없다는 결론을 내리고 있었다. 그러나 외르스테드의 실험으로 전기와 자기 사이에 밀접한 관계가 있다는 사실이 밝혀졌다. 3개월 동안 실험을 반복하여 충분한 자료를 수집한 외르스테드는 1820년 7월 21일에『전류가 자침에 미치는 영향에 관한 실험』이라는 제목의 라틴어 논문을 유럽 여러 나라의 학자들에게 보냈다. 외르스테드의 실험결과를 전해들은 유럽의 학자들은 외르스테드의 실험을 재현하여 그 결과를 확인했고 전류의 자기작용과 관련된 여러 가지 법칙을 짧은 시간 동안에 발견할 수 있었다.

전기와 자기의 통합

외르스테드의 실험결과를 접한 프랑스 과학자들은 외르스테드의 실험결과를 수학적으로 분석하고 체계화하는 일에 착수했다. 1820년 9월 4일 프랑시스 아라고(1786~1853)는 프랑스 과학 아카데미에서 전류의 자기작용에 대한 발표회를 열었고, 11일에는 이 실험을 재현해 보였다. 곧이어 앙페르(1775~1836)는 전류가 만들어내는 자기장에 관한 기본식이 된 앙페르의 법칙을 발표했다.

전류가 만들어내는 자기장의 방향과 크기를 알아낼 수 있는 앙페르의 법칙은 오른 나사의 법칙이라고 불리기도 한다. 전류의 방향과 전류로 인해 만들어지는 자기장의 방향은 오른손 나사의 법칙을 따르기 때문이다. 전류의 방향을 오른손 나사가 나가는 방향이라고 하면, 자기장의 방향은 나사가 돌아가는 방향이 된다. 다시 말해 전류에 의해 만들어지는 자기장은 전류를 싸고 돈다. 비오(1744~1862)와 사바르(1791~1841)는 전류가 만들어내는 자기장의 세기를 계산할 수 있는 적분식을 제안했다.

A 전기력은 전하가 정지해 있거나 움직이거나 항상 작용하는 힘이지만 자기력은 움직이는 전하 사이에만 작용하는 힘이다.

전자기 유도법칙을 발견하여
전자기학의 새로운 시대를 연 과학자는?

★ **시대** : 1831년   ★ **주제어** : 패러데이, 전자기 유도법칙

독학으로 공부하는 제본공

영국의 마이클 패러데이(1791~1867)는 1831년 회로에 스위치를 넣거나 끊을 때 주변에 있던 회로에 순간적으로 전류가 발생한다는 것을 발견하고 이를 토대로 변해가는 자기장이 기전력을 만들어낸다는 전자기 유도법칙을 발견하여 전자기학의 새로운 시대를 열었다.

전자기 유도법칙을 발견한 패러데이는 현재는 런던의 일부가 된 뉴잉턴 부근 농촌 마을에서 가난하지만 신앙심이 강했던 대장장이의 아들로 태어났다. 어려운 가정환경 때문에 열세 살에 학업을 포기하고 서적 판매원, 제본공 일을 하면서 생활비를 벌어야 했던 패러데이는 일하며 틈틈이 읽은 책을 통해 과학에 흥미를 가지게 되었다. 그는 과학에 대한 대중 강연을 들은 것을 바탕으로 스스로 화학 실험을 해보기도 했고 전기에 관한 실험을 하기도 했다.

마찰을 이용하여 전기를 발생시키는 발전기를 만들어 그것으로 간단한 전기 실험을 하기도 했으며, 약한 볼타전지를 만들어보기도 했던 그는 열아홉 살이던 1812년에 당시 영국에서 가장 유명한 화학자였던 험프리 데이비가 왕립연구소에서 행한 강연을 들을 기회가 있었다. 강연이 끝난 후 패러데

이는 데이비에게 자신의 실험노트와 자신을 조수로 채용해 달라는 편지를 보냈다. 이로 인해 그는 데이비의 실험조수가 되어 1861년 사임할 때까지 평생 동안 왕립연구소에서 일했다.

데이비의 조수가 된 패러데이

데이비의 조수가 된 패러데이는 데이비의 화학 실험을 보조하면서 염화질소, 특수강, 염소의 액화, 벤젠의 발견 등과 관계된 화학 연구를 했다. 왕립 연구소의 주임이 된 1824년부터 패러데이는 전자기학 분야에 관심을 가지고 외르스테드의 실험을 스스로 확인해 보기도 했다. 그 후 그는 자기력을 이용하여 전류를 발생시키는 연구를 시작했다. 오랫동안의 시행착오를 거친 끝에 가까이 놓인 두 개의 회로 가운데 한 회로의 스위치를 열거나 닫을 때 두 번째 회로에 잠깐 전류가 발생하는 것을 발견했다.

패러데이는 이 실험을 더욱 정교하게 진행시켜 마침내 1831년 10월 17일 전자기 유도현상을 발견하고, 11월에 이를 왕립학회에서 발표했다. 1845년에는 자기장과 자기력선 개념을 처음으로 도입했고, 자기장 개념을 더욱 발전시켜 1852년 『자기력선의 물리적 특성』이라는 자기장에 관한 논문을 발표했다.

전자기 유도법칙과 겸손한 과학자

전류는 패러데이가 처음 예상했던 것과는 달리 강한 자기장에 의해 흐르는 것이 아니라 변화하는 자기장이 만들어낸다. 패러데이가 발견한 전자기 유도법칙은 손쉽게 전기를 만들어내는 새로운 방법을 제시했다. 그때까지 전류는 마찰 전기나 전지를 이용해서 얻고 있었다. 그러나 패러데이의 발견으로 이제 전류는 자석을 이용해서도 만들어낼 수 있게 되었다. 훨씬 효과적으로 많은 전기를 지속적으로 발생시킬 수 있는 방법이 발견된 것이다. 이것은 전기를 실험실에서 일상생활로 끌어내는 결과가 되었고 새로운 기술 시대를 여는 도화선이 되었다. 패러데이의 전자기 유도법칙은 현재 사용되고 있는 모든 발전기와 전동기 그리고 변압기의 원리가 되고 있다.

패러데이는 실험을 통해 전자기 유도법칙을 발견한 위대한 과학자였지만 유명해진 후에도 겸손함을 잃지 않았다. 후에 왕립협회에서 그를 왕립협회 회장으로 추대하려 하자 그는 거절했고, 영국 왕실에서 주는 기사 작위도 사양했다. 그는 끝까지 신앙심 깊은 평범한 과학자로 남기를 원했다.

A 마이클 패러데이

전기와 자기 현상을 설명하는 기본 방정식을 무엇이라고 부르는가?

★ **시대** : 1873년 ★ **주제어** : 맥스웰, 맥스웰 방정식, 전자기파 방정식, 전자기파

맥스웰이 전자기학을 완성하다

쿨롱, 가우스, 앙페르 그리고 패러데이와 같은 학자들에 의해 발견된 법칙들을 체계화하여 전자기 현상에 대한 통일적 체계를 만든 사람은 스코틀랜드 에든버러 출신의 물리학자 제임스 클러크 맥스웰(1831~1879)이었다. 맥스웰은 15세가 되기 전에 복잡한 곡선에 관한 논문을 에든버러 왕립학회에 제출하여 사람들을 놀라게 했다. 1850년에는 케임브리지 대학에서 공부했으며 1855년 연구원으로 선출되어 색채론과 전자기학을 연구했다. 1856년에 애버딘 대학 자연철학 교수가 된 맥스웰은 1860년까지 그곳에 재직하다가 킹스 칼리지로 직장을 옮겼다. 그는 이곳에서 색채론에 관한 연구를 하면서 전자기학 이론의 기초가 되는 『물리적 자력선』, 『전자기장의 역학』 등의 논문을 발표했다. 또한 기체의 분자운동론에 관한 중요한 연구를 했으며, 전기저항의 단위를 결정하기 위한 실험을 하기도 했다.

건강상의 이유로 교수직을 사직한 후 커쿠브리셔의 글렌레어로 돌아간 맥스웰은 그의 필생의 명저 『전자기론』을 1873년에 발표했다. 1874년에는 캐번디시 연구소를 개설하여 초대 소장이 되었다. 맥스웰은 패러데이의 전

자기 유도법칙에서 출발하여 수학적 분석을 통해 전자기학의 기초방정식인 맥스웰 방정식으로부터 전자기파의 파동방정식을 유도해내 전자기파의 존재를 예측했다.

맥스웰 방정식

맥스웰이 정리한 맥스웰 방정식은 4개의 방정식으로 이루어져 있다. 첫 번째 방정식과 두 번째 방정식은 전기장과 자기장의 성질을 설명하는 방정식이다. 전기력선은 플러스 전하에서 시작되어 마이너스 전하에서 끝나지만 자기력선은 항상 전류를 싸고돌기 때문에 시작점과 끝점이 없다. 다시 말해 자석에는 N극과 S극의 방향만 존재할 뿐 N극과 S극이 따로 존재하지 않는다. 맥스웰 방정식의 첫 두 방정식은 이런 내용을 방정식을 이용하여 나타낸 것이다.

맥스웰 방정식의 세 번째 방정식은 전류가 만드는 자기장의 방향과 세기를 결정할 수 있게 하는 앙페르의 법칙이고, 네 번째 방정식은 패러데이의 전자기 유도법칙이다. 패러데이의 전자기 유도법칙은 변해가는 자기장이 전기장을 만들어낸다는 내용을 포함하고 있다. 이렇게 네 가지 법칙으로 이루어진 맥스웰 방정식은 전자기와 관련된 모든 현상을 이해하고 설명할 수 있도록 했다. 뉴턴 역학이 f=ma라는 하나의 식을 바탕으로 하고 있던 것과는 달리 전자기학은 맥스웰 방정식이라는 네 개의 식을 바탕으로 하고 있다.

빛과 전자기파

빛이 입자인가 아니면 파동인가 하는 논쟁은 프랑스의 프레넬에 의해 빛의 파동성이 증명되면서 파동설의 승리로 끝났다. 그러나 빛이 어떤 종류의 파동인가에 대해서는 알지 못하고 있었다. 맥스웰은 맥스웰 방정식으로부터 전자기파의 방정식을 유도해내고 전자기파의 속도가 빛의 속도와 같다는 것을 밝혀내 빛이 전자기파라는 것을 알아냈다.

빛이 전자기파라는 것을 알아낸 것은 대단한 과학적 발견이었다. 그러나 전자기파도 파동이므로 전파되기 위해서는 매질이 필요했다. 맥스웰은 공간에 전자기파를 전파시키는 에테르라는 매질이 가득 차 있다고 주장했다. 그후 많은 과학자들에 의해 에테르를 찾아내려는 실험이 실시되었지만 에테르를 찾아내지는 못했다. 전자기파는 에테르라는 매질이 없어도 전파될 수 있다는 것을 밝혀낸 사람은 아인슈타인이었다.

A 맥스웰 방정식

신이 만든 방정식

"이 방정식은 신이 썼는가?" 통계 역학을 만든 루트비히 볼츠만은 맥스웰의 방정식이 너무나 아름다워서 이런 감탄을 했다고 한다. 4개의 방정식으로 이루어진 맥스웰 방정식은 전자기 현상의 거의 모든 것을 설명할 수 있는 완벽한 식이었다.

전자기파는
누가 발견했을까?

★ **시대** : 1888년 ★ **주제어** : 헤르츠, 전자기파, 무선통신

전자기파를 찾아낸 헤르츠

독일의 물리학자 하인리히 루돌프 헤르츠(1857~1894)는 1888년에 실험을 통해 전자기파의 존재를 처음으로 확인했다. 따라서 20세기를 전자기파의 세기라고 한다면 20세기를 준비한 사람은 영국의 맥스웰과 독일의 헤르츠라고 할 수 있다. 실험을 통해 전자기파를 찾아낸 헤르츠는 1857년에 독일 함부르크에서 태어났다. 그는 기술자가 되기 위해 고등공업학교에 다니다가 자연과학을 공부하기로 마음먹고 베를린 대학에 진학하여 물리학을 공부했다.

헤르츠가 전자기 이론 및 전자기파에 관심을 가지게 된 것은 22세 때인 1879년 무렵이었다. 그는 높은 진동수의 전기 진동을 만들어내는 데 성공하고 전자기파 실험에 착수했다. 헤르츠는 하나의 코일을 이용해 높은 진동수의 전기 스파크를 일으키면 이 회로와 분리되어 있는 다른 코일에도 전기 스파크가 생기는 현상을 관측했다. 헤르츠는 이 실험을 더욱 발전시켜 오목거울을 이용하여 평행한 전자기파를 만들어 내고 이를 이용하여 전자기파의 직진, 반사, 굴절, 편광 등의 성질을 조사했다.

헤르츠는 실험을 통해 전자기파가 맥스웰의 예측대로 빛과 똑같은 성질

을 가진다는 것을 확인했다. 그리고 전자기파의 전파 속도가 빛의 속도와 같다는 것도 확인했다. 전자기파를 발견하고 전자기파의 성질을 확인한 일련의 실험은 1887년 10월에서 1888년 2월 사이에 이루어졌다. 헤르츠의 실험은 단순히 전자기파의 존재를 확인하는 데 그친 것이 아니라 전자기파의 성질을 모두 규명하는 완전한 것이었다. 헤르츠의 실험으로 맥스웰의 전자기 이론은 검증되었다. 이후 맥스웰 전자기학은 급속도로 전파되었고, 마침내 전자기학의 중심이론으로 자리 잡게 되었다.

여러 가지 전자기파

전자기파의 발견으로 빛과 전자기파 사이의 관계가 명확해졌다. 전자기파에는 파장이 긴 전파에서부터 파장이 짧은 감마선에 이르기까지 종류가 다양하다. 그중에서 사람의 눈은 파장이 4,000옹그스트롬에서 7,000옹그스트롬 사이에 있는 아주 좁은 범위의 전자기파만 인식할 수 있다. 이 파장 영역에 속한 전자기파를 우리는 빛 또는 가시광선이라고 한다.

전자기파는 파장이 길어질수록 에너지가 작아진다. 따라서 파장이 긴 붉은색 빛은 에너지가 작은 빛이고 파장이 짧은 보라색 빛은 에너지가 큰 빛이다. 자외선은 보라색보다도 파장이 짧아 에너지가 더 크다. 전자기파 중에서 파장이 가장 짧은 감마선은 아주 큰 에너지를 가지는 전자기파이다.

헤르츠의 발견 이후 전자기파를 이용하는 무선 통신이 급속히 발전했다. 1899년에는 이탈리아의 마르코니에 의해 영국 해협을 건너는 무선 통신이 이루어졌고, 1901년에는 대서양을 횡단하는 무선 통신이 이루어졌다.

A 독일의 하인리히 루돌프 헤르츠

제임스 와트는
최초로 증기기관을 만든 사람인가?

★ **시대** : 1769년   ★ **주제어** : 뉴커먼 증기기관, 콘덴서, 와트의 증기기관

증기기관의 등장

열로부터 얻어낸 동력으로 작동하는 증기기관을 만들기 시작한 것은 17세기 말부터였다. 증기의 힘을 이용해 움직이는 증기기관을 처음으로 설계한 사람은 프랑스의 파팽(1647~1712)이라고 알려져 있다. 실제로 광산에서 사용된 최초의 증기기관을 만든 사람은 영국의 세이버리(1650~1715)였다. 그 후 세이버리의 증기기관은 다시 토머스 뉴커먼(1663~1729)에 의해 개량되었다. 다트머스에서 철물점을 운영하던 뉴커먼은 세이버리의 증기기관을 개량하여 훨씬 능률 좋은 증기기관을 만들었다. 1712년 더들리 캐슬의 탄광에 설치한 뉴커먼의 증기기관은 1분에 12회 왕복운동을 하며 물을 퍼 올렸는데, 일률은 약 5마력 정도였다.

뉴커먼의 증기기관을 개량하여 오늘날 널리 사용되고 있는 증기기관을 발명한 사람은 영국의 제임스 와트이다. 영국 글래스고 근처의 그리노크에서 태어난 와트는 런던에서 기술을 배우고 고향으로 돌아와 1757년 말에 글래스고 대학에 공작실을 차렸다. 그곳에서 그는 대학에서 사용하는 기계를 제작하거나 고장을 수리하는 일을 맡았다. 제임스 와트는 1763년 글래스고

대학에 있던 뉴커먼의 고장이 난 증기기관 모형을 수리하게 되었다. 와트는 뉴커먼의 증기기관을 수리하면서 성능이 좋은 새로운 증기기관을 만들어보려고 시도했다.

와트의 개량된 증기기관

뉴커먼 기관의 가장 큰 약점은 한번 수증기가 들어가 실린더를 데워준 다음에는 뜨거워진 실린더에 차가운 물을 뿌려 실린더 전체를 식혔다가 다시 수증기를 넣어주는 과정이 반복된다는 것이었다. 와트는 실린더 옆에 새로운 장치를 달고, 수증기를 끌어들여 식히고, 실린더는 뜨거운 상태를 유지하도록 했다. 이 새로운 부분이 와트가 개량한 증기기관의 가장 중요한 기술적 진보였다. 와트는 1769년 1월 자신이 개발한 새로운 증기기관의 특허를 받았다.

1770년대에 들어서 와트는 그의 증기기관을 생산하여 판매하는 사업을 시작했지만 사업은 잘 되지 않았고, 1772년에는 전국적인 불경기 때문에 사업을 포기할 수밖에 없었다. 그러나 1773년에 매튜 볼튼과 동업을 하면서 사업이 다시 번창하기 시작했다. 특히 1774년에는 볼튼의 친구인 존 윌킨슨이 대포 제작 기술을 활용하여 좋은 실린더를 제작하기 시작하면서 그의 증기기관 사업은 더욱 번창했다. 드디어 그들의 증기기관은 1776년부터는 뉴커먼 기관을 압도하기 시작했고, 50년도 안 되어 전 세계로 퍼져나갔다.

증기기관을 이용한 기차와 기선

영국의 스티븐슨이 증기기관차에 관심을 가지고 증기기관에 대한 연구를 시작한 것은 1814년 무렵부터였고, 그가 만든 증기기관차가 스톡턴과 달링턴 사이를 처음으로 달린 것은 1825년이었다. 1807년에 미국의 로버트 풀

턴이 처음으로 허드슨 강에서 증기선을 운행했다. 풀턴이 허드슨 강에서 증기선을 운행한 이후 5년 동안에 증기선의 수는 10척으로 늘어나 미시시피 강에서도 운행되기 시작했다. 서배너호는 증기기관을 이용하여 1819년 5월 24일부터 6월 20일까지 29일 11시간 동안에 미국의 서배너에서 영국의 리버풀까지 대서양을 횡단하는 항해에 성공했다.

A 아니다. 제임스 와트는 이전에 존재하던 증기기관을 더욱 실용적인 증기기관으로 개량한 사람이다.

열도 에너지의
일종이라는 것을 알아낸 사람은?

★ **시대** : 1847년 ★ **주제어** : 일의 열당량, 에너지 보존 법칙, 열역학 제1법칙

열소설과 에너지설

열이 무엇이냐 하는 논쟁은 오랫동안 계속되었다. 열은 열소라는 물질의 화학작용에 의해 나타나는 현상이라는 열소설이 오랫동안 사람들의 관심을 끌었다. 높은 곳에서 낮은 곳으로 떨어지는 물을 이용하여 동력을 발생시키는 물레방아와 마찬가지로 열기관도 높은 온도에 있던 열소가 낮은 온도로 떨어지면서 동력을 발생시킨다고 생각했던 것이다.

그러나 일부에서는 열도 에너지의 한 형태로 운동에너지가 변해서 열에너지가 된다고 주장했다. 열소설과 에너지설의 논쟁에 종지부를 찍고 열도 에너지의 일종이라는 것을 밝혀낸 사람은 영국의 줄이다. 영국의 제임스 프레스코트 줄(1818~1889)은 1840년대에 실험을 통해 열도 에너지의 일종이라는 것을 증명했다. 이로서 열소설과 에너지설 사이에서 오랫동안 계속되어온 논쟁이 일단락되었다.

실험을 통해 일과 열의 관계를 밝혀낸 줄은 1818년에 영국의 부유한 양조장집 아들로 태어났다. 어렸을 때 집에서 가정교사를 두고 공부하던 줄은 집에다 실험실을 차려놓고 여러 가지 실험을 했다. 줄이 20대였던 1840년

대에는 열, 전기, 자기, 화학변화 그리고 운동에너지가 서로 변환될 수 있는 에너지라는 것을 과학자들이 어느 정도 인정하기 시작하던 때였다. 하지만 이들 사이의 정확한 관계에 대해서는 아직 잘 모르고 있었다.

줄의 열의 일당량 실험

줄은 공부를 계속하면서 가족이 운영하는 양조장에서 일을 하기도 했다. 줄은 전기에 대해서도 관심이 많았다. 이 당시에는 전기를 이용하여 동력을 얻어내는 전기모터가 발명되어 사용되고 있었다. 줄은 전기를 이용하면 얼마나 많은 양의 열을 만들어낼 수 있는지 알아보기 위한 실험을 시작했다. 전기가 흐를 때 발생하는 열을 이용해 물을 데우면서 물의 온도를 측정하여 발생한 열의 양을 계산했다. 줄은 발생한 열량과 전류의 관계를 알아내기 위해 도선에 흐르는 전류의 세기를 바꿔가면서 물을 데워 일정한 시간 동안에 물의 온도가 얼마나 올라가는지 살펴보았다. 그랬더니 전류의 세기가 두 배가 되면 온도는 네 배나 높이 올라간다는 것을 알 수 있었다. 전류의 세기가 세 배가 되면 온도는 아홉 배 더 올라갔다. 이것은 발생하는 열의 양이 전류의 제곱에 비례한다는 것을 뜻하는 결과였다.

이러한 경험을 통해 줄은 물의 온도를 측정하여 발생하는 열의 양을 정확하게 측정하는 방법을 알게 되었다. 이런 측정 방법은 이미 알려져 있던 것이었지만 스스로의 실험을 통해 발생하는 열의 양을 정확하게 측정할 수 있게 된 것은 매우 중요한 경험이었다.

전기를 이용하여 발생시킨 열의 양을 측정한 줄은 이번에는 물체가 높은 곳에서 낮은 곳으로 떨어질 때 나오는 에너지를 이용하여 발생시킬 수 있는 열의 양이 얼마인가를 알아보는 실험을 시작했다. 추가 낙하할 때 추에 연결된 회전날개가 물을 휘젓도록 하고 그때 발생하는 열량을 측정하여 열의 일당량을 결정하는 실험이었다. 이렇게 하여 줄은 열과 일의 당량 관계를 밝혀내는 데 성공했다.

일의 열당량과 에너지 보존 법칙

1J(줄 : 일과 에너지의 단위)의 일이 얼마만큼의 열량 몇 칼로리에 해당하는지를 나타내는 것을 일의 열당량이라고 하고 1칼로리의 열이 몇 J의 일에 해

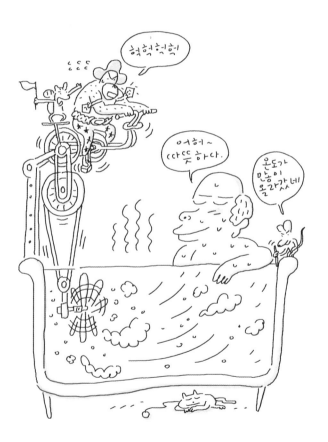

당하는지를 나타내는 것을 열의 일당량이라고 한다. 일의 열당량은 0.239칼로리이고, 열의 일당량은 4.184J이라는 것이 실험을 통해 밝혀졌다. 이것은 열도 에너지의 한 종류라는 것이 확인되었다는 것을 뜻한다.

에너지는 한 종류의 에너지에서 다른 종류의 에너지로 에너지의 형태가 변할 수는 있지만 에너지의 전체 양이 변하지는 않는다. 이것이 에너지 보존 법칙이다. 이제 열도 에너지의 한 종류라는 것이 밝혀졌으므로 에너지 보존 법칙에는 열에너지도 포함되었다. 열에너지를 포함한 에너지 보존 법칙을 열역학 제1법칙이라고 한다. 열역학 제1법칙의 성립으로 열에 대한 이해가 한 차원 높아지게 되었다.

A 제임스 프레스코트 줄

Q 050

제1종 영구기관은
무슨 법칙 때문에 가능하지 않을까?

★ **시대** : 1842년　★ **주제어** : 마이어, 헬름홀츠, 에너지 보존 법칙, 열역학 제1법칙

열도 에너지라고 주장한 마이어

고대부터 외부에서 에너지를 투입하지 않고도 계속적으로 동력을 발생시킬 수 있는 기관을 만들려는 노력이 계속되어 왔다. 이런 기관을 제1종 영구기관이라고 한다. 19세기 들어 그런 기관은 열역학 법칙에 어긋나기 때문에 존재할 수 없다는 것을 알게 되었다.

영구기관이 존재할 수 없다는 것은 열도 에너지의 한 종류라는 것이 밝혀지면서 알게 되었다. 19세기 초까지만 해도 열은 열소라는 물질의 화학작용이라고 생각하는 사람들이 많았다. 1840년대가 되자 열도 에너지라고 주장하는 사람들이 많이 나타났다.

독일의 의사로 동인도회사 소속의 의사가 되어 자바 항로를 항해하면서 열이 운동으로 바뀌고 운동이 열로 바뀐다는 생각을 하게 된 로베르트 마이어(1814~1878)는 1841년에 『힘의 양적 및 질적 규정에 관하여』라는 제목의 논문을 발표했다. 마이어는 이 논문에서 음식물이 몸 안으로 들어가서 열로 변하고, 이것이 몸을 움직이게 하는 역학적 에너지로 변한다고 주장했다.

그는 또한 모든 종류의 에너지들이 서로 변환 가능하지만 전체 에너지의

양은 보존된다는 주장을 하기도 했다. 즉 화학에너지, 열에너지, 역학적 에너지 등이 서로 같은 종류의 물리적 양이며, 에너지는 만들어지거나 사라지지 않고 보존된다는 것이었다.

마이어는 이 논문을 물리 분야의 전문학술지인 『물리학 및 화학 연보』에 보냈지만 이 잡지의 편집자는 마이어의 논문이 너무 사색적일 뿐만 아니라 실험적 증거가 충분하지 못하다고 하여 출판을 거부했다. 마이어는 할 수 없이 화학잡지인 『화학 및 약학 연보』에 자신의 논문을 기고하여 1842년에 출판했다. 마이어는 그 후에도 『무생물계에 있어서의 힘의 고찰』, 『생물 운동 및 물질 대사』, 『태양빛 및 열의 발생』, 『천체 역학에 관한 기여』 등 여러 편의 논문을 통해 에너지 보존 법칙을 주장했다.

마이어와 같은 주장을 한 헬름홀츠

마이어와 마찬가지로 독일의 의사였던 헤르만 헬름홀츠(1821~1894)도 에너지 보존 법칙을 주장했다. 프리드리히 빌헬름 의학연구소에서 공부한 후 의사가 된 헬름홀츠는 군의관으로 복무하면서 열과 에너지에 대해 연구했다. 헬름홀츠는 마이어가 1842년에 발표한 논문의 내용을 알지 못한 채 생명체의 열은 생명력에 의한 것이 아니라 음식물의 화학에너지에 의한 것이라고 주장했다. 헬름홀츠는 이런 생각이 담긴 논문을 물리학회 강연집인 『에너지 보존 법칙에 관해서』라는 소책자로 출판했다.

영국의 제임스 줄이 열도 에너지의 일종이라는 것을 실험적으로 확인한 후 에너지 보존 법칙은 열역학 제1법칙의 지위를 차지하게 되었다. 에너지 보존 법칙에 의하면 어떤 물체가 외부로 일을 해주기 위해서는 외부에서 에너지를 받아들여야 한다. 아니면 자신이 가지고 있던 내부 에너지 즉 열에너지를 소모하여야 한다. 그러나 물체가 가지고 있는 내부 에너지는 무한하지 않으므로 외부에서 에너지를 받아들이지 않고는 외부로 계속 일을 해줄 수 없다. 따라서 영구기관은 가능하지 않게 된다.

에너지의 종류는 매우 다양하다. 과학자들은 다양한 형태의 에너지를 운동에너지, 위치에너지, 열에너지, 핵에너지, 화학에너지, 진동에너지, 빛에너지 등 다양한 이름으로 부르고 있다. 그중에서 운동에너지와 위치에너지를 합쳐 역학적 에너지라고 부르기도 한다. 일반적으로 동력이라고 하는 것은 역학적 에너지를 나타낸다.

A 열역학 제1법칙 또는 에너지 보존 법칙

칼로리
우리가 흔히 쓰는 칼로리라는 개념도 열역학의 발전 과정에서 나온 것이다. 무게가 없는 입자로 간주된 '칼로릭(caloric)'이 훗날 열에너지의 양을 측정하는 단위 '칼로리'로 바뀌었다.

Q 051

왜 열은 높은 온도에서
낮은 온도로만 흐를까?

★ **시대** : 1850년　★ **주제어** : 열역학 제2법칙, 엔트로피, 엔트로피 증가의 법칙

열역학 제2법칙이 필요하다

　열역학 제1법칙에 의하면 에너지는 사라지거나 만들어지지 않고 형태를
바꿀 뿐이다. 따라서 높은 온도의 열에너지가 낮은 온도로 흘러가도 사라지
는 것이 아니다. 높은 온도에서 100칼로리는 낮은 온도로 흘러가도 그대로
100칼로리이다. 그러나 낮은 온도의 열은 높은 온도로 흘러가지 않는다. 낮
은 온도의 열이 높은 온도로 흘러가도 열역학 제1법칙에 위배되는 것은 아
니다. 따라서 에너지 보존 법칙인 열역학 제1법칙을 확립시킨 물리학자들은
더 어려운 문제를 해결해야 했다.

　이러한 문제를 해결하고 열역학을 완성한 클라우지우스는 1822년에 독
일에서 목사의 아들로 태어났다. 클라우지우스는 고등학교를 졸업하고 열여
덟 살이던 1840년에 베를린 대학에 진학하여 수학과 물리학을 공부했다. 그
는 대학을 졸업한 후에는 잠시 고등학교에서 물리학과 수학을 가르치기도
했지만 스물네 살이 되던 1846년에 대학원에 입학했고, 다음 해 할레 대학
에서 박사 학위를 받았다. 박사 학위를 받고 2년 후인 1850년에 열이 무엇
인가에 대한 연구논문을 발표했는데 이 논문의 제목은 『열의 동력에 관해

서』였다. 이 논문은 열역학 제1법칙과 제2법칙이 들어 있는 역사적으로 아주 중요한 논문이었다.

열역학 제2법칙에 관한 켈빈의 표현

클라우지우스는 이 논문에서 열역학이 봉착하고 있던 문제를 해결하는 뜻밖의 해법을 제시했다. 그는 열이 높은 온도에서 낮은 온도로만 흘러가는 이유를 설명하는 대신 그것을 열이 가지고 있는 본성의 하나로 받아들이기로 했다. 다시 말해 열이 높은 온도에서 낮은 온도로만 흐르는 것을 새로운 열역학 법칙으로 받아들이기로 한 것이었다. 이 새로운 열역학 법칙은 아무런 모순 없이 에너지 보존 법칙과 양립할 수 있을 뿐만 아니라, 열과 관계된 현상을 설명하는 데 상호보완적이라는 것이 밝혀졌다.

켈빈은 열역학 제2법칙은 '운동에너지는 100퍼센트 열에너지로 변환시킬 수 있지만 열에너지는 100퍼센트 운동에너지로 바꿀 수 없다'라고 표현할 수 있다고 주장했다. 전혀 다른 내용 같아 보이는 클라우지우스의 표현과 켈빈의 표현이 사실은 같은 내용이라는 것을 쉽게 증명할 수 있다. 따라서 열역학 제2법칙은 두 가지로 나타낼 수 있다.

열역학 제2법칙과 열기관의 열효율

클라우지우스는 열역학의 제1법칙과 제2법칙을 이용하여 열기관의 열효율에는 최대값이 존재하며, 그 값은 열기관의 종류나 열기관을 작동시키는 물질과는 관계가 없고 열기관이 작동하는 높은 온도와 낮은 온도에 의해서만 결정된다는 카르노의 원리도 설명할 수 있었다.

프랑스의 카르노는 열기관의 효율에 상한선이 있는가 하는 문제를 가장 먼저 분석한 사람이었다. 카르노는 열소설을 이용하여 열기관의 열효율은 반대 반향으로 작동할 수 있는 가역기관보다 높을 수 없다는 카르노의 원리를 유도했다. 열소설이 옳지 않다는 것이 밝혀진 후에 클라우지우스는 열역학 제1법칙과 제2법칙을 이용해 카르노의 원리를 다시 유도하고 열기관의 최대 효율은 고온의 열원의 온도와 저온의 열원의 온도의 비에 의해 결정된다는 것을 증명했다.

A 열역학 제2법칙 때문

클라우지우스는 엔트로피를 무엇이라 정의했는가?

★ **시대** : 1865년 ★ **주제어** : 열역학 제2법칙, 엔트로피, 클라우지우스

보존되는 양을 찾아라

클라우지우스는 1650년에 발표된 그의 논문 『열의 동력에 관해서』에서 열은 높은 온도에서 낮은 온도로만 흐른다는 열역학 제2법칙을 제안했다. 이후 그는 15년 동안 열역학 제2법칙을 더욱 일반적이고 단순한 형태로 나타내기 위한 연구를 계속했고 이에 관한 여덟 편의 논문을 더 발표했다. 1850년에 발표한 논문에서 그는 카르노 기관이 작동하는 동안 보존되는 양이 있다고 제안했다. 그러나 그 양에 이름을 붙이지는 않았다. 1854년에 발표된 논문에서도 그런 양의 존재를 이야기했지만 이 양에 엔트로피라는 이름을 붙이고 이 양을 정확하게 정의한 것은 1865년에 발표된 논문에서였다.

프랑스의 카르노(1796~1832)가 제안한 이상적인 기관인 카르노 기관은 등온과정과 단열과정을 거치면서 고온의 열원에서 열을 흡수해 그중의 일부를 동력으로 변환시키고 나머지 열을 저온의 열원으로 방출한다. 클라우지우스는 카르노 기관이 원래의 상태로 돌아오는 것은 카르노 기관이 작동하는 동안 보존되는 양이 있기 때문이라고 생각했다. 높은 곳에서 떨어뜨린 공이 바닥에 부딪힌 다음 다시 원래의 높이까지 튀어 오르는 것이 공의 에너지

가 보존되고 있기 때문인 것처럼, 원래의 상태로 돌아오기 위해서는 보존되는 어떤 양이 있어야 한다고 생각한 것이다.

엔트로피의 도입

클라우지우스는 가역과정을 거치는 동안에 변하지 않는 어떤 양은 열량 Q와 온도 T의 결합으로 표현되는 양일 것이라고 생각했다. 열기관이 처음의 상태로 돌아왔을 때는 열기관이 가지고 있는 양은 열기관이 작동하기 전과 같아야 한다. 따라서 열기관이 작동하는 동안 고온의 열원으로부터 흡수했던 양과 저온의 열원으로 내보낸 양이 같아야 한다. 클라우지우스는 이 생각을 일반화하여 이상적인 열기관을 통해 원래 상태로 돌아간 경우뿐만 아니라 처음 상태에서 출발하여 어떤 과정을 통해서든 처음 상태로 돌아왔다면 이 동안에 흡수한 이 양은 방출한 양과 같아야 한다는 생각에 도달하게 되었다.

클라우지우스는 이 양을 열량을 온도로 나눈 양(Q/T)이라고 정의했다. 클라우지우스는 이 이름 없는 물리량에 엔트로피라는 이름을 붙였다. 이렇게 해서 엔트로피라는 새로운 물리량이 세상에 그 모습을 드러내게 되었다. 엔트로피를 이용하여 열역학 제2법칙을 다시 표현하면 엔트로피 증가의 법칙이라고 할 수 있다.

열이 높은 온도에서 낮은 온도로 흐르면 열량은 변하지 않았는데 온도만 낮아졌으므로 엔트로피가 증가한다. 또한 운동에너지는 엔트로피가 0인 에너지이고 열에너지는 엔트로피를 가지고 있는 에너지이므로 운동에너지가 열에너지로 바뀌는 것은 엔트로피가 증가하는 현상이다. 따라서 열역학 제2법칙의 두 가지 표현은 엔트로피 증가의 법칙으로 나타낼 수 있게 되었다.

열기관과 엔트로피

열기관은 높은 온도에서 열을 받아 그중의 일부를 동력으로 바꾸고 나머지 열을 낮은 온도로 방출한다. 이때 엔트로피 증가의 법칙이 성립하려면 열기관이 높은 온도의 열원에서 열을 받음으로써 감소시킨 엔트로피보다 더 많은 양의 엔트로피를 낮은 온도의 열원에서 증가시켜야 한다. 그러기 위해서는 일정한 양 이상의 열을 낮은 온도로 방출해야 한다. 열효율이 100퍼센트인 열기관을 만들 수 없는 것은 이 때문이다.

열기관의 효율이 가장 높은 경우는 열기관이 작동하기 전과 작동하고 난 후의 엔트로피가 같은 열기관이다. 다시 말해 열기관의 작동으로 엔트로피가 증가하지 않는 열기관의 열효율이 가장 높다. 이런 열기관을 가역기관 또는 이상기관이라고 한다. 이상기관의 열효율은 높은 온도의 열원의 온도와 낮은 열원의 온도의 비에 의해 결정된다. 이상기관의 열효율보다 높은 열효율을 가지는 열기관을 만드는 것은 열역학 제2법칙 때문에 가능하지 않다.

A 열량을 온도로 나눈 양(Q/T)

엔트로피의 법칙

아인슈타인은 엔트로피의 법칙을 모든 과학의 최고의 법칙이라고 했고, 아서 에딩턴은 우주 전체의 최고 형이상학적 법칙이라고 불렀다. 다른 모든 법칙을 부정할 수 있어도 이 법칙을 부정하면 더 이상 희망이 없다고 말이다.

맥스웰의 도깨비는
열역학 제2법칙을 깰 수 있었나?

★ **시대** : 1867년　★ **주제어** : 열역학 제2법칙, 엔트로피, 맥스웰의 도깨비

저절로 한쪽은 온도가 높아지고 다른 쪽은 온도가 낮아질 수 있을까?

스코틀랜드의 물리학자 제임스 클러크 맥스웰은 1867년 열역학 제2법칙을 위반하는 것이 가능한가에 대한 사고실험을 제안했다. 이 사고실험을 통해 맥스웰은 열이 저절로 한쪽으로 흘러 한 곳의 온도는 높아지고 다른 곳의 온도는 낮아지는 일이 가능한가에 대해 묻고 있다.

열역학 제2법칙에 의하면 같은 온도를 갖는 물체가 자발적으로 두 가지 서로 다른 온도로 갈라지는 것은 불가능하다. 온도가 같던 물체가 두 가지 다른 온도로 갈라지기 위해서는 열이 온도가 낮은 곳으로부터 온도가 높은 곳으로 흘러가는 일이 발생해야 하기 때문이다. 이러한 일은 고립계의 엔트로피는 결코 감소하지 않는다는 엔트로피 증가의 법칙에 어긋난다. 맥스웰은 이와 관련된 다음과 같은 사고실험을 제안했다.

"뛰어난 능력을 가지고 있어서 모든 분자의 움직임을 전부 알 수 있는 그런 도깨비가 있다고 가정해 보자. 이 도깨비는 우리가 할 수 없는 일도 할 수 있을 것이다. 균일한 온도의 공기로 차 있는 통 안의 공기 분자들의 속도는

균일하지 않다. 많은 수의 분자를 취해서 평균속도를 구한다면 그 값은 같을 것이다. 이제 그 통을 A와 B 두 부분으로 나누고 그 사이에 작은 구멍을 만들어 놓자. 그리고 개개 분자의 운동을 모두 알고 있는 도깨비에게 빨리 움직이는 분자는 A에서 B로 가도록 하고, 느리게 움직이는 분자는 B에서 A로 가도록 해보자. 도깨비는 에너지를 사용하지 않고도 B쪽의 온도를 높이고 A쪽의 온도를 낮출 수 있을 것이다. 이는 열역학 제2법칙에 위배된다. 이런 일이 가능할까?"

맥스웰의 도깨비도 열역학 제2법칙을 비켜갈 수 없다

맥스웰의 사고실험은 오랫동안 물리학자들의 골칫거리였다. 맥스웰의 도깨비는 열역학 제2법칙을 깰 수 있는가? 심도 있는 분석을 한 물리학자들은 열역학 제2법칙은 깨지지 않는다고 결론지었다. 물리학자들의 분석의 핵심은 도깨비가 속도에 따라 분자들을 분류하는 동안 감소시키는 엔트로피보다 더 많은 엔트로피를 증가시킬 수밖에 없다는 것이다. 다시 말해 A와 B 사이의 온도 차이로 생긴 엔트로피의 감소보다 분자의 속력을 측정하고 기체 분

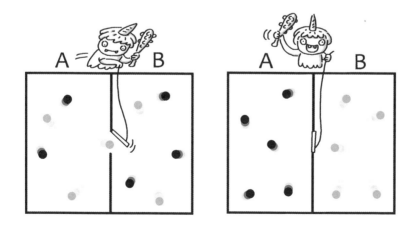

자를 선택적으로 A와 B 사이의 문을 통과하게 만드는 동안에 증가한 엔트로피가 더 크다는 것이다. 따라서 맥스웰의 도깨비는 열역학 제2법칙을 깰 수 없다.

맥스웰의 속도 분포함수

온도가 같으면 입자들의 평균 열운동 에너지는 같지만 모든 입자의 속도가 같은 것은 아니다. 같은 온도에서 모든 입자들이 어떤 속도로 운동하고 있는지를 나타내는 것이 맥스웰의 속도 분포함수이다. 질량이 큰 입자들은 평균 속도를 중심으로 좁은 속도 범위에서 운동하고 있고, 질량이 작은 입자들은 넓은 범위의 속도에서 운동한다.

맥스웰의 도깨비가 등장할 수 있는 것은 이러한 분자들의 속도 분포 때문이다. 만약 같은 온도에서 모든 입자들이 같은 속도로 운동하고 있다면 맥스웰의 도깨비가 할 수 있는 일은 아무 것도 없다. 그러나 같은 온도에서도 천천히 움직이는 분자와 빠르게 움직이는 분자가 섞여 있다. 따라서 우리가 측정하는 온도는 기체를 이루는 분자들의 평균 열운동 에너지를 나타낸다.

A 깰 수 없었다.

볼츠만은
왜 자살했을까?

★ **시대** : 1906년 ★ **주제어** : 열역학 제2법칙, 엔트로피, 인식론

무엇이 볼츠만을 괴롭혔을까?

클라우지우스는 고립계에서 열량을 온도로 나눈 양인 엔트로피는 감소할 수 없다고 하는 엔트로피 증가의 법칙을 제시했다. 루드비히 볼츠만(1844~1906)은 엔트로피를 새롭게 정의하여 엔트로피 증가의 법칙이 의미하는 바를 확실하게 했다. 열역학 제2법칙인 엔트로피 증가의 법칙은 볼츠만이 엔트로피를 새롭게 정의하면서 그 의미가 명확해졌다. 그러나 엔트로피를 새롭게 정의하는 등 통계물리학의 기초를 닦은 볼츠만은 1906년 목을 매 자살했다. 볼츠만은 왜 자살해야만 했을까?

빈에서 태어난 볼츠만은 1866년 빈 대학의 요제프 슈테판 밑에서 기체 운동론에 관한 연구로 박사 학위를 받았다. 스물다섯 살 때 그라츠 대학의 수리물리학 교수가 된 볼츠만은 그라츠, 빈, 뮌헨, 라이프치히 등 여러 대학에서 수학 및 물리학 교수를 역임했다.

1877년 볼츠만은 열역학 제2법칙인 엔트로피 증가의 법칙과 열평형 상태에 관한 확률 계산 사이의 관계를 정리하여 통계역학의 골격을 완성했다. 볼츠만은 엔트로피를 확률을 이용하여 새롭게 정의한 $S = k \log W$ 관계식을

유도했다. 여기서 W는 체계의 주어진 거시 상태가 포함하고 있는 가능한 미시 상태의 수이고, S는 엔트로피를 말하며, k는 볼츠만 상수이다. 엔트로피에 대한 볼츠만의 새로운 해석으로 클라우지우스가 발견한 엔트로피는 분자의 배열 상태 또는 무질서도를 나타내는 양으로 다시 탄생하게 되었다.

원자의 존재를 인정하지 않았던 마하와의 갈등

볼츠만은 1896년에서 1898년 사이에 『기체론 강의』를 출판하여 기체 운동 이론을 포함한 통계물리학의 체계를 완성했다. 원자와 분자의 존재를 바탕으로 하는 볼츠만의 새로운 이론은 학자들 사이에서 그다지 주목을 받지 못했다. 그러나 1900년 막스 플랑크가 흑체복사 문제를 통해 에너지가 양자화되어 있다는 것을 밝혀낸 후 볼츠만의 이론도 어느 정도 관심을 끌게 되었다. 하지만 원자의 존재를 강력하게 부정하고 있던 에른스트 마흐(1838~1916)와 그의 추종자들은 볼츠만의 통계역학에 대해 끈질기게 비판을 가했으며, 이 과정에서 볼츠만은 심각한 학문적 고립 상태에 빠지게 되었다.

1906년 여름 볼츠만은 휴가를 보내기 위해 가족과 함께 아드리아 해 북동부에 위치한 트리에스테 근처의 두이노 만으로 갔다. 그 해 9월 5일 부인과 딸이 밖에서 수영을 즐기고 있는 동안 볼츠만은 스스로 목을 매 자살했다. 볼츠만이 자살한 정확한 이유는 알려져 있지 않다. 하지만 많은 사람들은 그가 이룩한 평생의 업적이 과학자들에 의해 계속 거부되는 고립감이 그로 하여금 자살이라는 극한의 선택을 하게 만들었다고 추정하고 있다.

A 원자의 존재를 받아들이지 않던 극단적인 인식론자들의 비판이 자살의 한 원인이었을 것으로 추정됨

연표로 보는 전기와 열의 세계

1600년
의사이자 과학자였던 길버트가 기존에 진행되었던 자석에 대한 거의 모든 실험 결과를 집대성해 자석과 전기의 성질을 종합적으로 정리한 책인 「자석에 대하여」 발표

1608년
리페르세이, 망원경 발명

1610년
갈릴레이, 「별 세계의 보고」 출판

1800년
갈바니의 동물 전기에 대한 의심을 품은 볼타, 아연판과 구리판을 이용해 볼타전지 발명. 이 해 파리로 가서 나폴레옹 황제 앞에서 볼타전지를 발명하게 된 실험들을 재현하기도 함.

1797년
캐번디시, 비틀림 저울을 이용하여 만유인력상수 G 측정

1791년
루이기 갈바니, 「전기가 근육 운동에 주는 효과에 대한 고찰」이라는 제목의 논문에서 동물 전기라는 새로운 종류의 전기가 존재한다고 주장

1807년
데이비, 전기분해에 의해 알칼리 금속(Na, K) 원소 분리

1820년
외르스테드, 전류의 자기작용을 발견

1827년
옴의 법칙 발표
브라운 운동 발견

1900년
플랑크, 복사법칙 유도

1895년
뢴트겐, X선 발견

1893년
빈의 변위법칙 발표

1906년
「기체론 강의」를 출판하여 기체 운동 이론을 포함한 통계물리학의 체계를 완성한 볼츠만 자살. 원자의 존재를 강력하게 부정하고 있던 에른스트 마흐와 그의 추종자들은 볼츠만의 통계역학에 대해 끈질기게 비판을 가했으며, 이 과정에서 볼츠만이 심각한 학문적 고립 상태에 빠지게 되었다는 게 추정 원인.

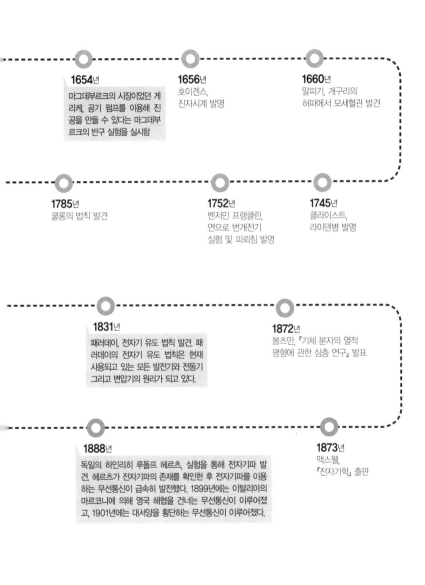

1654년
마그데부르크의 시장이었던 게 리케, 공기 펌프를 이용해 진공을 만들 수 있다는 마그데부르크의 반구 실험을 실시함

1656년
호이겐스, 진자시계 발명

1660년
말피기, 개구리의 허파에서 모세혈관 발견

1785년
쿨롱의 법칙 발견

1752년
벤저민 프랭클린, 연으로 번개전기 실험 및 피뢰침 발명

1745년
클라이스트, 라이덴병 발명

1831년
패러데이, 전자기 유도 법칙 발견. 패러데이의 전자기 유도 법칙은 현재 사용되고 있는 모든 발전기와 전동기 그리고 변압기의 원리가 되고 있다.

1872년
볼츠만, 「기체 분자의 열적 평형에 관한 심층 연구」 발표

1888년
독일의 하인리히 루돌프 헤르츠, 실험을 통해 전자기파 발견. 헤르츠가 전자기파의 존재를 확인한 후 전자기파를 이용하는 무선통신이 급속히 발전했다. 1899년에는 이탈리아의 마르코니에 의해 영국 해협을 건너는 무선통신이 이루어졌고, 1901년에는 대서양을 횡단하는 무선통신이 이루어졌다.

1873년
맥스웰, 「전자기학」 출판

5장

현대 과학으로 이끈
빛에 대한 연구

빛 의 정 체 와 속 도 에 대 한 연 구 는 현 대 과 학 을 탄 생 시 켰 다

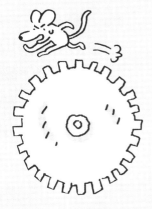

우리 주위에 있는 자연물 중에서 빛은 우리에게 가장 중요한 의미를 가지는 자연물이다. 우리는 빛을 이용해 자연을 관찰하고 빛을 이용해 정보를 받아들인다. 따라서 자연의 참모습을 알기 위해서는 자연에 대한 정보를 전해주는 빛에 대하여 정확하게 알아야 한다. 그러나 빛은 인간의 감각으로 파악하기에는 크기가 너무 작으며, 속도는 너무 빠르다. 따라서 아주 오랫동안 빛의 성질을 제대로 연구할 엄두를 내지 못하고 있었다.

그러나 근대 과학이 성립하면서 빛의 성질을 체계적으로 연구하려는 사람들이 나타나기 시작했다. 빛에 대한 연구는 크게 두 가지로 진행되었다. 하나는 빛의 속도를 측정하는 것이다. 빛의 속도는 우리가 경험하는 일상생활 속의 속도보다 훨씬 빨라서 무한대일 것이라고 사람들은 생각해 왔다. 그러나 갈릴레이는 빛의 속도가 유한할 것이라고 생각하고 빛의 속도를 측정하려고 시도했지만 성공하지는 못했다.

빛의 속도를 처음으로 측정한 사람은 덴마크의 천문학자 뢰머였다. 뢰머는 목성의 위성인 이오의 공전 주기가 일정하지 않다는 사실에 착안하여 빛의 속도를 측정할 수 있는 방법을 제안했다. 그러나 그가 제안한 방법으로는 정확한 측정값을 얻을 수 없었다. 그후 브래들리가 별빛의 광행차를 이용하여 빛의 속도를 측정하는 데 성공했다. 지상의 실험을 통해 빛의 속도를 측정하는 데 성공한 사람은 피조와 푸코였다. 그들은 회전하는 톱니바퀴와 거울을 이용하여 빛의 속도를 측정했다.

빛의 속도 측정이 진행되는 동안에 빛의 본질에 대한 연구도 진행되었다. 빛이 입자의 흐름이냐 아니면 에너지의 흐름인 파동이냐 하는 논쟁은 일찍부터 있었다. 그러나 뉴턴이 입자설을 지지하면서 빛은 입자의 흐름이라는 것이 거의 정설처럼 받아들여졌다. 그러나 1800년이 되면서 입자설로는 설명할 수 없는 여러 가지 현상이 발견되기 시작했다.

영국의 영은 두 개의 슬릿을 이용해 간섭무늬를 만들었고, 편광과 복굴절 현상도 발견되었다. 이런 현상들은 입자설로는 설명할 수 없는 성질들이었다. 따라서 1800년대 중반이 되면서 빛의 파동설이 널리 받아들여지게 되었다. 그리고 맥스웰이 빛도 전자기파라는 것을 발견하여 빛의 정체 논쟁이 일단락되는 것처럼 보였다. 그러나 빛의 정체에 대한 논란은 현대 과학으로 이어져 양자물리학 탄생의 계기를 제공했다.

뢰머는 무엇을 이용해
빛의 속도를 측정했는가?

★ **시대** : 1675년　★ **주제어** : 목성, 이오, 빛의 속도

빛의 속도는 무한한가 아니면 유한한가?

우리는 빛을 이용해 자연을 관찰하므로 빛의 성질은 매우 중요한 의미를 지닌다. 만약 빛의 속도가 무한대라면 어떤 사건이 일어나는 순간과 우리가 그것을 관측하는 순간 사이에는 아무런 시간 간격이 없다. 그러나 빛이 전파되는 데도 시간이 걸린다면 우리가 관측하는 사건은 모두 과거의 사건이다. 고대인들은 빛은 무한히 빠른 속도로 전파된다고 생각했다.

그러나 근대 과학이 성립하면서 빛의 속도를 측정하려는 사람들이 생기기 시작했다. 그런 사람들 중에 하나가 갈릴레이였다. 갈릴레이는 밤에 갓 씌운 등을 든 사람들을 멀리 떨어진 산 위에 세워놓고 한 사람이 갓을 벗겼을 때 그 빛을 보는 즉시 다른 사람이 등의 갓을 벗기도록 하여 빛이 산을 왕복하는 시간을 측정하려 했다. 그러나 빛의 속도는 그런 방법으로 측정하기에는 너무 빨랐기 때문에 빛의 속도를 측정하는 데는 실패했다.

이오의 공전주기를 이용한 뢰머의 방법

목성을 돌고 있는 네 개의 갈릴레이 위성 중에서 목성에 가장 가까이 있

는 이오의 공전주기는 42.5시간이다. 이오의 공전 주기를 이용해 최초로 빛의 속도를 측정하는 데 성공한 사람은 덴마크의 천문학자 올레 뢰머(1644~1710)였다. 1644년에 덴마크 아후스에서 태어난 뢰머는 1671년에는 우라니보르그 천문대에 들어가, 티코 브라헤의 천문관측소였던 우라니보르그의 정확한 위도와 경도를 결정하기 위해 몇 달 동안 이오의 공전을 140회나 관측해서 이오가 목성의 뒤로 들어가는 시간과 나오는 시간을 기록했다.

같은 시기에 파리의 조반니 도메니크 카시니(1625~1712)도 이오의 공전을 관측했다. 두 곳에서 측정한 이오의 공전을 비교하여 두 지점 사이의 경도의 차이를 계산할 수 있었다. 1666년부터 1668년까지 이오의 공전을 관측한 카시니는 이오의 공전 주기가 일정하지 않다는 것을 발견했다.

카시니와 뢰머

1672년에 파리로 온 뢰머는 카시니의 조수가 되어 이오의 운동을 계속 관측했다. 뢰머는 카시니의 관측 자료에 자신의 관측 자료를 더해 지구가 목성으로 다가갈 때는 이오의 공전 주기가 짧아지고 지구가 목성에서 멀어질 때는 이오의 공전주기가 길어진다는 것을 확인했다. 이런 관측결과를 바탕으로 카시니는 1675년에 이오의 공전 주기가 일정하지 않은 것은 목성의 위성으로부터 우리에게까지 빛이 오는 데 시간이 걸리기 때문인 것 같다는 내용의 논문을 발표했다.

3년 동안 이오의 공전 주기와 지구와 목성 사이의 위치를 측정하고 그 결과를 분석한 뢰머는 1676년 11월 9일, 지구의 공전으로 목성과 지구 사이의 거리가 달라지는 것이 이오의 공전주기가 일정하지 않은 원인이라는 내용이 담긴 논문을 발표했다. 그러나 뢰머는 지구 궤도 반지름에 대한 정확한 정보

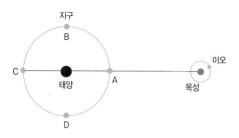

| 지구가 A → B → C로 이동할 때는 이오의 공전주기가
길어지고, C → D → A로 이동할 때는 공전주기가 짧아진다.

를 가지고 있지 않았기 때문에 빛의 속도에 대한 정확한 값을 제시하지는 않았고, 지구의 지름과 같은 거리를 지나가는 데는 1초보다 작은 시간이 걸릴 것이라는 최소값만 제시했다. 뢰머와의 연락을 통해 더 많은 자료를 확보한 크리스티안 호이겐스는 빛이 1초 동안에 지구 지름의 16.6배나 되는 거리를 달린다고 계산해냈다.

카시니는 뢰머에게 이오의 주기를 정밀하게 측정하도록 시킨 사람이었고, 이오의 공전 주기가 달라지는 것이 목성과 지구 사이의 거리가 달라지기 때문일지도 모른다는 주장을 먼저 했던 사람이었다. 그러나 뢰머가 이오의 주기 변화를 이용하여 빛의 속도를 측정하는 방법을 제안하자 그는 뢰머의 방법을 격렬하게 비판했다. 카시니가 태도를 바꾼 이유는 아직도 잘 알려지지 않고 있다.

A 목성의 위성인 이오의 공전 주기

브래들리는 빛의 속도를 어떻게 계산했을까?

★ **시대** : 1728년   ★ **주제어** : 브래들리, 광행차, 연주시차

지구가 공전하고 있다는 증거가 된 광행차

코페르니쿠스는 1543년에 출판한 『천체의 회전에 관하여』라는 책을 통하여 지구가 태양 주위를 빠른 속도로 공전하고 있다는 지동설을 주장했다. 그러나 과학자들은 오랫동안 지구가 실제로 태양 주위를 빠른 속도로 공전하고 있다는 직접적인 증거를 찾아내지 못했다. 하지만 영국의 브래들리는 광행차를 발견하고 빛의 속도를 측정했으며, 지구가 태양 주위를 돌고 있다는 증거를 찾아냈다.

1727년 영국의 제임스 브래들리(1693~1762)는 용자리 감마별을 관측하던 중 이 별의 위치가 계절에 따라 조금씩 달라지는 광행차를 발견했다. 브래들리는 이것이 계절에 따라 시구가 달리는 방향이 다르기 때문이라고 생각하고 별의 위치가 달라진 정도를 이용해 빛의 속도를 계산해냈다. 이러한 광행차는 지구가 태양 주위를 빠른 속도로 달리고 있다는 직접적인 증거가 되었다.

광행차를 발견한 브래들리

빛의 속도가 유한하다는 뢰머의 주장은 제임스 브래들리가 광행차를 발견하고 이를 이용하여 빛의 속도를 계산함으로써 더욱 확실한 사실로 받아들여지게 되었다. 브래들리는 1693년에 영국 첼튼햄 부근에 있는 쉐보른에서 태어났다. 그는 옥스퍼드 대학의 발리올 칼리지에서 학사 학위와 석사 학위를 받았다. 1718년에 브래들리는 삼촌의 친구였던 핼리의 추천으로 왕립협회 연구원이 되었고, 오래 뒤인 1742년에는 핼리로부터 왕립 천문학자 지위를 물려받았다.

1725년에 브래들리는 연주시차를 측정하기 시작했다. 그는 오차를 줄이기 위한 모든 준비를 한 후 망원경으로 용자리의 감마별을 관측했다. 브래들리가 망원경으로 용자리의 감마별을 관측하기 시작한 것은 1725년 12월 3일이었다. 그리고 14일이 지난 12월 17일에 다시 이 별을 관측했다. 그랬더니 놀랍게도 이 별의 위치가 달라져 있었다. 용자리의 감마별은 약 1″(초) 정도 남쪽으로 내려가 있었다. 그것은 지구 공전에 의한 시차가 아니었다. 우선 위치 변화에 의한 시차보다 10배나 되었고, 별의 위치 변화의 방향도 반대 방향이었다. 브래들리는 이 별의 위치 변화를 계속 추적했다. 그 결과 이 별은 일 년 동안 작은 타원을 그리면서 돌고 있는 것처럼 보였다.

이러한 광행차는 빛의 속도와 지구의 속도의 비에 따라 달라진다. 브래들리는 광행차를 측정하여 빛의 속도가 지구의 속도보다 10,000배 빠르다고 결론지었다. 브래들리의 역사적 발견은 1729년 1월에 영국 왕립협회에서 발표되었다. 그는 빛이 지구에서 태양까지 가는 데 걸리는 시간은 8분 12초 정도라고 계산해내기도 했다.

비가 내리는 방향과 광행차

하늘에서 똑바로 떨어지는 비를 피하기 위해서는 우산을 똑바로 머리 위에 써야 한다. 그러나 앞으로 걸어가면서 비를 피하려면 우산을 앞으로 기울여야 한다. 앞으로 걸어가면 비가 앞쪽에서 비스듬히 내리는 것처럼 보이기 때문이다. 빛의 경우에도 이와 똑같은 일이 일어나는 것을 일컬어 광행차라고 한다.

비가 오는 날 자동차를 타고 가면 차창에 떨어지는 비가 사선으로 떨어지는 것처럼 보이는 것도 같은 이유 때문이다. 이때 비가 떨어지는 각도는 비가 낙하하는 속도와 자동차의 속도에 의해 결정된다. 만약 자동차의 속도를 알고 있다면 비가 떨어지는 각도를 측정하여 비가 낙하하는 속도를 간단한 방법으로 계산할 수 있다. 마찬가지로 지구가 공전하는 속도를 알고 계절에 따라 달라지는 별빛의 각도를 알면 빛의 속도를 쉽게 계산할 수 있다. 하지만 지구의 속도는 빛의 속도보다 아주 작으므로 이 광행차 역시 매우 작아 이것을 정확하게 측정하는 것은 쉬운 일이 아니다.

A 광행차를 측정하여

Q 057
지상의 실험으로 빛의 속도를 처음 측정한 사람은?

★ **시대** : 1849년 ★ **주제어** : 피조, 톱니바퀴, 지상에서의 빛 속도 측정

사진실험을 시작한 피조

회전하는 톱니바퀴를 이용하여 1849년에 지상에서 빛의 속도를 처음 측정하는 데 성공한 사람은 프랑스의 이폴리트 아르망 루이 피조(1819~1896)였다. 1819년에 프랑스 파리에서 태어난 피조는 잘 알려진 의사이며 교수였던 아버지로부터 많은 유산을 물려받아 별 어려움 없이 과학 연구에만 전념할 수 있었다. 어렸을 때 그는 아버지를 따라 의학을 공부하려고 했었지만 건강이 좋지 않아 학교를 그만두고 한동안 여행을 했다. 여행을 통해 건강을 회복한 후에는 의학이 아니라 물리학을 공부하기 시작했다. 그는 프랑스의 명문 에콜 폴리테크니크에 다니던 동생의 강의노트를 빌려 물리학의 여러 분야에 대해 공부했다.

그는 주로 실험을 통해 이론을 증명하는 것에 흥미를 느껴 집에 각종 실험도구를 갖춘 실험실을 설치했다. 처음 그가 관심을 가졌던 것은 생생한 모습을 영원히 보존할 수 있게 해주는 다게르타이프라고 부르던 사진 기술을 향상시키는 것이었다. 1839년에 루이 다게르가 발명한 다게르타이프라고 부르던 사진 기술에서는 요오드를 사용하고 있었지만 피조는 이것을 브롬으

로 대체하여 향상된 영상을 얻어내는 데 성공했다. 이때부터 피조는 빛의 속도 측정에 공헌한 또 한 사람의 프랑스 물리학자 레옹 푸코와 친구가 되었다. 두 사람은 함께 다게르타이프를 개선하여 천체 사진을 찍을 수 있도록 했다. 그들은 처음으로 선명한 태양 표면 사진을 찍는 데 성공했다.

회전하는 톱니바퀴를 이용하여 빛 속도 측정

피조는 프랑스의 저명한 과학자였던 프랑세스 아라고로부터 권유를 받고 빛의 속도를 측정하는 실험을 하기로 했다. 아라고는 빛이 입자인지 파동인지 결정할 수 있도록 물 속에서 빛의 속도를 측정하고 싶어했다. 물 속에서 빛의 속도를 측정하기 위해서는 우선 지상의 실험을 통해 빛의 속도를 측정할 수 있어야 했다.

피조는 회전하는 톱니바퀴를 이용하여 빛의 속도를 측정하기로 하고 1849년에 실험을 시작했다. 그는 회전하는 톱니바퀴의 골을 통과한 빛이 8킬로미터 이상이나 떨어져 있는 고정된 거울에 반사되어 돌아오도록 했다. 만약 톱니바퀴가 매우 빠르게 돌면 골을 통과해 나간 빛이 거울에 반사되어 돌아왔을 때 톱니의 산에 부딪히게 될 것이다. 그렇게 되면 회전하는 톱니바퀴에서 하나의 톱니가 움직이는 데 걸리는 시간이 빛이 거울을 왕복하는 시간과 같게 된다.

피조가 톱니바퀴 방법을 통해 빛의 속도가 초속 315,000킬로미터라는 값을 얻은 것은 1849년 9월이었고, 그 결과를 프랑스 과학 아카데미에 보고한 것은 1850년 3월이었다. 피조가 측정 결과를 보고하던 거의 비슷한 시기에 푸코도 회전하는 거울을 이용하여 측정한 빛의 속도를 보고했다. 피조는 빛의 속도를 측정한 공로를 인정받아 과학 아카데미로부터 1856년에 1만 프

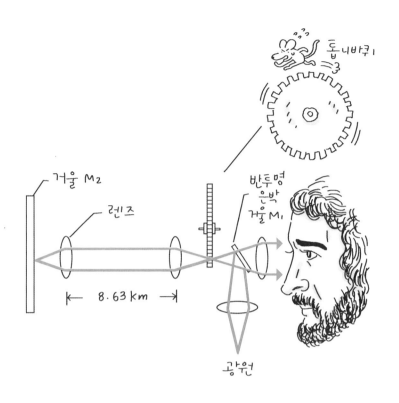

랑의 상금을 받기도 했다. 1860년에는 과학 아카데미 회원이 되었고, 1866
년에는 영국의 왕립협회로부터 럼퍼드 메달을 받았다.

파동설과 입자설 그리고 빛의 속도

빛이 파동이라고 주장하는 파동설에서는 빛이 공기 중에서보다 매질 속
에서 속도가 느려져야 한다고 주장하며, 빛이 작은 알갱이라고 주장하는 입
자설에서는 빛의 속도가 매질 속에서 더 빨라져야 한다고 한다. 따라서 여러
가지 매질 속에서 빛의 속도를 측정하면 입자설과 파동설 중에서 어떤 것이
옳은지 밝혀낼 수 있을 것이다.

그러나 뢰머나 브래들리와 같이 천체를 이용한 빛 속도 측정으로는 매질 속에서의 빛의 속도를 알 수 없다. 하지만 피조가 지상에서 빛의 속도를 측정하는 데 성공하자 매질 속에서의 빛의 속도를 측정하는 것도 가능해졌다. 피조와 그의 친구 푸코는 빛의 속도가 물 속에서 느려진다는 것을 실험을 통해 확인하여 파동설의 손을 들어 주었다.

A 이폴리트 아르망 루이 피조

푸코의 진자

푸코의 또 다른 업적은 그가 만든 진자이다. 허공에 매단 진자의 왕복운동은 지구가 자전함에 따라 그 경로가 회전하게 된다. 푸코는 지구 자전을 증명하기 위해 거대한 진자를 만들어서 수도원 교회에 설치했고 이것은 지금도 남아 있다.

Q 058

페르마의 마지막 정리를
증명한 사람은?

★ **시대** : 17세기　★ **주제어** : 페르마, 페르마의 마지막 정리, 와일즈

여백에 남긴 메모

17세기의 아마추어 수학자였던 피에르 드 페르마는 자기가 가지고 있던 디오판토스의 저서 『산술』의 여백에 "나는 이 명제에 관한 놀라운 증명방법을 찾아냈으나 여백이 부족해 적지 않는다."라고 써놓았다. 그러나 이후 357년간 이 명제를 증명해낸 사람은 나오지 않았다.

피에르 드 페르마(1601~1665)는 프랑스의 법관으로 취미로 수학을 연구한 아마추어 수학자였다. 페르마는 지인들과 교환한 서신과 책을 읽으면서 여백에 써 넣은 짧은 글들을 남겼을 뿐이지만 르네 데카르트와 함께 17세기 전반기의 두 주요 수학자로 불린다.

페르마는 페르마의 마지막 정리와 광학에서의 페르마의 원리로 널리 알려져 있다. 페르마의 마지막 정리는 $x^n+y^n=z^n$에서 n의 값이 3 이상의 수일 때 이 방정식의 정수해는 존재하지 않는다는 것이다.

마침내 풀린 수수께끼

수학자들은 페르마가 제기한 문제 중 유일하게 풀리지 않은 이 문제를 증

명하거나 혹은 반증하기 위해 애썼으나 몇몇 특정한 n값에 대해서만 증명되었을 뿐 일반적 증명은 나오지 않았다. n=4일 때의 증명은 페르마 자신이, 그리고 n=3일 때의 증명은 레온하르트 오일러(1707~1783)가 했다. 페르마의 마지막 정리는 1994년 영국의 수학자 앤드루 와일즈가 대수기하학의 여러 개념들을 사용하여 증명했다.

1908년에 폴 볼프스켄의 유지에 따라 괴팅겐 왕립과학원은 2007년 9월 13일 이전에 페르마의 마지막 정리를 증명하는 사람에게 10만 마르크의 상금을 주겠다고 했다. 이 일은 페르마의 마지막 정리에 수많은 사람이 달려들어 잘못된 증명을 쏟아내게 하는 한편, 대중에게 이 문제를 널리 알리는 계기가 되었다. 1997년 6월 27일, 앤드루 와일즈가 이 상금을 받았다.

페르마의 원리

한 점에서 나온 빛이 다른 한 점에 도달할 때 두 점 사이의 최단 거리인 직선 경로를 통해 전파되어야 시간이 가장 짧게 걸릴 것으로 생각하기 쉽다. 같은 매질 내에서는 그것이 사실이다. 그러나 한 매질에서 다른 매질로 전파할 때는 빛이 굽어간다. 따라서 최단 거리인 직선을 따라 빛이 진행하는 것은 아니다. 빛은 최단 거리가 아니라 두 점 사이를 통과하는 시간을 최소로 하는 경로를 통해 전파된다는 것이 페르마의 원리이다. 페르마의 원리를 이용하면 반사의 법칙과 굴절의 법칙을 쉽게 유도해낼 수 있다.

A 앤드루 와일즈

Q 059
호이겐스의 원리는
무엇인가?

★ **시대** : 1690년 　★ **주제어** : 호이겐스, 회절, 굴절, 반사, 호이겐스 원리

망원경과 시계를 만든 호이겐스

빛의 실체가 무엇인가 하는 문제는 400여 년 동안 과학자들이 논쟁을 벌여온 문제였다. 17세기에 활동했던 호이겐스는 빛은 파동이라고 주장하고 파동의 전파를 설명하는 호이겐스의 원리를 제안했다. 빛에 관한 연구의 발전 과정에서 호이겐스의 역할은 빼 놓을 수가 없다. 호이겐스는 자연과학을 공부한 외교관으로 프랑스의 수학자 메르센 신부, 철학자 데카르트 등과 교류하고 있던 아버지로부터 과학에 대해 배웠다.

호이겐스는 집을 자주 방문했던 데카르트로부터 많은 영향을 받아 수학에 관심이 많았다. 라이덴 대학에서 법률과 수학을 공부한 호이겐스는 처음에 수학에 집중했으나 곧 렌즈를 연마하여 망원경을 제작하는 일에 몰두하게 되었다. 스물다섯 살이던 1654년경에 호이겐스는 렌즈를 연마하는 새로운 방법을 고안하여 망원경을 제작하고 자기가 만든 망원경을 이용하여 토성의 위성인 타이탄을 발견하기도 했다.

그는 정확한 천문 관측을 위해서는 시계가 필요하다는 것을 깨닫고 1656년에는 진자시계를 만들어 특허를 획득했다. 1673년에 『시계 진동』을 출판했는데, 진자의 운동을 다룬 이 논문에서 호이겐스는 등속원운동의 구심력과 원심력에 대해 설명했다. 1672년 호이겐스는 파리에서 라이프니츠를 만나 교류했으며 그해 뉴턴의 망원경과 빛에 대한 연구에 대해 들었다.

호이겐스의 원리 제안

1678년에 호이겐스는 빛이 파동이라는 가정 하에 빛의 전파를 설명했다. 그는 빛이 구형으로 펴져 나갈 때 구 위의 모든 점은 같은 진동수와 위상을 가지는 새로운 광원 역할을 한다고 주장했다. 호이겐스의 이러한 주장은 파동 광학의 기초 이론이 되었다.

1690년 호이겐스는 빛의 파동현상을 상세히 설명한 논문을 발표했다. 이 이론에 기초하여 그는 반사와 굴절의 법칙을 기하학적으로 설명할 수 있었다. 호이겐스는 빛의 속도는 유한하며 교차하는 빛은 서로 방해하지 않는다는 점에 착안하여, 빛은 매질을 지나 전파되는 파동이라고 주장했다. 호이겐스는 물 위에서 진행하는 파동이 벽면에 나 있는 작고 좁은 틈에 닿으면 이 틈을 중심으로 새로운 파동이 발생하는 것을 관찰하고 파동이 지나가는 동안에 매질은 위아래로 진동하기 때문에 모든 지점은 새로운 파동을 만들어내는 파원이 될 수 있다는 것을 알아냈다. 빛의 파장이 매우 짧아 빛이 가진 파동의 성질을 실험적으로 확인할 수 없었기 때문에 호이겐스의 파동설은 뉴턴의 입자설에 밀려 오랫동안 뒤로 물러나 있어야 했다.

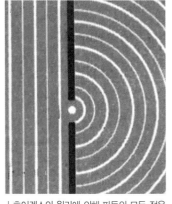

| 호이겐스의 원리에 의해 파동의 모든 점은 새로운 파원이 될 수 있다.

호이겐스와 토성

호이겐스는 렌즈를 연마하는 방법을 개발하여 성능이 좋은 망원경을 만들었고 이를 이용해 토성의 위성을 발견했으며, 갈릴레이가 토성의 귀라고 했던 것이 사실은 토성을 둘러싸고 있는 고리라는 것을 밝혀냈다. 호이겐스는 이런 내용을 1659년에 『토성계』를 통해 발표했다.

A 파동이 전파될 때 모든 점은 새로운 파원이 된다는 것

호이겐스호

토성의 위성 타이탄을 탐사하는 우주선을 호이겐스호라고 부른다. 이 위성을 처음으로 관측한 호이겐스를 기리기 위한 것. 1997년 쏘아 올려서 2009년 타이탄에 무사히 착륙했다.

뉴턴은 빛을 파동과
입자 중에서 어떤 것이라고 했는가?

★ **시대** : 1704년 ★ **주제어** : 파동설, 입자설, 광학

뉴턴의 광학 연구

아이작 뉴턴(1642~1727)은 오랫동안 누구도 감히 넘볼 수 없는 권위를 지니고 있었다. 따라서 뉴턴의 견해는 많은 사람들에게 큰 영향을 미쳤다. 뉴턴은 역학뿐만 아니라 광학 연구에도 많은 업적을 남겼다.

뉴턴은 케임브리지의 트리니티 칼리지에서 역학연구를 본격적으로 시작하던 비슷한 시기에 광학에 관한 연구도 시작했다. 뉴턴은 1666년에 두 개의 프리즘을 이용한 빛의 분산 실험을 통해 흰빛이 여러 색깔의 빛으로 이루어진 복합광이라는 것을 증명했다. 그후 뉴턴은 흰색의 빛에서 여러 가지 성분 빛을 분리해내는 각종 실험을 하였으며, 여러 가지 색깔의 빛을 합성하여 흰빛을 만드는 실험을 해 보이기도 했다.

뉴턴 링과 입자설

뉴턴은 1969년에 케임브리지 대학의 루카스 석좌교수에 임명된 후 광학과 색채이론을 강의했다. 커다란 곡률을 가지는 렌즈를 평평한 유리판 위에 놓고 위에서 빛을 입사시킬 때 여러 개의 동심원이 나타나는 뉴턴 링에 대한

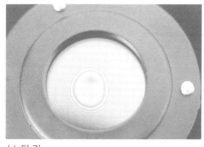
| 뉴턴 링

실험을 한 것도 이 시기였다. 뉴턴 링이나 유리 판 사이의 틈에 의해 간섭현상이 나타나는 것은 빛이 파동이라는 가장 확실하고 강력한 증거였다. 그러나 뉴턴은 빛을 파동이라고 보기보다는 미립자라고 생각했다. 뉴턴은 빛이 가지고 있는 파동의 성질을 완전히 배제하지는 않았지만 빛의 여러 가지 성질은 빛을 미립자라고 할 때 가장 쉽게 설명될 수 있다고 믿었다.

1704년에 그는 광학에 대한 연구결과를 모아『광학』을 출판했다. 수학적이고 이론적인 측면이 강했던『프린키피아』와는 달리『광학』은 실험적인 성격을 강하게 지녔으며 산문체로 씌어졌기 때문에『프린키피아』보다 훨씬 더 많은 사람들에 의해 읽힐 수 있었다. 뉴턴은『광학』에서 빛이 미립자라는 가정을 바탕으로 프리즘에 의한 빛의 반사, 굴절, 분산을 설명했다.

뉴턴은 입자설을 이용해 반사와 굴절을 설명하기 위해 빛 입자가 한쪽은 둥글고 한쪽은 뾰족하게 생겼다고 주장했다. 둥근 쪽으로 충돌하면 반사되고 뾰족한 쪽으로 충돌하면 굴절된다는 것이다.

다시 등장하는 입자설

1800년대에 토머스 영, 오귀스탱 프레넬과 같은 많은 학자들이 빛이 가지고 있는 파동의 성질을 발견하고, 맥스웰이 빛은 파동 중에서도 전자기파라는 것을 밝혀냄으로써 입자설은 역사 속으로 사라지는 것처럼 보였다.

그러나 1900년대 초에 아인슈타인을 비롯한 여러 학자들이 빛이 가지고

있는 입자의 성질을 밝혀냄으로써 파동의 성질과 마찬가지로 입자의 성질 또한 빛의 고유한 속성이라는 것을 알게 되었다. 빛은 파동과 입자의 성질을 동시에 가지는 이중성을 가지고 있었던 것이다. 빛이 가지고 있는 이러한 성질을 밝혀낸 것은 양자물리학 성립에 중요한 계기가 되었다.

 입자

 아인슈타인의 빛 연구

아인슈타인은 상대성 이론으로 유명하지만 그가 받은 노벨상은 광전효과에 대한 것이었다. 광전효과는 금속에 빛을 쏘면 전자가 튀어나오는 현상인데, 아인슈타인은 입자설(광양자설)을 기반으로 이것을 설명했다. 아인슈타인 이후 다시 입자설이 강화되면서 닐스 보어가 상보설을 주장하게 된다.

토머스 영은 어떤 실험을 통해 빛이 파동이라고 주장했나?

★ **시대** : 1800년 　★ **주제어** : 간섭, 간섭무늬, 이중슬릿, 영의 실험

의사 물리학자 토머스 영

뉴턴 이후 빛은 입자라는 입자설이 대세를 이루었다. 그러나 19세기 초 빛을 이용한 실험에서 간섭 현상을 발견하고 빛이 파동이라는 파동설을 제기한 사람은 영국의 의사였던 토머스 영(1773~1829)이었다. 영은 1773년에 영국 밀버톤의 퀘이커교도 가정에서 태어났다. 열아홉 살이던 1792년에 의학을 공부하기로 마음먹었던 그는 다음해에 눈의 근육이 어떻게 작용하는지 설명하는 논문을 왕립협회에 제출하여 사람들을 놀라게 했다.

그는 1794년에 에든버러로 이사했고, 1년 후에는 독일의 괴팅겐으로 옮겨 그곳에서 1796년에 물리학 박사 학위를 받았다. 영은 1799년에 런던에서 병원을 개업했지만 병원을 운영하는 동안에도 과학 연구를 계속했다. 하지만 의사가 다른 일에 많은 시간을 보낸다는 소문을 염려하여 논문은 가명으로 발표했다.

1801년에 영은 왕립연구소의 자연철학 교수로 임명되었다. 그는 2년 동안에 91번의 강의를 했고 후에 강의록을 출판했다. 이에 앞서 1800년에 영은 왕립학회 철학 회보에 소리와 빛에 대한 실험 논문을 발표했다. 그는 간

섭실험에 대한 자세한 내용은 1801년에 행한 빛과 색깔에 대한 강의록을 통해 밝혔다. 1803년 11월 24일에 행해진 베이커 강의와 1804년에 발간된 철학회보에 게재된 강의록에서도 그는 빛의 간섭현상을 비롯한 빛의 여러 가지 성질을 다루었다.

이중슬릿을 이용한 간섭실험

영은 고체의 영율, 운동에너지 개념의 도입 등 과학의 여러 분야에서 뛰어난 업적을 남겼지만 그중에서도 이중슬릿에 의해 만들어지는 밝고 어두운 간섭무늬를 이용하여 빛이 파동이라고 주장한 것이 그의 가장 큰 업적으로 꼽힌다. 그는 근접한 두 개의 슬릿을 통과한 빛이 보강간섭과 소멸간섭을 통해 밝고 어두운 무늬를 만들어낸다고 설명하고 이를 바탕으로 오늘날 사용되고 있는 회절격자와 비슷한 회절격자를 제안하기도 했다.

그는 또한 물 위에 떠 있는 비누거품이 여러 가지 색깔을 나타내는 것과 뉴턴 링이 나타나는 원인도 빛의 간섭을 이용하여 설명했다. 그러나 입자설을 받아들이고 있던 당시 사람들은 영의 간섭실험 결과를 받아들이려고 하지 않았다. 따라서 빛이 파동이라는 것을 이용해 간섭현상을 설명하는 일은 14년 후에 프랑스의 오귀스탱 프레넬이 더욱 정교한 실험을 통해 같은 현상을 다시 발견할 때까지 널리 알려지지 않았다.

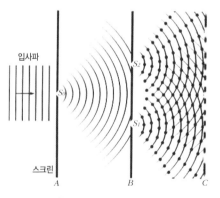

| 이중슬릿 실험

토머스 영과 영률

영의 이름이 남아 있는 또 하나의 물리법칙은 영률이다. 영은 물체에 힘을 가할 때 늘어나는 길이는 가한 힘에 비례하고 물체의 길이에 비례하며 단면적에 반비례한다는 것을 알아냈다. 이때 비례상수는 물체에 따라 달라지는데 이 비례상수가 영률이다. 영률은 물질의 고유한 성질 중의 하나이다.

영률에 의하면 물체의 길이와 단면적이 일정한 경우, 늘어난 길이는 가한 힘에 비례한다. 탄성의 한계 내에서 늘어난 길이는 가한 힘에 비례한다는 것이 후크의 법칙이다. 따라서 후크의 법칙은 영률의 특별한 경우라고 할 수 있다.

A 이중슬릿을 이용한 간섭실험

Tip

토마스 영

토마스 영은 과학사뿐만 아니라 역사 분야에서도 유명하다. 로제타석의 해독을 두고 샹폴리옹과 경쟁한 이집트 문헌학자였기 때문이다. 영은 이집트 민중문자의 해독자로 알려져 있다.

편광 선글라스를 쓰면
바닷가에서 왜 눈이 부시지 않을까?

★ **시대** : 1808년 ★ **주제어** : 반사, 편광, 부르스터 각

빛은 횡파이다

빛은 횡파이다. 그것은 빛이 진행 방향과 수직인 방향으로 진동하는 파동이라는 뜻이다. 빛이 진행하는 방향에 수직인 방향은 얼마든지 있을 수 있다. 보통의

| 진행 방향과 수직으로 진동하는 빛

빛에는 모든 방향으로 진동하는 빛이 골고루 섞여 있다. 그런데 편광판이라고 하는 특정한 물질은 내부의 원자 배열로 인해 특정한 방향으로 진동하는 빛만 통과시킨다. 이렇게 한 방향으로만 진동하는 빛을 편광이라고 한다. 편광판 두 개를 서로 수직으로 배열하면 모든 빛이 차단된다.

편광판만이 편광을 만들어내는 것은 아니다. 물질의 표면에서 반사하는 빛도 어느 정도 편광되어 있다. 진동 방향에 따라 반사와 굴절이 다른 비율로 일어나기 때문이다. 그러나 반사각과 굴절각의 합이 90도인 경우에는 반사하는 빛과 굴절하는 빛이 모두 편광되어 있다. 이런 각도를 부르스터의 각

이라고 하고 이 각은 물질의 굴절률에 따라 달라진다.

편광은 편광렌즈로 차단할 수 있다

자동차 안에 앉아 있는 사람을 자동차 밖에서 찍으면 선명한 사진을 얻기 힘들다. 이때 렌즈 앞에 편광 필터를 끼우고 필터를 돌려 잘 맞춘 후 사진을 찍으면 차 안에 있는 사람이 선명하게 보이는 사진을 얻을 수 있다. 또 햇빛이 강한 여

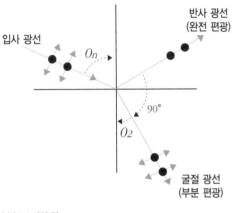

| 부르스터의 각

름날 해변에 가면 바닷물에 반사된 빛에 눈이 부셔 눈을 제대로 뜰 수 없는 경우가 있다. 이때 편광 선글라스를 쓰면 눈부심이 확연하게 줄어든 것을 경험할 수 있다. 왜 그럴까?

물이나 유리 표면에서 입사되는 빛의 많은 부분이 편광되기 때문이다. '빛의 반사'는 다른 말로 하면 '빛의 완전 편광'이다. 따라서 편광을 막아주기만 하면 유리 너머에 있는 사물을 제대로 볼 수 있고, 눈부심 없이 바다를 바라볼 수 있다. 편광 필터와 편광 선글라스가 유용한 것은 바로 편광을 막아주는 기능이 있기 때문이다. 이렇게 과학의 원리는 곳곳에 숨어서 우리의 생활을 돕고 있다.

편광과 복굴절

복굴절도 빛이 횡파이기 때문에 나타나는 현상이다. 물질 중에는 빛이 진동하는 방향에 따라 굴절률이 다른 물질이 있다. 이런 물질에 빛을 입사시키면 빛은 진동 방향에 따라 두 갈래로 갈라지게 된다. 이때 두 갈래로 갈라진 빛은 한 방향으로 진동하는 빛으로만 이루어졌기 때문에 편광되어 있다. 이런 성질을 나타내는 대표적인 물질이 방해석이다. 이미 편광되어 있는 빛을 방해석에 입사시키면 더 이상 복굴절 현상이 나타나지 않는다.

A 편광 선글라스가 바닷물 표면에서 반사된 편광을 차단하기 때문에

Tip **시력과 굴절**
원시와 근시는 수정체를 통과한 빛이 망막 앞이나 뒤에 상이 맺히는 경우를 말한다. 이 경우는 초점 거리가 안 맞는 것이다. 그러나 난시는 굴절률이 달라서 서로 다른 지점에 상이 맺히는 경우이다.

빛의 파동설을
널리 받아들이도록 한 사람은 누구인가?

★ 시대 : 1819년　★ 주제어 : 회절, 간섭, 파동설

토목기사 프레넬

토머스 영은 이중슬릿을 이용한 간섭실험을 통해 뉴턴의 입자설을 부정하고 파동설을 주장했지만 널리 받아들여지지 않았다. 프랑스의 토목기사였던 오귀스탱 프레넬은 1819년에 프랑스 과학 아카데미가 회절현상을 성공적으로 설명하는 논문을 제출한 사람에게 상금을 주겠다고 공고한 것을 보고 빛이 파동이라는 가설을 바탕으로 한 수학적 분석결과를 제출하여 아카데미가 제시했던 상금을 받았다. 이 일을 계기로 빛의 파동설이 널리 받아들여지게 되었다.

회절무늬

파동설을 널리 받아들이도록 한 오귀스탱 프레넬은 1788년에 프랑스의 브로이에서 토목기사의 아들로 태어났다. 엔지니어가 되기로 마음먹고 1804년 에콜 폴리테크니크에 입학한 프레넬은 대학을 졸업한 후 토목기사로 군에 입대했다. 군에 있는 동안 그는 나폴레옹의 신도시 건설에 참여하기도 했고, 스페인에서 프랑스를 통과하여 북부 이탈리아에 이르는 도로 건설

에도 참여했다. 토목기사로 일하는 동안에도 프레넬은 빛과 광학에 관심을 가지고 시간이 날 때마다 실험을 계속했다.

그러나 1815년 3월 1일 엘바섬에 억류되었던 나폴레옹이 칸에 상륙하자 그는 토목일을 그만두고 고향으로 돌아가 광학실험에 전념했다. 그러나 나폴레옹이 워털루에서 패배한 후 다시 토목기사로 일을 하게 되었고, 이후 광학실험을 위해 많은 시간을 할애할 수 없었다.

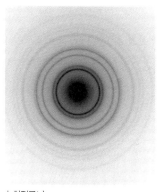

| 회절무늬

과학 아카데미 상금에 도전하다

그는 토목기사 일을 그만두고 파리로 가서 광학실험을 계속하기로 했다. 프레넬은 물체에 의해 만들어지는 회절에 대한 실험부터 시작했다. 프레넬은 이러한 회절현상을 파동이론으로 모두 해석해냈다. 프레넬은 1815년에 파동이론을 이용해 회절무늬를 설명하는 첫 번째 논문을 발표했다.

1819년에 프랑스 과학 아카데미는 회절현상을 설명한 논문을 제출한 사람에게 상금을 주겠다고 선언했다. 1819년에 아라고를 위원장으로 하고 푸아송, 비오, 라플라스 등을 위원으로 한 과학 아카데미의 심사위원회가 프레넬이 제출한 논문을 심사했다. 위원들 대부분은 빛의 파동이론에 대해 잘 몰랐던 사람들로, 대부분 입자이론을 받아들이고 있던 사람들이었다.

그러나 심사위원들은 프레넬의 이론적 분석에 감탄했다. 프레넬은 아카데미가 수여하는 상을 수상했고 그의 파동이론은 많은 사람들에게 알려졌다. 그는 1821년에는 빛을 횡파라고 가정하면 반사된 빛이 편광이 되는 현상을 설명할 수 있다는 것을 알아내기도 했다. 프레넬은 연구 업적을 인정받아 1823년에 프랑스 과학 아카데미의 회원이 되었고, 1827년에는 영국 왕립협회 회원이 되었다.

프레넬과 푸아송

푸아송(1781~1840)은 프레넬이 파리의 과학 아카데미에 회절에 관한 논문을 제출했을 때 이 논문을 심사한 심사위원이었다. 프레넬의 이론적 분석에 감탄한 그는 프레넬의 이론을 이용하여 동전과 같은 둥근 불투명한 물체에 빛을 비추면 뒤쪽에 생기는 그림자 한가운데 밝은 점이 나타나야 한다는 것을 계산해냈다. 그의 계산 결과가 옳다는 것은 곧 실험을 통해 확인되었다. 그것은 프레넬의 이론이 정확하다는 증거가 되기에 충분했다.

A 프랑스의 토목기사였던 오귀스탱 프레넬

빛은 어떤 매질을 통해 전파될까?

★ **시대** : 1886년　★ **주제어** : 에테르, 마이컬슨 간섭계, 빛의 속도

에테르를 찾아라

프레넬의 증명으로 빛이 파동이라는 것이 밝혀졌다. 그리고 맥스웰과 헤르츠는 빛이 파동 중에서도 전자기파라는 것을 밝혀냈다. 빛이 전자기파라는 것을 밝혀낸 과학자들은 빛을 전파시키는 매질을 찾아내기 위해 노력했다. 빛이 전자기파라는 것을 처음 밝혀낸 맥스웰은 공간이 빛을 전파시키는 에테르라는 매질로 가득 차 있다고 주장했다.

두 사람의 미국인 과학자 알버트 에이브러햄 마이컬슨(1852~1931)과 에드워드 윌리엄스 몰리(1838~1923)는 에테르의 존재를 알아내기 위한 실험을 했다. 당시에는 거의 모든 사람들이 공간이 에테르로 채워져 있다고 믿고 있었지만 아무도 에테르의 존재를 확인하지는 못한 채 그것이 존재할 것이라는 확신만 가지고 있을 뿐이었다. 두 사람의 미국인 과학자 마이컬슨과 몰리는 모든 사람이 궁금해 하는 에테르의 문제를 해결하기로 했다.

마이컬슨은 1852년에 프러시아에서 태어나 소년시절에 미국으로 건너가 메릴랜드의 아나폴리스에 있는 미국 해군사관학교에 입학했다. 1880년대에는 미국 오하이오주 클리블랜드에 있는 케이스 학교의 응용과학 교수가 되

었다. 뉴저지의 뉴워크에서 1838년에 태어난 몰리는 윌리엄스 칼리지에서 공부한 후 클리블랜드에 있던 웨스턴 리저브 대학에 속해 있던 아델버트 칼리지의 화학 교수가 되었다. 두 사람은 모두 정밀한 측정에 관한 한 세계적인 전문가였다.

지구의 공전과 에테르 바람

마이컬슨과 몰리는 지구가 에테르 속을 빠른 속도로 달려가고 있다면 지구 주위에는 에테르의 바람이 불고 있어야 하며 이 에테르의 바람은 빛의 속도에 영향을 미칠 것이라고 생각했다. 따라서 그들은 지구의 운동 방향과 같은 방향으로 전파되는 빛과 반대 방향으로 전파되는 빛의 속도가 다르다는 것을 확인한다면, 그것이 바로 에테르가 존재한다는 증거가 될 것이라고 생각했다.

마이컬슨과 몰리의 실험 도구

마이컬슨과 몰리는 서로 수직으로 배열된 두 개의 금속 팔을 가진 간섭계를 만들었다. 그들은 이 간섭계를 커다란 석판 위에 설치한 다음, 실험결과에 영향을 줄 진동을 방지하기 위해 전체 실험장치를 수은 위에 띄웠다. 두 갈래로 갈라진 빛 중의 하나는 지구의 운동 방향과 같은 아래 방향으로 향했고, 다른 빛은 지구의 운동 방향과 수직한 방향으로 향했다. 그들의 간섭계는 100조분의 1초

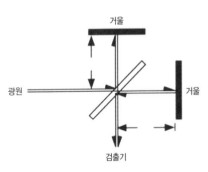

| 마이컬슨과 몰리의 실험 도구

의 시간 차이도 관측할 수 있을 정도로 정밀한 것이었다. 그러나 그들은 두 방향으로 진행하는 빛의 속도가 같다는 것을 확인했다. 그것은 에테르가 존재하지 않는다는 것을 뜻했다.

아인슈타인은 1905년에 발표한 특수상대성 이론에서 빛의 속도는 모든 관측자에게 일정한 값으로 측정된다는 광속 불변의 원리를 채택했다. 그것은 빛이 전파되는 매질이 필요 없다는 것을 뜻했다. 따라서 빛은 매질이 없이도 변해가는 전기장이 자기장을 만들어내고 변해가는 자기장이 전기장을 만들어내면서 스스로 전파되는 파동이라는 것을 알게 되었다.

노벨상을 받은 실패한 실험

마이컬슨과 몰리의 실험의 목적은 빛을 전파시키는 에테르라는 매질을 찾아내는 것이었다. 그러나 그들의 실험은 실패로 끝났다. 하지만 그들의 실패는 역사상 가장 위대한 성공이 되었다. 이 실패로 에테르가 존재하지 않는다는 것이 밝혀졌고 이는 상대성 이론이 등장할 수 있는 계기를 제공했다.

아인슈타인이 상대성 이론을 만들 때 마이컬슨과 몰리의 실험 결과를 알고 있었는지는 확실하지 않지만, 에테르의 존재를 부정하는 상대성 이론은 마이컬슨과 몰리의 실험으로 쉽게 자리를 잡을 수 있었다. 마이컬슨은 이 실패한 실험으로 1907년 미국 최초의 노벨상 수상자가 되었다.

A 매질이 필요없다

┃연표로 보는 빛의 세계 ┃

1655년
호이겐스,
굴절망원경과
진자시계 발명

1661년

페르마의 원리 발견. 빛은 최단 거리가 아니라
두 점 사이를 통과하는 시간을 최소로 하는 경
로를 통해 전파된다는 것이 페르마의 원리이
다. 페르마의 원리를 이용하면 반사의 법칙과
굴절의 법칙을 쉽게 유도해낼 수 있다.

1801년
토머스 영,
이중슬릿을 이용한 간섭 실험
요한 리터,
자외선 발견

1727년
브래들리,
지구 공전에 의한 광행차 측정

1808년
말뤼, 반사에 의한 편광 발견

1809년
토머스 영, 아치 고유 구조에
관한 강연에서 영률을 도출

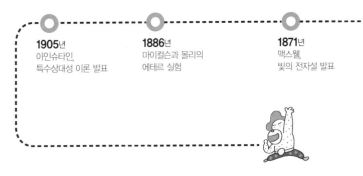

1905년
아인슈타인,
특수상대성 이론 발표

1886년
마이컬슨과 몰리의
에테르 실험

1871년
맥스웰,
빛의 전자설 발표

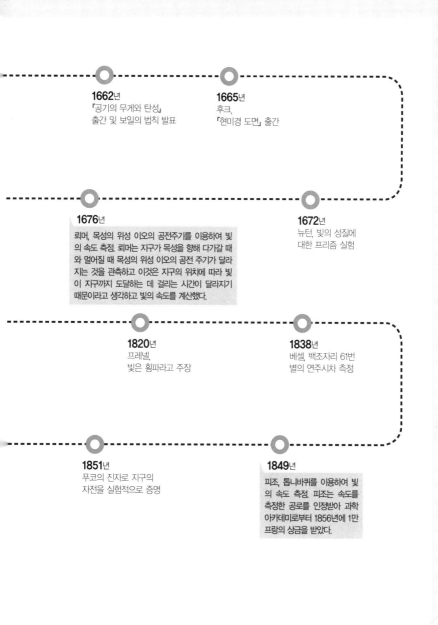

1662년
「공기의 무게와 탄성」
출간 및 보일의 법칙 발표

1665년
후크,
「현미경 도면」 출간

1676년
뢰머, 목성의 위성 이오의 공전주기를 이용하여 빛의 속도 측정. 뢰머는 지구가 목성을 향해 다가갈 때와 멀어질 때 목성의 위성 이오의 공전 주기가 달라지는 것을 관측하고 이것은 지구의 위치에 따라 빛이 지구까지 도달하는 데 걸리는 시간이 달라지기 때문이라고 생각하고 빛의 속도를 계산했다.

1672년
뉴턴, 빛의 성질에
대한 프리즘 실험

1820년
프레넬,
빛은 횡파라고 주장

1838년
베셀, 백조자리 61번
별의 연주시차 측정

1851년
푸코의 진자로 지구의
자전을 실험적으로 증명

1849년
피조, 톱니바퀴를 이용하여 빛의 속도 측정. 피조는 속도를 측정한 공로를 인정받아 과학 아카데미로부터 1856년에 1만 프랑의 상금을 받았다.

6장

넓어지는 우주

관 측 기 술 의 발 달 로 점 점 넓 어 져 가 는 우 주

시대 설명

코페르니쿠스가 새로운 천문체계를 제안하던 16세기의 우주는 아주 간단한 것이었다. 그러나 관측기술이 발달해 더 멀리 있는 천체들을 관측할 수 있게 되면서 우주가 점점 더 커지고 복잡해졌다. 태양계에서 맨눈으로 관측할 수 있는 천체는 태양과 지구, 달 그리고 다섯 개의 행성들뿐이다. 따라서 오랫동안 사람들은 이 여덟 개의 천체가 태양계의 전부라고 생각했었다.

그러나 허셜이 1781년 천왕성을 발견하면서 사람들의 생각이 달라지기 시작했다. 사람들은 이제 태양계에도 우리가 모르고 있던 천체들이 더 있을 수 있다고 생각하게 되었다. 따라서 더 큰 망원경을 만들어 다른 사람이 보지 못했던 우주의 모습을 보려고 노력하는 과학자들이 많아지게 되었다.

이런 사람들의 노력으로 1801년에는 소행성이 발견되었고, 1846년 해왕성이 발견되었으며 별과 희미한 천체들의 목록이 만들어졌다. 독일 출신으로 영국에서 활동했던 허셜은 우리가 알고 있는 우주의 크기를 더 크게 만든 사람들 가운데 가장 뛰어난 업적을 남긴 사람이다. 그는 누이동생, 아들과 함께 대형 망원경을 만들어 천체를 관측하고 많은 별의 목록을 만들었다.

천문학에서 가장 중요한 것은 우주에서의 거리를 측정하는 방법이다. 우주의 거리를 측정하지 못하면 천문학에서 우리가 할 수 있는 것은 거의 없다. 따라서 천문학자들은 우주의 거리를 측정하기 위해 많은 노력을 기울였다. 베셀이 연주시차를 측정하여 가까운 별까지의 거리를 측정할 수 있게 된 것은 천문학 발전에 중요한 역할을 했다. 멀리 있는 은하까지의 거리를 측정하는 방법은 20세기가 되어서야 발견되었다.

천체는 멀리 있기 때문에 우리에게 도달하는 빛이 매우 약하다. 이 약한 빛을 이용해 선명한 상을 만들기 위해서는 빛을 모으는 대물렌즈나 거울의 지름이 커야 한다. 천체를 더 잘 관측하기 위해서 더 큰 망원경이 필요한 것은 이 때문이다. 그러나 사진 기술의 발전은 빛을 모으는 또 다른 방법을 제공하게 되었다.

커다란 대물렌즈나 거울이 더 넓은 공간에서 빛을 모은다면 사진은 더 오랜 시간 동안 빛을 모아서 기록하는 장치라고 할 수 있다. 노출을 오래 하면 할수록 더 많은 빛을 모을 수 있고, 따라서 더 선명한 상을 얻을 수 있다. 사진 기술의 발전 또한 천문학 발전에 크게 기여했다.

천왕성은 누가
어떻게 발견했나?

★ **시대** : 1781년　★ **주제어** : 허셜, 천왕성, 성단 목록

오보에 연주자에서 천문학자로

고대인들이 생각했던 소박한 우주에는 지구가 우주의 중심에 있었고 그 주위를 일월화수목금토의 일곱 천체가 돌고 있었으며 그 밖에는 별들이 박혀 있는 천정이 있었다. 코페르니쿠스의 우주 역시 태양과 지구의 위치가 달라진 것 외에는 큰 차이가 없었다. 그후 천문 관측이 진행됨에 따라 우주가 넓어지기는 했어도 여전히 태양계에는 태양 주위를 도는 일곱 개의 천체가 전부였다. 그러나 1781년 천왕성이 발견되어 태양계에도 우리가 아직 모르고 있는 더 많은 천체가 있다는 것을 알게 되었다.

갈릴레오 갈릴레이 이후 망원경을 설계하고 이를 이용하여 우주를 개척한 사람은 1738년 독일 하노버에서 태어난 프리드리히 윌리엄 허셜(1738~1822)이었다. 그는 아버지를 따라 하노버 경비대 악단의 일원인 음악가로 생활을 시작했다. 그러나 그는 1757년에 있었던 하스텐벡 전투에서 직업을 바꿀 생각을 하고, 영국으로 망명했다. 영국에 정착한 허셜은 음악 선생, 지휘자, 작곡가 그리고 뛰어난 오보에 연주자로 생활을 했다. 그러나 세월이 지나면서 허셜은 차츰 천문학에 관심을 가지게 되었고 천문학은 점차 단순한 취미에서 가장 중요한 관심사가 되었다. 결국 그는 18세기의 가장 위대한 천문학자가 되었다.

천왕성의 발견

1781년 허셜은 자신의 집 마당에 잡동사니를 조립하여 만든 망원경을 이용하여 천문학 역사상 가장 중요한 발견을 했다. 그는 하늘에서 천천히 움직이는 새로운 천체를 찾아냈다. 처음에 그는 이 천체가 새로운 혜성일 것이라고 생각했다. 그러나 그것은 혜성이 아니라 행성이었다. 이 발견은 태양계에 새로운 행성이 더해진 중요한 사건이었다. 허셜은 이 행성을 하노버 왕가의 조지 3세의 이름을 따서 조지의 별이라고 불렀다.

그러나 이 행성은 로마 신화에서 주피터(목성)의 할아버지이고 새턴(토성)의 아버지인 우라누스(천왕성)라고 명명되었다. 자신의 뒷마당에서 작업하던 윌리엄 허셜이 많은 예산을 사용하는 유럽의 왕실 천문대가 하지 못한 큰일을 해낸 것이다.

성운과 성단 목록 작성

허셜은 1782년과 1784년에 800여 개를 포함하는 이중성 목록을 작성했으며, 1783년에는 하늘에 있는 별들의 분포상태를 조사하기 시작했다. 밝은 별은 가까운 별이고 어두운 별은 먼 별이라는 가정을 바탕으로 별들이 원반 모양으로 분포하고 있다

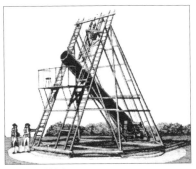

| 허셜의 망원경

는 것을 알아내 우리 은하의 구조에 대한 기초를 확립했다. 허셜은 성운과 성단의 관측에도 관심을 가져 전체 하늘을 조직적으로 관측하고 1786년, 1789년, 1802년 3회에 걸쳐 총 2,500개의 성운, 성단 목록을 작성했다.

허셜은 일생 동안 400개가 넘는 망원경을 제작했고 그중의 일부는 다른 사람에게 팔기도 했다. 그가 만든 망원경 중에서 가장 큰 것은 1789년 8월 28일 완성한 것으로, 구경 126센티미터에 길이가 12미터나 되었다. 그는 망원경을 완성하는 날 저녁에 토성의 새로운 위성을 발견하여 이 망원경의 뛰어난 성능을 입증했다. 그러나 허셜은 사용이 불편했던 이 망원경 대신 작은 망원경을 주로 사용했다.

A 천왕성은 독일 출신으로 영국에서 활동하던 윌리엄 허셜이 1781년 혜성을 찾다가 우연히 발견했다.

망원경의 발전

굴절 망원경은 대형으로 만들기가 매우 어렵다. 왜냐하면 렌즈 자체의 무게로 유리가 휘어 빛이 굴절되어 프리즘 현상이 발생하기 때문이다. 이 현상은 망원경 발명 초기부터 잘 알려져 있었는데, 이 문제를 해결하기 위해 반사 망원경이 등장하게 되었다. 대부분의 대형 망원경은 반사 망원경을 사용한다.

해왕성은
누가 발견했나?

★ **시대** : 1846년 ★ **주제어** : 애덤스, 르베리에, 갈레, 해왕성

새로운 행성의 예측

1781년에 천왕성이 발견된 후 새로운 행성을 발견하는 일에 관심을 가지는 과학자들이 늘었다. 천왕성의 운동을 자세하게 관측한 과학자들은 천왕성 바깥쪽에 다른 행성이 있을 수밖에 없다는 것을 알게 되었다. 1821년 알렉스 부바드는 천왕성 운동에 대한 관측 자료를 출판하고 뉴턴의 역학 법칙을 이용해 미래 천왕성의 위치를 예측했다. 그러나 그후 계속된 관측에 의해 천왕성이 예측했던 것과는 다르게 운동한다는 것을 알게 된 알레스 부바드는 천왕성의 운동에 영향을 주는 다른 행성이 있을 것이라고 추정했다.

아직 대학생이던 영국의 존 애덤스(1819~1892)는 1843년 천왕성 운동에 대한 자료와 뉴턴 역학을 이용해 아직 알려지지 않은 행성의 질량과 위치 그리고 궤도를 계산해냈다. 애덤스는 계산 결과를 그리니치에 있던 왕립 천문대의 조지 브리델 에어리에게 전달했다. 에어리는 애덤스에게 좀더 자세한 계산 과정을 보내달라고 했다. 애덤스는 자세한 계산 과정을 준비하기는 했지만 에어리에게 보내지 않았고 해왕성 문제를 적극적으로 다루지 않았다.

해왕성의 발견

1845~1846년 사이에 프랑스의 수학자 위르뱅 르베리에(1811~1877)는 애덤스와는 독립적으로 애덤스와 같은 계산을 통해 해왕성의 위치와 질량에 대한 같은 결과를 얻었고, 그것을 프랑스 과학 아카데미에 보고했다. 르베리에의 보고서를 본 에어리는 그 결과가 애덤스의 결과와 같은 것을 보고 크게 놀라서 케임브리지 천문대의 제임스 찰스에게 해왕성을 찾아보도록 했다. 찰스

는 8, 9월 두 달 동안 해왕성을 탐색했지만 해왕성을 발견하는 데 실패했다.

그동안에 르베리에는 베를린 천문대의 요한 고트프리드 갈레(1812~1910)에게 편지를 보내 해왕성을 찾아보도록 요청했다. 르베리에가 예측했던 부분의 자세한 성도를 가지고 있던 갈레는 르베리에의 편지를 받은 날인 1846년 9월 23일 저녁 르베리에가 예측했던 지점과 1도 정도 떨어진 지점에서 해왕성을 발견했다. 이 지점은 애덤스가 예측했던 지점과는 10도 정도 떨어진 곳이었다.

훗날 찰스는 8월에 이미 자신이 해왕성을 관측했었다는 것을 알게 되었다. 다만 그 하늘에 대한 자세한 성도가 없어 자신이 관측한 별이 해왕성인지 몰랐던 것이다. 해왕성이 발견된 후 영국과 프랑스는 해왕성 발견의 우선권을 놓고 논쟁을 벌였다. 그러나 국제사회는 애덤스와 르베리에가 독립적으로 해왕성의 위치를 계산해낸 것으로 인정했다.

갈릴레이와 해왕성

갈릴레이가 1612년 12월 28일 목성을 관측하면서 가까이 있던 해왕성도 관측했었다는 것이 그가 그린 관측도면을 통해 후에 밝혀졌다. 그러나 그는 해왕성을 별이라고 생각했다. 마침 퇴행 운동기에 접어들고 있던 해왕성이 거의 정지해 있는 것처럼 보였기 때문이다.

A 해왕성의 위치를 계산한 사람은 존 애덤스와 위르뱅 르베리에였고 실제로 발견한 사람은 요한 갈레였다.

보데의 법칙이란
무엇인가?

★ **시대** : 1766년 ★ **주제어** : 보데, 타이터스, 보데의 법칙

태양계에 숨어 있는 숫자의 비밀

고대 그리스의 피타고라스는 모든 자연 현상 뒤에는 수의 조화가 숨어 있다고 생각했다. 그는 자연을 이해하기 위해서는 자연 현상 뒤에 숨어 있는 수의 조화를 알아내야 한다고 주장했다. 피타고라스와 비슷한 생각을 했던 많은 과학자들이 자연 현상 속에서 수의 조화 또는 수의 법칙을 찾아내려고 노력했다.

많은 학자들은 오래 전부터 태양에서부터 행성까지의 거리에서 어떤 규칙을 발견하려고 노력했다. 1715년에 출판된『천문학 원론』에서 데이빗 그레고리는 태양에서부터 지구까지의 거리를 10이라고 하면 태양에서 수성까지의 거리는 4이고 금성까지의 거리는 7이며, 화성은 15, 목성까지는 52, 그리고 토성까지의 거리는 95라고 주장했다. 비슷한 숫자들이 1724년에 크리스천 울프가 출판한 책에도 등장했다. 1766년에 요한 다니엘 타이터스 (1729~1796)는 찰스 보네의 책을 번역하면서 태양에서 토성까지의 거리를 100이라고 했을 때 금성은 7, 지구는 10, 화성은 16에 위치해 있으며 목성은 52의 위치에 있어 28이 되는 지점에 있어야 할 행성이 빠져 있다는 주석을

달아 놓았다. 그는 신이 빈 공간을 남겨 두었을 리가 없다고 말했다.

보데의 법칙

1768년에 열아홉 살이던 요한 엘러트 보데(1747~1826)는 그의 책에 타이터스가 주장했던 것과 같은 내용의 글을 실었다. 처음에 그는 이 글의 원전을 밝히지 않았지만 후에 출판한 책에서는 그것을 타이터스의 글에서 인용한 것이라고 밝혔다. 이 숫자들은 $a = 4 + 3 \times 2^n$으로 나타나는 수열을 이룬다. 이 법칙이 발표되었을 당시 알려져 있던 행성들의 거리는 n이 3인 곳에 있어야 할 행성이 없다는 것을 제외하면 이 식에 잘 들어맞았다. 이미 알려진 숫자들을 이용해 만들어낸 수열이라는 생각 때문에 1781년에 천왕성이 발견될 때까지 사람들은 이 법칙에 별다른 관심을 보이지 않았다.

그러나 천왕성이 발견된 후 천왕성까지의 거리가 n이 6인 지점에 해당된다는 것이 알려지면서 보데의 법칙은 주목을 받게 되었다. 보데는 n이 3인 지점에서 행성을 찾아볼 것을 촉구했고 이 지점에서 1801년에 소행성 세레스가 발견되었다. 그후 보데의 법칙은 널리 받아들여졌다.

참고 : 행성까지의 거리와 보데의 법칙

행성	수성	금성	지구	화성	목성	토성	천왕성	해왕성
n	$-\infty$	0	1	2	4	5	6	7
보데의 법칙	4	7	1	16	52	100	196	388
실제 거리	3.9	7.2	1	15.2	52	95.4	192	300

무대 뒤로 사라지는 보데의 법칙

그러나 1846년 해왕성이 발견된 후에 해왕성이 보데의 법칙과 맞지 않는 위치에 있다는 것이 밝혀지면서 보데의 법칙은 신뢰를 잃게 되었다. 그후 소행성대에서 수많은 소행성이 발견되고 명왕성과 카이퍼 벨트의 소행성들이 발견되자 보데의 법칙은 자연스레 자취를 감추게 되었다. 보데의 법칙은 자연 현상 속에서 수의 조화를 찾아내고 싶어했던 사람들이 만들어낸 환상이었을까?

A 태양에서 행성까지의 거리가 일정한 수열을 이룬다고 주장한 법칙

혜성이 탄생하는 곳

태양계에는 행성들만 존재하는 것은 아니다. 화성과 목성 사이에 소행성이 다수 존재하며, 해왕성 너머 태양계의 바깥쪽에는 카이퍼 벨트, 산란 분포대, 오르트 구름 등 소행성과 같은 작은 천체들이 분포하는 영역이 있다. 이 카이퍼 벨트에서 이탈한 천체가 혜성이 되는 것으로 추정된다.

Q 068

소행성을 처음으로
발견한 사람은 누구인가?

★ **시대** : 1801년　★ **주제어** : 보데의 법칙, 소행성, 피아치, 세레스

보데의 법칙이 소행성의 존재를 예측했다

1781년 천왕성이 발견된 후 화성과 목성 사이에 있을지도 모르는 행성을 찾기 위한 노력이 유럽의 아마추어 천문학자들을 중심으로 대대적으로 전개되었다. 태양에서 행성까지의 거리가 $a = 4 + 3 \times 2^n$라는 식으로 표현되는 수열을 이룬다는 보데의 법칙은 천왕성이 발견된 후 많은 사람들의 주목을 받게 되었다. 태양에서 천왕성까지의 거리가 보데의 법칙에서 n이 6인 위치와 비슷한 거리라는 것이 알려졌기 때문이다. 보데의 법칙을 처음 제기한 타이터스나 보데의 법칙을 많은 사람들에게 알린 보데는 화성과 목성 사이의 n이 3인 자리에 행성이 있어야 한다는 것을 지적했다.

그래서 1700년대 말부터 사라진 행성을 찾기 위해 행성 파수대라는 조직을 만들어 개인과 국가의 명예를 걸고 조직적으로 이 행성에 대한 수색작업을 벌이기 시작했다. 그러나 정작 새로운 행성을 발견한 것은 이들과는 관계없이 이탈리아의 시칠리아 섬에서 독자적으로 천체를 관측하고 있던 수도사이며 천문학자였던 주세페 피아치(1746~1826)였다.

꼬리에 꼬리를 무는 발견

피아치는 1801년 1월 1일에 새로운 행성이라고 생각되는 천체를 보데의 법칙이 예언한 위치에서 발견했다. 이것이 달 크기의 3분의 1인 세레스이다. 피아치는 움직이는 천체를 발견하고 시칠리아의 수호 여신인 케레스와 시칠리아 왕국의 페르디난도 1세의 이름을 따서 '세레스 페르디난데아(Ceres Ferdinandea)'라는 이름을 붙였다. 그러나 페르디난데아라는 이름은 정치적인 이유로 삭제하고 세레스라는 이름만 남게 되었다. 이후 세레스는 소행성 중에서 가장 질량이 큰 소행성이라는 것이 밝혀졌다.

그후 1802년에 세레스 크기의 반 정도 되는 팔라스(Pallas)가 발견되었고 1804년 세 번째 소행성 주노(Juno)가 발견되었다. 가장 밝아서 맨눈으로도 관찰할 수 있는 유일한 소행성 베스타(Vesta)가 발견된 것은 1807년의 일이었다. 베스타의 발견 이후 한동안 소행성의 발견이 중단되었다가 1845년 아스트라이아의 발견 이후 많은 소행성들이 지속적으로 발견되었다. 1923년에는 1,000번째, 1990년에는 5,000번째 소행성이 발견되었으며, 2007년 10월까지 약 17만 개의 소행성에 공식적으로 숫자가 부여되었다.

소행성의 번호 붙이기와 이름 짓기

새로 발견되는 소행성은 그 시기와 순서에 따라 2003 VB12와 같은 임시 번호를 부여받는다. 앞의 숫자는 발견된 연도를 나타내며, 첫 번째 로마자는 발견된 달을 전반기와 후반기로 구분해서 24개 문자 중 하나로 표시한다. 다음에 오는 문자와 숫자는 해당되는 보름의 기간 안에서 그 소행성이 발견된 순서를 나타낸다. 이후 궤도가 확정된 소행성에는 고유한 번호가 주어지며, 발견자가 원하는 경우 새로운 이름을 붙일 수 있다.

고유 번호는 대개 순서대로 붙지만, 예외도 존재한다. 위에서 예를 든 2003 VB12는 90377 세드나라는 정식 명칭이 붙었다. 초기에 발견된 소행성에는 대부분 새로운 이름을 붙였으나, 발견되는 소행성들의 수가 급격히 늘어남에 따라 따로 이름을 만들지 않고 임시번호를 그대로 사용하는 경우도 많다.

A 주세페 피아치

134340

명왕성이 태양계의 행성 자리를 박탈당했다. 1930년부터 2006년까지 태양계의 아홉 번째 행성이었지만 지금은 태양계의 왜소행성으로 분류되어 134340이라는 소행성 번호를 부여받았다.

연주시차법으로
별까지의 거리를 계산한 사람은?

★ **시대** : 1838년   ★ **주제어** : 베셀, 연주시차, 백조자리 61번 별

우주의 거리를 측정하라

천문학에서 가장 중요한 것은 우주에서의 거리를 측정하는 일이다. 우주에서 거리를 측정하는 방법 중에서 가장 먼저 발견된 방법이며 가장 확실한 방법은 연주시차법이다. 지구가 태양 주위를 돌고 있다는 지동설이 등장할 때부터 과학자들은 연주시차를 측정하려고 시도했다. 그러나 지구의 공전 반경은 별까지의 거리에 비해 아주 적어 연주시차 역시 매우 작은 값인 탓에 측정하지 못하다가 1838년에 독일의 프리드리히 베셀(1784~1846)이 백조자리 61번 별의 연주시차를 측정하는 데 성공했다.

지구 위치에 따라 별들의 위치가 달라지는 연주시차를 측정하지 못한 것은 지구가 태양을 돌고 있다는 지동설의 가장 큰 결함이었다. 지동설을 믿는 학자들은 연주시차가 측정되지 않는 것은 별들이 아주 멀리 떨어져 있기 때문이라고 주장했다. 베셀은 아주 멀리 떨어져 있다는 식의 모호한 표현 대신 구체적인 숫자를 제시하고 싶어했다. 1810년에 프로이센의 왕이었던 프리드리히 빌헬름 3세는 쾨니히베르크에 새로운 천문관측소를 세우도록 베셀을 초청했다.

연주시차의 측정

베셀은 렌즈를 연마하고 관측 기술을 정교하게 다듬으면서 쾨니히베르크에서 28년을 보낸 후, 1838년에 마침내 연주시차를 측정하는 데 성공했다. 6개월간의 고통스런 관측과 분석 작업 끝에 그는 백조자리 61번 별의 시차가 0.6272초, 즉 약 0.0001742도라는 것을 알아냈다. 베셀이 측정한 시차는 매우 작은 값이었다. 태양, 지구 그리고 백조자리 61번 별이 이루는 직각삼각형에서 태양과 지구 사이의 거리를 이미 알고 있고 측정에 의해 각도도 알게 되었으므로 삼각함수를 이용하여 이 별까지의 거리를 계산할 수 있었다. 베셀의 측정에 의하면 백조자리 61번 별까지의 거리는 10^{14}킬로미터 (100조 킬로미터)나 되었다.

지동설을 지지했던 사람들의 주장이 옳았던 것이다. 연주시차는 있었다. 그러나 별까지의 거리가 너무 멀어 아주 작은 값이었다. 천문학자들은 별들이 멀리 떨어져 있을 것임을 짐작하고 있었지만 백조자리 61번 별까지의 실제 거리를 알고는 깜짝 놀랐다. 더구나 이 별은 지구에서 가장 가까이 있는 별들 중에 하나였다. 우주는 생각했던 것보다 훨씬 크고 훨씬 더 많은 물질을 포함하고 있다는 것이 확실해진 것이다.

우주를 측정할 수 있게 되다

독일의 물리학자이며 천문학자였던 빌헬름 올버는 베셀의 측정이 처음으로 우주에 대한 우리의 생각을 든든한 기초 위에 올려놓았다고 말했다. 또 윌리엄 허셜의 아들로 자신도 뛰어난 천문학자였던 존 허셜도 베셀의 관측결과를 천문학이 당시까지 이룩한 업적 중에서 가장 위대한 승리라고 말했다.

연주시차법은 우주의 거리를 측정하는 가장 확실한 방법이지만 약 300광년 정도 떨어져 있는 별들까지의 거리만 측정할 수 있다는 한계가 있다. 그러나 연주시차법은 다른 거리 측정 방법을 위한 기초 자료가 되었다.

A 프리드리히 베셀

세페이드 변광성을 발견한 사람은 누구인가?

★ **시대** : 1784년　★ **주제어** : 변광성, 세페이드 변광성, 식 변광성

피고트와 구드리케

지구로부터 아주 멀리 떨어져 있는 별들로부터 오는 신호는 빛밖에 없다. 따라서 별에 대한 정보는 빛을 분석해 얻는다. 별들 중에는 밝기가 주기적으로 변하는 별들이 있다. 이런 별들을 변광성이라고 한다. 변광성의 밝기 변화는 우리에게 그 별에 대한 많은 정보를 제공해준다. 변광성 연구의 계기를 제공한 에드워드 피고트(1753~1825)는 윌리엄 허셜의 가까운 친구였으며 두 번의 일식과 1769년에 있었던 금성의 태양면 통과를 자세히 관측했던 귀족 출신의 천문학자로, 1700년대 후반 영국에 존재했던 세 개의 사설 천문대 중의 하나를 설치했던 너대니얼 피고트의 아들이었다. 천문학에 대한 열의와 전문 지식 면에서 아버지를 능가했던 에드워드 피고트는 변광성에 특히 흥미를 느꼈다.

에드워드 피고트는 스무 살 때 아직 10대였던 존 구드리케(1764~1786)와 친구가 되었다. 피고트는 농아였던 구드리케에게 천문학과 변광성에 대해 가르쳐주었다. 남다르게 예민한 시력을 가지고 있었던 구드리케는 변광성의 밝기가 어떻게 변해가는지 관측할 수 있었다.

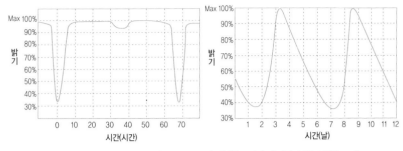

| 페르세우스자리 알골의 밝기 변화 그래프 | 세페우스자리 델타별의 밝기 변화 그래프

식 변광성과 세페이드 변광성

그들은 1782년 11월부터 1783년 5월까지 페르세우스자리 알골의 미세한 밝기 변화를 자세히 관찰해 밝기-시간 그래프를 그렸다. 그 결과 알골은 68시간 50분마다 최소 밝기에 도달한다는 것을 알 수 있었다. 구드리케는 밝기가 변하는 패턴을 바탕으로 알골이 두 개의 별이 서로 돌고 있는 식 변광성이라는 것을 알아냈다. 그의 분석은 왕립협회에 의해 인정되었고 그에게는 그해의 가장 중요한 과학적 발견에 주는 코플리 메달이 수여되었다.

1784년 9월부터 10월 사이에 피고트와 구드리케는 세페우스자리의 델타별과 독수리자리의 에타별의 밝기가 변하는 패턴을 관측했다. 독수리자리의 에타별은 7일마다 같은 패턴을 보여주었고 세페우스자리의 델타별은 5일마다 같은 패턴을 보여주었다. 그리고 이 별들의 주기가 변하는 패턴은 알골과 많이 달랐다.

알골의 밝기는 대칭적으로 변한 반면 세페우스자리 델타별은 하루 동안에 최고 밝기로 올라갔다가 4일 동안에 최소 밝기로 서서히 내려왔다. 독수리자리의 에타별도 비슷한 패턴을 보였다. 그들은 독수리자리의 에타별과 세페우스자리의 델타별이 새로운 종류의 변광성이라고 결론지었다.

이런 별들을 오늘날 우리는 세페이드 변광성 또는 단순히 세페이드라고 부른다. 구드리케는 세페이드 변광성이 만들어지는 원인을 알지 못했지만, 세페이드 변광성의 발견만으로도 위대한 업적이었다. 그는 이 업적으로 스물한 살에 왕립협회의 연구원이 되었다. 그러나 추운 밤에 별을 관측하다가 걸린 폐렴 때문에 연구원으로 임명된 지 14일 만에 세상을 떠나고 말았다.

세페이드 변광성과 별까지의 거리

후에 미국의 여성 천문학자 헨리에타 리비트는 세페이드 변광성의 밝기는 주기에 따라 달라진다는 것을 알아냈다. 따라서 세페이드 변광성의 주기만 측정하면 이 별의 실제 밝기를 알 수 있다. 별의 관측된 밝기와 주기의 측정으로부터 알게 된 실제 밝기를 이용하면 별까지의 거리를 계산할 수 있다.

세페이드 변광성의 주기를 이용하는 새로운 우주 거리 측정법은 연주시차법보다 훨씬 멀리 떨어져 있는 천체까지의 거리 측정을 가능하게 했다. 20세기 초 천문학에서 세페이드 변광성을 이용한 우주 거리 측정은 없어서는 안 될 중요한 측정법이었다.

A 존 구드리케

야구장에서 공의 속도를 재는 속도계는 어떤 원리를 이용한 것인가?

★ **시대** : 1842년　★ **주제어** : 도플러 효과, 진동수, 파장

멀어지거나 가까워짐에 따라 진동수가 달라진다

1842년 오스트리아의 물리학자 크리스티안 도플러(1803~1853)는 『이중성 및 그밖의 몇 개 항성의 착색광에 관하여』라는 논문을 통해 파동의 진동수나 파장이 관측자와 파원의 상대속도에 따라 다르게 측정된다는 도플러 효과를 발표했다. 도플러 효과를 발견한 크리스티안 도플러는 오스트리아의 잘츠부르크에서 태어나 잘츠부르크와 빈에서 공부하고 1841년 프라하 국립 공업대학의 수학교수가 되었고, 1850년부터는 빈 물리학연구소 소장과 빈 대학 물리학 교수를 겸했다. 처음 그는 수학분야에 관심을 가지고 수학과 관련된 논문을 발표했다. 그러나 곧 물리학에 관심을 갖게 된 그는 파동의 전파에 대해 연구하기 시작했다. 파동의 파장이나 진동수가 파원과 관측자의 상대속도에 따라 달라진다는 도플러 효과는 천체 관측에서 중요한 역할을 하게 되었다.

도플러 효과에 의하면 파동을 내고 있는 물체가 관측자를 향해 움직이면 관측자는 짧아진 파장을 관측하고, 물체가 관측자로부터 멀어지면 관측자는 길어진 파장을 관측하게 된다. 마찬가지로 파동을 만들어내는 물체가 정지

해 있고 관측자가 움직여도 같은 효과가 나타난다. 전자기파인 빛의 경우에도 같은 효과가 나타난다.

도플러 효과의 증명

도플러 효과를 실험적으로 증명한 사람은 이 효과가 존재하지 않는다는 것을 증명하려고 했던 네덜란드의 운석학자 크리스토프 바이스발롯이었다. 바이스발롯은 트럼펫 부는 사람들을 두 그룹으로 나누어 같은 음을 연주하도록 했다. 한 팀은 새로 개통된 울트레히트와 마센을 연결하는 철로 위에 있던 지붕 없는 열차 위에서 연주하도록 했고 다른 트럼펫 연주자들은 플랫폼에 서서 연주하도록 했다.

두 그룹이 정지해서 연주할 때는 같은 소리가 났다. 그러나 음악적으로 훈련된 귀를 가진 사람은 다가오면서 내는 트럼펫 소리가 원래보다 높은 소리로 들린다는 것을 알 수 있었다. 열차의 속도를 증가시키자 소리는 더 높은 톤으로 들렸다. 열차가 멀어지자 이번에는 원래의 소리보다 낮은 소리로 들렸다. 이러한 변화는 음원의 속도에 따라 파장이 변하기 때문에 생기는 것이다.

일상생활 속에서 느끼는 도플러 효과

기찻길 옆에서 다가오거나 멀어지는 기차 소리를 들어본 사람은 누구나 도플러 효과를 이미 경험했을 것이다. 다가오면서 내는 기차의 기적 소리는 아주 높은 소리로 들리지만 멀어질 때는 낮은 소리로 들린다. 경주용 자동차가 빠른 속도로 지나가면 이런 효과를 더욱 뚜렷이 느낄 수 있다. 이때 다가오는 기차의 속도와 원래 기적 소리의 진동수를 알면 우리 귀에 들리는 기적 소리의 진동수를 계산할 수 있고 반대로 원래의 진동수를 알고 귀에 들리는 진동수를 측정하면 기차의 속도를 계산해낼 수 있다. 도플러는 빛에도 도플러 효과가 나타나며 광원이 충분히 빠르게 움직이고 감지기가 아주 민감하면 그것을 관측할 수 있을 것이라고 예측했다.

교통경찰관들이 사용하는 속도계는 모두 도플러 효과를 응용한 것이다. 속도계는 일정한 파장의 전자기파를 자동차를 향해 발사하고 자동차에 의해 반사되어 돌아오는 전자기파의 파장을 분석하여 자동차의 속도를 계산해낸다. 야구장에서 공의 속도를 측정하는 속도계도 도플러 효과를 이용한다.

A 도플러 효과

외계행성

태양계 밖의 행성에도 지구나 목성과 같은 행성이 있을까? 이것을 외계행성이라고 부르는데 외계행성의 존재를 확인하는 데에도 도플러 효과가 이용된다. 행성이 항성 주위를 돌 때 항성도 행성으로 인해 아주 작은 궤도의 공전을 하게 되는데, 이 흔들림으로 인한 도플러 효과를 측정함으로써 행성의 존재를 알 수 있다.

천체의 도플러 효과를
처음 관측한 사람은?

★ **시대** : 1868년　★ **주제어** : 도플러효과, 윌리엄 허긴스

포목상에서 천문학자로

1842년 크리스티안 도플러가 발견한 도플러 효과는 천체 관측에서 매우 중요한 역할을 하게 되었다. 도플러 효과를 이용하여 별들이 우리를 향해 다가오거나 멀어지는 속도를 측정할 수 있게 되었기 때문이다. 1868년에 윌리엄 허긴스와 마거릿 허긴스 부부는 시리우스의 도플러 효과를 관측하는 데 성공했다. 그들은 시리우스의 스펙트럼은 모두 파장이 0.15퍼센트 정도 긴 쪽으로 이동해 있다는 것을 알아내고 이것은 시리우스가 태양으로부터 멀어지고 있기 때문이라고 설명했다.

젊어서 포목상을 운영했던 윌리엄 허긴스는 포목상을 정리하고 런던 교외인 어퍼 툴스 언덕에 사설 천문관측소를 세우고 남은 일생 동안 아내 마거릿과 함께 별에 관한 분광학적 연구를 계속했다. 허긴스보다 스물네 살이나 나이가 어렸던 마거릿 허긴스 역시 훌륭한 천문학자였다. 1860년에 허긴스는 구경 8인치짜리 망원경과 스펙트럼 분석 장치를 갖추었다. 1863년에 그는 별빛에서 흡수 스펙트럼을 발견하고 별들도 지구에 존재하는 원자들을 포함하고 있다는 것을 확인했다. 베텔게우스의 스펙트럼에 나트륨, 마그네

슘, 칼슘, 철 그리고 비스무스와 같은 원자들에 의해 흡수된 흡수선들이 나타났기 때문이다.

1868년에 윌리엄과 마거릿 허긴스는 시리우스에서 적색편이를 검출하는 데 성공했다. 시리우스의 스펙트럼이 모두 파장이 0.15퍼센트 정도 긴 쪽으로 이동해 있는 것을 발견한 것이다. 도플러 효과에서 이렇게 파장이 길어지는 것을 적색편이라고 부른다. 허긴스는 도플러가 제안한 방정식을 이용해 시리우스가 초속 45킬로미터 속도로 멀어지고 있다고 결론지었다.

은하의 도플러 효과를 측정하다

이렇게 하여 윌리엄 허긴스는 별들이 다가오거나 멀어지는 속도를 측정할 수 있다는 것을 증명했다. 별들을 구성하고 있는 원소들은 원소 특이의 스펙트럼을 낸다. 이 스펙트럼은 별들의 시선 방향 운동에 따라 적색편이나 청색편이를 일으킨다. 이러한 도플러 효과의 정도를 측정하면 별의 시선 방향 속도를 계산할 수 있다. 이 방법은 대단한 위력을 가지고 있다는 것으로 밝혀졌다. 왜냐하면 관측 가능한 모든 별이나 성운에서 오는 빛의 도플러 효과를 측정하기만 하면 그 천체의 속도를 결정할 수 있기 때문이다. 후에 은하에서 오는 스펙트럼의 도플러 효과를 측정하여 그 은하까지의 거리를 결정하는 허블 법칙이 등장하여 도플러 효과는 우주의 구조를 밝혀내는 가장 효과적이고 강력한 수단이 되었다.

윌리엄 허긴스는 1900년부터 1905년까지 왕립협회 회장을 지냈으며 왕립협회가 주는 코플리 메달을 비롯한 많은 상을 수상했다. 그가 죽은 후 1935년에는 달의 크레이터와 화성의 크레이터에 그의 이름이 붙여졌고, 소행성 2,635번에도 그의 이름이 붙여졌다.

우주와 도플러 효과

우리 은하 내의 별들은 고유한 운동을 한다. 따라서 청색편이를 나타내기도 하고 적색편이를 나타내기도 한다. 중력의 영향을 받고 있는 이웃 은하들 중에는 청색편이를 나타내는 은하들도 있다. 그러나 먼 곳에 있는 은하들은 모두 예외 없이 적색편이를 나타낸다.

1929년 미국의 천문학자 허블은 많은 은하들의 도플러 효과를 측정하고 은하의 도플러 효과의 정도가 은하까지의 거리에 비례한다는 것을 발견했다. 이것은 은하까지의 거리가 멀면 우리로부터 멀어지는 속도가 증가한다는 것을 나타내는 것이었다. 이런 일이 일어나기 위해서는 우리 우주가 팽창하고 있어야 했다. 은하들의 도플러 효과 측정으로 과학자들은 우리 우주가 팽창하고 있다는 것을 알게 된 것이다.

A | 윌리엄 허긴스와 마거릿 허긴스 부부

Tip

허긴스 부부

윌리엄 허긴스와 마거릿 허긴스가 결혼했을 때 윌리엄은 51세, 마거릿은 27세였다. 마거릿은 소녀 시절 천문 잡지에서 윌리엄의 기사를 읽고 아마추어 천문학도의 꿈을 키웠고, 나이가 들어 그 기사를 쓴 윌리엄을 만나서 평생의 동반자가 되었다.

아일랜드에 바다 괴물이라고
불리는 거대한 망원경을 만든 사람은?

★ **시대** : 1845년　★ **주제어** : 로스 백작, 파슨스 타운, M51

더 큰 망원경을 만들어라

더 큰 망원경을 만들기 위해 자신의 모든 것을 쏟아 부은 사람들은 천문학 발달에 중요한 역할을 했다. 독일 출신으로 영국에서 활동한 윌리엄 허셜과 미국의 헤일이 바로 그런 사람들이었다. 그런데 아일랜드에도 그런 사람이 한 명 있었다. 윌리엄 파슨스(1800~1867)는 영국의 요크에서 태어나 더블린 대학과 옥스퍼드 대학에서 공부한 후, 1821년 하원의원이 되었다. 그러나 1834년 사임하고 부유한 상속녀와 결혼해 아일랜드에 있는 비르 성을 상속받았다. 그 덕분에 그는 일생 동안 취미로 과학을 할 수 있었다.

그는 1827년부터 천체망원경 제작에 헌신하여 더 큰 망원경을 만드는 일에 전념했다. 파슨스는 세계에서 가장 크고 가장 훌륭한 망원경을 만들기로 마음먹고 손수 제작을 시작했다. 거대한 망원경을 제작하는 것은 어려운 작업이었다. 망원경에 사용될 거울을 제작하는 데도 고난이도의 기술과 엄청난 물자가 필요했다. 지름 180센티미터에 3톤이나 되는 거울에 사용될 재료를 녹이는 데 필요한 석탄만 해도 수십 톤이었다. 파슨스는 인부들과 함께 모든 일을 직접 했다. 3년이라는 제작기간과 백만 프랑의 개인 비용을

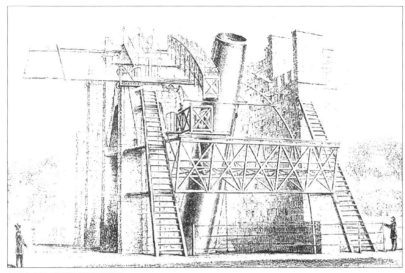

| 파슨스가 제작한 거대 망원경

들인 후 파슨스는 길이가 16.5미터나 되는 거대한 망원경을 완성하고 관측을 시작했다.

감자 기근과 천문학자

때마침 아일랜드를 휩쓴 감자 기근으로 파슨스는 잠시 천체 관측을 중단하고 사람들을 구호하는 일에 뛰어 들었다. 1845∼1847년 사이에 감자마름병이 급속히 퍼져 아일랜드인 1백만 명 이상이 굶어 죽고, 5만 명 이상이 영양실조로 질병에 걸려 사망한 사건이 감자 기근이다. 감자 기근이 전국을 휩쓰는 동안 파슨스는 천문학 관측을 접어두고 자신의 재산을 털어 사람들을 구호했다.

감자 기근이 어느 정도 해결된 후 파슨스는 다시 천체를 관측하기 시작했다. 그러나 그의 거대한 망원경은 관측하기가 매우 불편한 것이었다. 망원경을 둘러싸고 있는 발판에 마련된 불안정한 좌석에 앉아 관측을 해야 했고, 다섯 명의 인부가 망원경을 조작하는 일에 동원되어야 했다. 파슨스의 연구 팀은 매일 밤마다 이 거대한 괴물과 씨름했다. 그 때문에 이 망원경에는 파슨스 타운의 바다 괴물이란 별명이 붙었다.

성운(은하)의 관측

이 바다 괴물로 처음 관측한 성운은 메시에 목록에 51번째로 올라 있는 M51이었다. 파슨스는 망원경으로 이 성운을 관측하고 그것을 그림으로 그려 놓았다. 그는 쉽게 M51이 나선형의 구조를 가지고 있다는 것을 알 수 있었다. 특히 그는 나선팔 중의 하나의 끝에 작은 소용돌이가 있는 것을 발견했다. 그래서 M51은 한때 로스 경의 물음표 성운이라고 불리기도 했다. 소

| 로스가 관측한 M51 은하

용돌이와 닮았다는 이유 때문에 M51은 소용돌이 성운이라는 별명을 갖게 되었다.

당시에는 성운과 은하를 구별하지 못하고 있었기 때문에 모두 성운이라고 불렀지만 사실 그가 관측한 것들 중 많은 것은 우리 은하 밖에 있는 외부 은하였다.

파슨스는 M51 외에도 오리온 대성운과 안드로메다 대성운을 비롯한 수많은 성운들을 관측했고, 그중에 많은 성운이 소용돌이 모양임을 확인했다.

이 성운들은 오늘날 은하인 것으로 밝혀졌다. 파슨스는 계성운을 연구하고 그 이름을 붙이기도 하였으며 1849년부터 1854년까지 영국 왕립학회 회장을 지내기도 했다.

A 로스 백작이라는 이름으로 알려진 영국 출신의 윌리엄 파슨스

천체 목록

천체 목록에는 여러 종류가 있으나 가장 유명하고 오래된 것은 '메시에 목록'이다. 이것은 18세기 천문학자 메시에가 M1~M110까지 정리한 천체의 목록이지만 당시 관측 능력과 천문학 지식의 한계로 성운과 은하, 별들이 뒤섞여 있다. 이것을 보완하기 위해 NGC 목록, IC 목록 등 다양한 목록이 만들어져 사용되고 있다.

Q 074

사진 기술을 천문학에
도입한 사람은 누구인가?

★ **시대** : 1839년 ★ **주제어** : 다게르타이프, 서진기술, 존 허셜

사진 기술의 등장

먼 곳에 있는 천체로부터 오는 빛은 매우 약하다. 따라서 천체를 자세하게 관측하기 위해서는 많은 빛을 모을 수 있어야 한다. 구경이 큰 망원경을 만들려는 것은 더 많은 빛을 모으기 위해서이다. 그러나 작은 망원경으로도 더 많은 빛을 모을 수 있는 방법이 있다. 긴 시간 동안 빛을 모으면 된다. 우리 눈은 긴 시간 동안 모은 빛을 이용해 선명한 상을 만들어낼 수가 없다. 그러나 사진은 그것을 할 수 있다. 따라서 사진 기술을 천문학에 도입한 것은 천체 관측 기술을 한 단계 발전시킨 사건이었다고 할 수 있다.

1827년 프랑스의 조제프 니세포르 니에프스(1765~1833)는 최초로 영구히 보존할 수 있는 '헬리오그라프'라는 사진을 찍는 데 성공했다. 그러나 이 사진은 질이 좋지 않았고 노출시간이 8시간이나 되어 실용성이 없었다. 2년 후부터 4년 동안 루이 니에프스와 함께 일하던 화가이자 물리학자 루이 다게르는 1839년 1월 9일 프랑스 과학 아카데미에서 다게르타이프를 발명했다고 발표했다.

다게르가 개발한 방법은 노출시간이 20~30분 정도면 충분해서 사진의 대중화에 크게 기여했다. 다게르는 1839년 8월 19일 프랑스 정부로부터 특허를 받았고 이보다 1주일 전인 8월 12일에는 영국에서 특허를 받았다.

사진 기술이 천문학에 이용되다

다게르타이프를 천문학에 최초로 이용한 사람은 존 허셜이었다. 다게르의 발표가 있은 후 몇 주일 안에 그는 그 과정을 재현하여 아버지의 가장 큰 망원경이 제거되기 직전의 모습을 사진으로 찍었다. 그는 사진 기술 발전에도 많은 공헌을 했다. 양화, 음화, 사진, 속사와 같은 사진용어들을 만들어낸 것도 그였다.

사진은 천문학자들의 관측에 객관성을 제공했다. 그들은 이제 관측결과를 모호한 용어를 이용해 설명하는 대신 훨씬 더 객관적이고 정확한 사진으로 대체할 수 있었다. 사진의 이러한 이점에도 불구하고 사진 기술을 천문학에 응용하는 것을 염려하는 사람들도 많았다. 관측결과를 손으로 그려온 천문학자들은 사진 기술이 단지 화학반응으로 만들어진 점들을 밤하늘의 새로운 현상으로 생각하게 할지 모른다고 염려했다. 따라서 모든 보고된 관측은 사용한 방법이 분명하도록 '시각적 관측'인지 '사진'인지 표시하도록 했다.

사진 기술이 발전하자 전통을 고집하던 사람들을 설득할 수 있게 되었다. 사진 기술은 관측한 것을 정확하고 객관적으로 기록하는 훌륭한 방법이라는 것이 증명되었다. 전에는 관측할 수 없었던 천체를 관측할 수 있는 능력을 가지고 있다는 것 또한 사진의 장점이었다. 구경이 큰 망원경은 빛을 모으는 능력을 증대시켰고 사진 기술은 감각 능력을 증대시켰다.

사진을 통한 관측 능력의 증가

사진 기술의 사용으로 인간의 천체 관측 능력은 현저히 향상되었다. 망원경으로도 관측할 수 없었던 희미한 천체도 노출시간을 길게 하자 선명한 모습을 드러냈다. 망원경이나 사진 기술이 인간의 관측 능력을 얼마나 향상시켰는지를 보여주는 단적인 예가 황소자리에서 관측되는 산개성단인 플레이아데스성단의 관측 결과이다.

플레이아데스성단은 맨눈으로 보면 7개의 별로 보이기 때문에 오랫동안 7자매별이라고 불렸다. 그러나 망원경을 이용했던 갈릴레이는 47개의 별을 볼 수 있었고, 1880년대 말에 프랑스의 폴과 프로스퍼 앙리 형제는 오랫동안 노출하여 찍은 사진을 통해 2,326개의 별을 관측할 수 있었다.

A 천왕성을 발견한 윌리엄 허셜의 아들인 영국의 존 허셜

Tip **딥필드이미지(Deep Field Image)**

별을 더 많이 보기 위해서는 빛을 더 많이 모아야 한다. 회전하며 우주를 관측하는 우주 허블 망원경은 별이 없는 공간을 골라 그 지점에 렌즈가 왔을 때 조리개를 여는 동작을 반복함으로써 빛을 장시간에 걸쳐 모았다. 그 결과로 우리가 어둠으로만 보는 밤하늘 저 뒤쪽에도 무수히 많은 성운과 은하들이 펼쳐져 있다는 것을 확인할 수 있었다.

▌연표로 보는 우주 발견의 역사 ▐

1781년
윌리엄 허셜, 천왕성 발견. 자신의 뒷마당에서 작업하던 윌리엄 허셜이 많은 예산을 사용하는 유럽의 왕실 천문대가 하지 못한 큰일을 해냄.

1801년
주세페 피아치,
소행성 세레스 발견

1842년
존 허셜, 시안 타입 인화기술 개발. 도플러 효과에 관한 논문 발표. 도플러 효과에 의하면 파동을 내고 있는 물체가 관측자를 향해 움직이면 관측자는 짧아진 파장을 관측하고, 물체가 관측자로부터 멀어지면 관측자는 길어진 파장을 관측하게 된다. 마찬가지로 파동을 만들어내는 물체가 정지해 있고 관측자가 움직여도 같은 효과가 나타난다. 전자기파인 빛의 경우에도 같은 효과가 나타난다.

1845년
파슨스, M51 성운을
비롯한 많은 성운 관측

1846년
갈레, 해왕성 발견. 해왕성의 위치를 계산한 사람은 존 애덤스와 위르뱅 르베리에였고 실제로 발견한 사람은 요한 갈레였다.

1868년
● 장센, 태양 홍염의 스펙트럼 분석으로 헬륨 발견
● 옹스트롬, 태양의 프라운호퍼선 파장을 옹스트롬(Å)이라는 단위를 써서 표시
● 틴들현상에 대한 실험
● 볼츠만, 맥스웰–볼츠만 통계 제안

허긴스 부부, 시리우스의 도플러 효과 측정. 그들은 시리우스의 스펙트럼은 모두 파장이 0.15퍼센트 정도 긴 쪽으로 이동해 있다는 것을 알아내고, 이것은 시리우스가 태양으로부터 멀어지고 있기 때문이라고 설명했다.

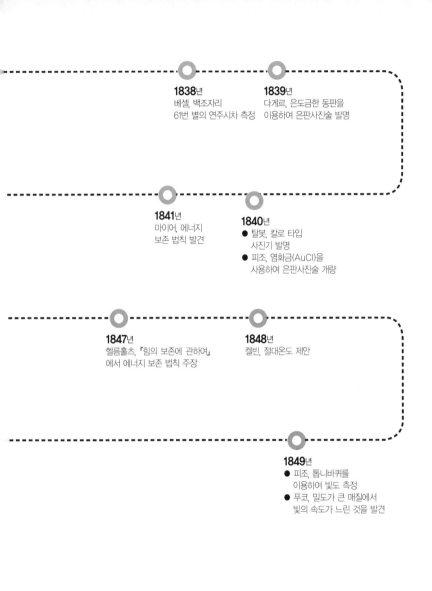

1838년
베셀, 백조자리
61번 별의 연주시차 측정

1839년
다게르, 은도금한 동판을
이용하여 은판사진술 발명

1841년
마이어, 에너지
보존 법칙 발견

1840년
● 탈봇, 칼로 타입
  사진기 발명
● 피조, 염화금(AuCl)을
  사용하여 은판사진술 개량

1847년
헬름홀츠, 『힘의 보존에 관하여』
에서 에너지 보존 법칙 주장

1848년
켈빈, 절대온도 제안

1849년
● 피조, 톱니바퀴를
  이용하여 빛도 측정
● 푸코, 밀도가 큰 매질에서
  빛의 속도가 느린 것을 발견

현대 과학의 등장

상 대 성 이 론 과 양 자 물 리 학 은 과 학 의 모 습 을 바 꾸 었 다

시대 설명

뉴턴이 새로운 역학을 제안한 1687년부터 1900년까지의 과학을 근대 과학이라고 부르고 1900년 이후의 과학을 현대 과학이라고 부른다. 단지 근대 과학은 가까운 시기에 있었던 과학이고 현대 과학은 현재의 과학이라는 의미에서 이렇게 구분하는 것으로 생각하기 쉽다. 근대 과학과 현대 과학의 구분에는 이런 시대적 구분의 의미도 들어 있지만 근본적으로 과학 내용 자체가 전혀 다르기도 하다.

근대 과학은 뉴턴 역학을 바탕으로 하고 있었다. 그러나 현대 과학은 뉴턴 역학을 부정한 상대성 이론과 양자 이론을 바탕으로 하고 있다. 아인슈타인은 1905년에 특수상대성 이론을 발표하고 1915년에 일반상대성 이론을 발표하여 현대 과학혁명의 횃불을 높이 들었다. 상대성 이론은 단순히 새로운 이론이 아니라 공간과 시간에 대한 우리의 생각을 송두리째 바꾸어 놓은 혁명적인 이론이었다.

상대성 이론의 등장만으로도 변화의 바람을 느끼기에 충분하던 1920년대에 우리의 물질관을 완전히 바꾸어 놓은 양자 이론이 등장했다. 원자나 전자와 같이 작은 세상에서 일어나는 일들은 우리가 일상생활에서 경험하는 일들과는 전혀 다르다는 것이 밝혀지자 이러한 세계를 기술하는 새로운 역학이 등장할 필요가 생겼다.

에너지와 같은 물리량도 임의로 작은 양을 주고받을 수 있는 것이 아니라 일정한 크기의 덩어리로만 주고받을 수 있다는 양자 이론은 우리의 상식과는 맞지 않는 것이었다. 그런가 하면 빛은 입자와 파동의 성질을 모두 가진다는 것도 밝혀졌다. 연속된 물리량만을 다루는 뉴턴역학으로는 이런 세계를 설명할 수 없었다.

따라서 과학자들은 양자화되어 있고, 입자와 파동의 이중성을 가지는 이런 세계를 기술하기 위해 파동역학을 확률적으로 해석하는 양자물리학을 발전시켰다. 자연법칙을 확률적으로 해석한다는 것은 많은 사람들에게 받아들이기 어려운 일이었다. 양자물리학 발전에 큰 기여를 했던 아인슈타인이나 슈뢰딩거마저도 양자물리학을 받아들일 수 없었다.

그러나 이런 우려에도 불구하고 양자물리학은 작은 세계에서 일어나는 일들을 성공적으로 설명하여 20세기의 과학기술을 이끌었다. 전자를 이용해 여러 가지 일을 하는 전자공학이 크게 발전할 수 있었던 것은 양자물리학이 있었기 때문이다.

Q 075

엑스선을 발견한 사람은
누구인가?

★ **시대** : 1895년 ★ **주제어** : 뢴트겐, 뢴트겐선, 엑스선

원자에서 나오는 빛

1808년에 돌턴은 원자론을 주장하면서 원자는 더 이상 쪼개지지 않는 가장 작은 알갱이라고 했다. 그러나 1895년과 1896년에 엑스선과 방사선이 발견되자 사람들은 원자보다 작은 알갱이가 있을지도 모른다는 생각을 하기 시작했다. 그런 의미에서 엑스선과 방사선의 발견은 과학자들이 원자보다 작은 세계를 탐색하기 시작하는 계기가 되었다고 할 수 있다.

19세기 과학자들은 음극선관을 이용해 여러 가지 실험을 했다. 밀폐된 유리관의 공기를 뺀 다음 특정한 기체를 소량 넣고 유리관의 양 끝에 전압을 걸어주었을 때 기체가 내는 색깔을 조사하는 음극선관 실험을 하던 빌헬름 뢴트겐(1845~1923)은 음극선관에서 눈에 보이지 않는 엑스선이 나온다는 것을 우연히 발견했다.

음극선관과 엑스선

공기를 뺀 유리관의 양 끝에 전압을 걸었을 때 나타나는 여러 가지 현상을 연구하는 실험을 처음 시작한 사람은 영국의 패러데이라고 알려져 있다.

유리관의 양 끝에 전기를 연결하면 음극에서 전자가 나와 양극으로 흘러간다. 하지만 당시에는 무엇이 나오는지 몰랐기 때문에 그냥 음극선이라고 불렀다. 그런데 음극선은 유리관 안에 공기가 있으면 공기의 방해를 받아 잘 흐르지 못했다.

그래서 유리관 안의 공기를 빼서 진공으로 만든 음극선관이 등장하게 되었다. 유리 기구 제작자였던 가이슬러는 음극선관을 개량하였는데 그가 만든 음극선관에는 진공장치도 붙어 있었다. 이런 관을 가이슬러관이라고 부른다. 가이슬러관은 원자의 구조와 관계되는 여러 가지 연구를 하는 데 아주 유용하게 쓰였다.

독일의 빌헬름 뢴트겐도 음극선관을 이용하여 여러 연구를 하던 과학자 중의 한 사람이었다. 독일 뷔르츠부르크 대학의 교수였던 뢴트겐은 1894년부터 음극선을 금속판에 쏘는 실험을 시작했다. 음극선의 성질을 알아보기 위한 실험이었다. 어느 날 그는 음극선관을 검은 종이로 싸 놓고 실험을 하고 있었다. 실험대 위에는 사진을 찍을 때 쓰는 필름과 같은 역할을 하는 감광판이 종이에 싸인 채 놓여 있었다. 그런데 나중에 보니까 종이에 싸여 있던 감광판에 빛이 들어간 흔적이 보였다. 깜짝 놀란 뢴트겐은 같은 실험을 되풀이해보고 음극선관에서 종이도 뚫고 지나가는 강한 빛이 나온다는 것을 알게 되었다.

엑스선 사진

1895년 12월 22일에 뢴트겐은 부인을 실험실로 불러서 음극선관에서 나오는 빛으로 부인의 손 사진을 찍어보았다. 그랬더니 손 안에 있는 뼈는 물론이고 손가락에 끼고 있던 반지도 선명하게 나타난 사진이 찍혔다. 처음으로 살아 있는 사람의 뼈를 사진으로 찍은 것이다. 이렇게 하여 뢴트겐은 엑

스선을 발견하게 되었다. 엑스선은 발견한 사람의 이름을 따서 뢴트겐선이라고 부르기도 한다. 뢴트겐이 엑스선을 발견했다는 사실은 독일을 비롯한 유럽에 빠르게 알려졌다. 뢴트겐은 순식간에 세계적으로 유명한 과학자가 되었다.

엑스선이 발견된 후 유럽의 여러 나라에서 소동이 일어났다. 엑스선을 이용하면 옷을 입고 있어도 사람의 사진을 찍을 수 있다고 알려졌기 때문이다. 그러자 약삭빠른 상인들은 엑스선을 피하는 속옷을 만들어 팔기도 했다.

A 독일의 빌헬름 뢴트겐

우라늄에서 나오는 방사선을 발견한 사람은?

★ **시대** : 1896년　★ **주제어** : 베크렐, 방사선, 알파선, 베타선, 감마선

원자핵에서 나오는 빛

엑스선 발견의 흥분이 가시기도 전인 1896년, 프랑스의 물리학자 베크렐이 방사선을 발견했다. 베크렐은 우연히 우라늄에서 투과성이 아주 강한 빛이 나와 두꺼운 종이로 싸 놓은 사진건판을 감광시키는 것을 발견했다.

우라늄에서 나오는 방사선을 발견한 앙투안 앙리 베크렐(1852∼1908)은 할아버지와 아버지가 물리학자였던 물리학자 집안에서 태어났다. 베크렐은 1892년에 에콜 폴리테크니크를 졸업한 후 집안에서 세 번째로 자연사 박물관의 물리학과장이 되었다. 1894년에는 교량과 고속도로를 총관하는 수석 엔지니어가 되었다.

1896년 베크렐은 우라늄염을 이용해 형광 실험을 하다가 우연히 방사선을 발견했다. 형광은 물질에 빛을 비춰주었을 때 비춰준 빛과는 다른 파장의 빛이 오랫동안 나오는 현상이다. 베크렐은 맑은 날 형광실험을 하기 위해 우라늄염과 사진건판을 잘 싸서 서랍 속에 보관했다. 그러나 그는 실험을 하기도 전에 모든 사진건판이 강한 빛에 노출된 것을 발견했다.

베크렐은 사진건판과 함께 넣어둔 우라늄 염에서 두꺼운 종이를 마음대

로 통과하는 강한 빛이 나온다는 것을 확인했다. 그는 이 결과를 1896년 1월 24일 프랑스 과학 아카데미에서 발표했다. 원자에서 나오는 빛인 엑스선과 감마선을 발견한 것은 원자도 쪼개질 수 있다는 것을 입증하는 발견이었다. 1808년 돌턴이 원자론을 발표한 이래 원자는 더 이상 쪼개지지 않는 가장 작은 알갱이라던 생각이 엑스선과 방사선의 발견으로 무너지기 시작한 것이다. 과학자들은 이제 원자보다 작은 세계를 향한 여행을 시작하지 않을 수 없게 되었다.

방사선의 정체가 밝혀지다

베크렐의 방사선 발견은 뢴트겐의 엑스선 발견에 비해 사람들의 주목을 끌지 못했다. 그러나 퀴리 부부와 러더퍼드 같은 사람들의 연구로 방사선은 원자핵에서 나오는 입자와 전자기파라는 것을 알게 되었다. 방사선에는 알파선, 베타선, 감마선이 있는데 알파선은 헬륨 원자핵인 알파입자의 흐름이고 베타선은 전자의 흐름이며 감마선은 엑스선보다도 파장이 짧아 큰 에너지를 가지는 전자기파이다. 방사선에 대한 연구는 원자핵의 구조를 밝혀내는 열쇠가 되었다.

노벨상은 1901년부터 수여되기 시작했다. 1901년에 수여된 제1회 노벨물리학상은 엑스선을 발견한 뢴트겐이 받았고, 1902년에 수여된 제2회 노벨물리학상은 방사선을 발견한 베크렐과 방사선에 대한 연구를 진척시킨 피에르 퀴리와 마리 퀴리 부부가 공동으로 수상했다. 그러나 여자인 마리 퀴리는 노벨상 수상연설을 할 수 없었다.

A 앙투안 앙리 베크렐

퀴리 부부가
발견한 원소는 무엇인가?

★ **시대** : 1898년　★ **주제어** : 방사선, 폴로늄, 라듐, 퀴리 부부

파리로 유학 온 마리

방사선을 발견한 것은 베크렐이었지만 방사선에 대한 본격적인 연구를 시작한 사람은 피에르 퀴리와 마리 퀴리 부부였다. 폴란드 출신으로 프랑스 소르본 대학에 유학하여 박사 학위 과정을 밟고 있던 마리 퀴리(1867~1934)와 그의 남편으로 물리학자였던 피에르 퀴리(1859~1906)는 베크렐이 발견한 방사선에 흥미를 가지고 우라늄 광석을 정제하여 1898년에 새로운 방사성 원소인 폴로늄과 라듐을 발견했다.

1867년 11월 7일 폴란드 바르샤바에서 태어난 마리 퀴리는 1891년 파리의 소르본 대학에 진학하여 1893년에는 물리학으로, 그리고 1894년에는 수학으로 석사 학위를 받았다. 1895년 7월 물리학자였던 피에르 퀴리와 결혼하고 1897년 7월에 첫딸 이렌느를 낳았다.

1896년 베크렐이 우라늄에서 방사선을 발견한 후 마리는 박사 학위 과정으로 방사선을 연구하기로 했다. 우라늄에서 나오는 방사선이 우라늄의 화학적 또는 물리적 상태에 따라 달라지는 것이 아니라 우라늄의 양에 의해서만 달라진다는 것을 발견하고 이는 방사선이 우라늄의 원자 구조와 관계된

현상이기 때문이라고 생각했다.

마리는 우라늄뿐만 아니라 토륨 화합물도 베크렐선을 방출한다는 것을 밝혀내고 방사선이라는 단어를 처음으로 사용했다. 마리와 피에르는 이산화우라늄과 우라늄인산화구리가 우라늄보다 더 강한 방사선을 낸다는 것을 확인하고 이 물질이 더 활발한 방사성 물질을 포함하고 있다고 생각했다. 남편 피에르가 이 물질을 찾아내기 위해 그때까지 해온 결정연구를 그만두고 마리의 연구에 합류했다.

부부가 함께 새로운 원소를 발견하다

퀴리 부부는 결정이 석출되는 온도가 다른 것을 이용하여 분류하는 분별결정법을 사용하여 이산화우라늄 속에 숨겨진 방사성 물질을 찾기 시작했다. 그들은 방사성 물질이 비스무스 화합물과 바륨 화합물에 포함되어 있다는 것을 알게 되었다. 퀴리 부부는 이 화합물에 포함된 물질이 지금까지 알려진 원소와는 다른 원소라고 단정하고 폴로늄이라고 이름 붙이고 이를 1898년 7월에 발표했다.

그들은 그해 12월에 라듐이 내는 방사선도 발견하고 그 결과를 발표했다. 그러나 아직 두 원소를 비스무스와 바륨의 화합물에서 분리해내는 일이 남아 있었다. 1902년 그들은 염화라듐 0.1그램을 추출하는 데 성공하여 원자량을 결정했다. 순수 라듐을 분리한 것은 1910년의 일이었다.

1903년 6월에 마리 퀴리는 여성으로는 최초로 프랑스에서 박사 학위를 받았다. 1906년 남편 피에르 퀴리가 빗속에서 마차에 치어 죽은 후 마리 퀴리는 혼자서 방사선에 대한 연구를 계속했다.

마리 퀴리와 두 개의 노벨상

1902년에 마리 퀴리는 남편 피에르 퀴리 그리고 베크렐과 함께 공동으로 제2회 노벨물리학상을 받았다. 그러나 그의 공적에는 방사선에 대한 연구만 포함되었을 뿐 라듐과 폴로늄을 발견한 공로는 포함되지 않았다. 새로운 원소를 발견하는 것은 화학에 속한다고 생각했던 노벨화학상 위원회에서 강력하게 반대했기 때문이었다.

그 덕분에 마리 퀴리는 폴로늄을 발견한 공로로 1911년 노벨화학상도 받을 수 있었다. 1902년 남편과 함께 노벨상을 받았을 때는 여자라는 이유 때문에 노벨상을 수상하지 못할 뻔하기도 했었다. 여자에게 노벨상을 수여할 수 없다고 생각하는 사람이 많던 시기였다. 그러나 남편은 마리와 공동수상이 아니라면 노벨상을 수상하지 않겠다고 버텼고 따라서 함께 노벨상을 받을 수 있었다. 그러나 노벨상 수상연설을 할 수는 없었다. 하지만 두 번째 노벨상을 받았을 때는 노벨상 수상연설을 할 수 있었다. 그러나 이때는 남편이 마차 사고로 죽은 후였다.

A **폴로늄과 라듐**

Tip **퀴리 부인의 비극**
방사선을 연구한 초기의 과학자들은 방사선의 위험성에 대한 지식이 부족했다. 라듐과 폴로늄을 연구한 퀴리 부인은 방사선 과다 노출이 원인인 백혈병에 걸려 죽음을 맞았다.

전자는
누가 발견했나?

★ **시대** : 1897년　★ **주제어** : 전자, 미립자, 음극선관

현대 과학의 중심이 된 톰슨

현대의 과학과 기술은 전자의 발견으로부터 시작되었다고 할 수도 있을 것이다. 전자를 발견해 현대 과학의 문을 연 사람은 J. J.라는 애칭으로 널리 알려졌던 조지프 존 톰슨(1856~1940)이었다. 톰슨은 1856년 영국 맨체스터에서 태어났다. 1870년 당시에는 오웬스 칼리지라고 부르던 맨체스터 대학에서 공부한 후 1876년에 케임브리지의 트리니티 칼리지로 옮겼다.

1884년에는 캐번디시 연구소 소장이 되었다. 톰슨은 이곳에서 많은 학생들을 지도했는데 그가 지도한 학생 중에 노벨상을 받은 사람이 여섯 명이나 되었다. 원자핵을 발견한 러더퍼드도 그의 학생 중 한 사람이었는데 러더퍼드의 제자 중에는 11명이나 노벨상을 받은 사람이 나왔다. 톰슨의 아들 존 톰슨도 전자의 파동성을 실험적으로 증명한 공로로 1937년에 노벨상을 받았다. 이것은 톰슨이 당시 물리학 연구의 중심에 있었다는 것을 단적으로 보여주는 사실이다.

음극선관을 흐르는 미립자

톰슨의 업적 중에서 가장 중요한 것은 전자의 발견이라고 할 수 있다. 톰슨이 전자를 발견한 것은 음극선의 성질을 알아내기 위한 일련의 실험을 통해서였다. 톰슨은 우선 자기장을 이용해 음극선에서 음전하를 분리해낼 수 있는지를 알아보는 실험을 했다. 이 실험을 통해 그는 음극선이 가지고 있는 음전하를 음극선으로부터 분리해낼 수 없다는 것을 알아냈다. 다음에 톰슨은 음극선이 전기장에 의해 휘어지는지 알아보는 실험을 했다. 전에도 이런 실험을 한 사람들이 있었지만 그들은 음극선이 전기장에 의해 휘어가는 것을 관찰하는 데 실패했었다.

톰슨은 그들이 음극선이 전기장에서 휘어가는 것을 관찰하지 못했던 것은 음극선관 안에 기체가 들어 있었기 때문이라고 생각했다. 따라서 톰슨은 거의 완전한 진공 상태의 음극선관을 만든 다음 전자가 부딪히는 관의 끝 부분에 형광 물질을 발랐다. 이 음극선관을 이용해 그는 음극선이 전기장에 의해 휘어진다는 것을 확인할 수 있었다. 이것은 음극선 자체가 음전하를 띠고 있다는 직접적인 증거였다.

다음으로 톰슨은 음극선이 전기장에서 휘어지는 정도를 측정해 음극선 입자의 질량과 전하량의 비를 결정하는 실험을 시작했다. 그는 이 실험을 통해 음극선 입자의 질량과 전하량의 비가 수소 이온의 질량과 전하량의 비보다 수천 배 크다는 것을 알아냈다. 그것은 이 입자의 질량이 아주 작거나 아주 많은 전하량을 가지고 있다는 것을 의미했다.

전자의 발견

톰슨은 자신의 실험 결과를 바탕으로 음극선이 질량이 아주 작은 미립자

(corpuscles)의 흐름이라는 대담한 결론을 내렸다. 그것은 원자가 더 작은 입자로 구성되어 있다는 것을 의미했다. 톰슨은 1897년 4월 30일 영국 왕립 연구소의 금요 저녁 회의에서 4개월간에 걸친 음극선에 대한 실험결과를 발표했다. 이 미립자에 전자라는 이름을 붙인 사람은 존스턴 스토니였다.

톰슨은 음극선관 실험을 통해 전자의 전하량과 질량의 비인 비전하(e/m) 값을 알아냈지만 전하량이나 질량을 측정하지는 못했다. 전자의 전하량은 1909년 미국의 로버트 밀리컨이 기름방울 실험을 통해 처음으로 측정했고 따라서 전자의 질량도 결정할 수 있게 되었다.

A 영국의 조지프 존 톰슨

Q 079

왜 1905년은 아인슈타인의
기적의 해라고 불릴까?

★ 시대 : 1905년 ★ 주제어 : 브라운 운동, 광전효과, 특수상대성 이론

아인슈타인의 기적의 해

1666년을 뉴턴의 기적의 해라고 부른다면 1905년은 아인슈타인의 기적의 해라고 할 수 있다. 2005년은 아인슈타인 주요 논문 발표 100주년이 되는 해여서, 유네스코에서는 이 해를 물리의 해로 선포했고 전 세계에서 여러 기념행사가 열렸다.

스위스 베른에 있는 특허사무소 직원으로 일하던 알베르트 아인슈타인 (1879~1955)은 1905년 3월에 광전효과에 대한 논문을 발표했고, 5월에는 브라운 운동을 설명하는 논문을 발표했으며, 6월에는 특수상대성 이론에 관한 논문을 발표했다. 이 해에 아인슈타인은 질량과 에너지가 상호 변환 가능한 양이라는 내용을 담은 논문도 발표했지만 그것은 특수상대성 이론의 일부로 간주된다.

1905년을 기적의 해로 만든 아인슈타인은 1879년 독일의 울름에서 태어났다. 아인슈타인은 스위스 연방공과대학을 졸업한 후 베른의 특허 사무소에 취직하여 특허를 심사하는 일을 하고 있었다. 물리학계에 전혀 이름이 알려져 있지 않았던 아인슈타인은 1905년에 물리학 연대기에 네 편의 논문을 발표했다. 그중 두 편은 특수상대성 이론을 다룬 것이어서 후세 사람들은 1905년을 아인슈타인이 주요 논문 세 편을 발표한 해로 기억하고 있다. 많은 사람들은 뉴턴이 새로운 과학의 기초를 닦은 1666년을 기적의 해라고 부르는 것과 마찬가지로 아인슈타인이 주요 논문 세 편을 발표한 1905년을 현대 물리학의 기적의 해라고 생각한다.

세상을 바꾸어 놓은 3편의 논문

1905년에 아인슈타인이 발표한 논문 세 편 중 첫 번째 논문은 광전효과를 다룬 논문이었다. 금속 표면에 빛을 비추면 금속에서 전자가 튀어 나오는데 파장이 긴 빛은 아무리 강하게 쪼여도 전자가 튀어 나오지 않지만 파장이 짧은 빛은 약하게 쪼여도 전자가 튀어 나온다. 그리고 같은 파장의 빛을 쪼여주었을 때 나오는 전자의 에너지는 빛의 세기와는 관계없이 항상 같다. 아인슈타인은 빛을 에너지 알갱이인 광양자라고 가정하여 광전효과를 설명했다. 그것은 빛이 파동의 성질과 함께 입자의 성질도 가지고 있다는 것이었다.

두 번째 논문은 브라운 운동을 통계적으로 설명한 논문이었다. 아인슈타인은 액체 위에 떠 있는 입자들의 무작위한 운동인 브라운 운동이 이 입자들에 더 작은 입자들이 충돌하고 있다는 것을 나타내는 것이라고 생각했다. 아인슈타인은 통계적인 방법을 통해 물 분자가 어떻게 운동하는지 보여주는 방법을 알아냈다. 그것은 분자가 실제로 존재한다는 것을 증명하는 것이기도 했다.

세 번째 논문은 20세기 물리학의 최대 성과라고 할 수 있는 특수상대성 이론을 제안한 것이었다. 진공 속에서의 빛의 속도는 우주 어디에서나 같다는 광속불변의 원리와 모든 관성계에서는 동일한 물리법칙이 성립한다는 상대성 원리를 기초로 하여 상대적으로 운동하는 관성계에서 측정한 물리량 사이에 어떤 관계가 있는지를 설명하는 이론이 특수상대성 이론이다. 특수 상대성 이론에서 질량은 속도에 따라 달라지는 양이며 에너지로 변환될 수도 있는 양이라는 것을 밝혀냈다.

상대성 이론과 빛의 속도

상대성 이론에서는 빛의 속도가 특별한 의미를 갖는다. 뉴턴 역학에서는 빛의 속도도 여러 가지 속도 중의 하나였다. 따라서 관측하는 사람이나 광원의 속도에 따라 달라질 수 있다고 생각했다. 그러나 상대성 이론에서는 빛의 속도가 모든 측정의 기준이 된다.

빛의 속도는 특정한 좌표에 대한 속도가 아니고 모든 관측자에 대한 속도가 되었다. 따라서 관측자나 광원의 운동과 관계없이 항상 같아야 한다. 그 뿐만 아니라 빛의 속도는 모든 속도 중에서 가장 빠른 속도이다. 빛의 속도보다 빠른 속도는 존재할 수 없다. 질량을 가진 물체는 아무리 큰 힘을 가해도 빛의 속도보다 빠른 속도로 달릴 수 없다.

A 광전효과, 브라운 운동, 특수 상대성 이론을 다룬 주요 논문들을 발표했기 때문

아인슈타인의 일반상대성 이론을 실험을 통해 증명한 사람은 누구인가?

★ 시대 : 1919년 ★ 주제어 : 일반상대성 이론, 에딩턴, 일식관측

새로운 중력이론을 증명하라

1915년에 아인슈타인은 일반상대성 이론을 발표했다. 새로운 중력이론이라고 할 수 있는 일반상대성 이론에 의하면 빛은 강한 중력장을 지날 때 상당한 정도 휘어 가야 한다. 영국의 에딩턴(1882~1944)은 1919년 남아메리카와 아프리카에서 관측된 일식 때 태양 주변 별들의 사진을 찍는 데 성공했고, 이 별들의 사진을 밤에 찍은 사진과 비교하여 별빛이 태양 주위에서 휘어 간다는 것을 증명했다.

일반상대성 이론을 발표하기 전인 1914년 초에 아인슈타인은 어윈 프로인딜리히(1885~1964)와 빛의 경로를 측정하여 일반상대성 이론이 옳다는 것을 증명하려고 시도했다. 그들은 태양이 없는 밤하늘의 별 사진과 태양이 이 별들 앞을 지나갈 때 이 별들의 사진을 찍어 비교해 보면 태양에 의해 빛이 얼마나 휘어졌는지를 알 수 있을 것이라고 생각했다. 그들은 개기일식 때 별들의 사진을 찍기로 했다. 프로인딜리히는 1914년 일식 때 태양 부근의 별들을 촬영하기 위한 관측여행을 떠났다. 그러나 프로인딜리히가 일식을 관찰하기 전에 1차 세계대전이 발발했고, 러시아 영토 내에 있던 그는 간첩

혐의로 러시아의 포로가 되었다. 포로교환을 통해 프로인딜리히는 9월 2일에 독일로 돌아올 수 있었지만 관측여행은 완전한 실패로 끝났다.

에딩턴의 관측여행

이 일을 다시 시도한 사람이 영국의 아서 에딩턴이었다. 1919년 3월 8일 에딩턴의 관측 팀은 두 그룹으로 나뉘어 한 그룹은 브라질의 소브랄로 향했고, 에딩턴이 이끄는 두 번째 그룹은 서부 아프리카의 적도 기아나 해변으로부터 조금 떨어져 있는 프린시페 섬으로 향했다. 아침부터 폭우가 쏟아지던 프린시페에서는 태

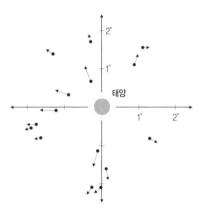

| 태양 주위 별들의 위치 변화 관측

양이 부분적으로 가려지기 시작할 때인 1시 30분쯤에 구름 사이로 태양 빛을 조금씩 볼 수 있게 되었다. 프린시페 팀은 16장의 사진을 찍었지만 대부분은 구름이 별들을 가려 쓸모가 없었다. 그러나 그중의 한 장에는 태양 주위의 별들이 나타나 있었다.

사진에 나타난 별들은 정상적인 위치로부터 1초 정도 위치가 달라진 것처럼 보였다. 에딩턴은 이 결과를 이용하여 태양 가까이에 있는 별들의 위치 변화가 1.61초 정도라는 것을 알 수 있었다. 여러 원인의 의한 오차는 0.3초 정도라는 계산도 나왔다. 따라서 그가 얻은 태양의 중력에 의한 위치 변화는 1.61±0.3초였다. 아인슈타인은 이 값이 1.74초라고 예상했었다. 이것은 아인슈타인의 예상이 실제 측정값과 일치한다는 것을 뜻하는 것이었다.

소브랄에서도 마지막 순간에 날씨가 좋아져 일식이 일어나는 동안에 태양 주위의 별들 사진을 찍는 데 성공했다. 소브랄에서 찍은 사진을 분석한 결과 태양 부근에 있는 별들의 최대 위치변화는 1.94초였다. 이것은 아인슈타인의 예상치보다 더 큰 값이지만 오차 한계 안에서 아인슈타인의 예상과 일치했다. 이것은 프린시페 팀의 결과를 확인하는 것이었다. 에딩턴은 이 관측결과를 1919년 11월 6일 왕립천문학회와 왕립협회가 공동으로 주관한 모임에서 발표했다. 이로 인해 아인슈타인의 일반상대성 이론은 많은 사람들의 관심을 끌게 되었다.

뉴턴의 중력 이론과 일반상대성 이론

뉴턴은 질량 사이에는 중력이 작용하며 중력은 원격작용에 의해 멀리 떨어져서도 작용하는 힘이라고 했다. 그러나 아인슈타인의 일반상대성 이론에 의하면 질량은 주변의 공간을 휘어지게 하고 중력은 이 휘어진 공간의 곡률에 의해 나타나는 힘이다. 다시 말해 뉴턴은 중력을 물체 사이에 작용하는 힘이라고 설명한 반면 아인슈타인은 중력이 질량에 의해 변형된 공간의 곡률이라고 설명한 것이다.

만약 두 사람이 예측한 중력이 같은 값이었다면 우리는 두 사람이 같은 현상을 다르게 설명한 것이라고 할 수 있을 것이다. 그러나 중력이 강한 곳에서는 두 사람이 예측한 중력 현상이 다르게 나타난다. 따라서 태양 주변과 같이 중력이 강한 곳에서 나타나는 중력 현상을 측정하면 누구의 이론이 옳은지 판별할 수 있다. 에딩턴의 측정은 아인슈타인의 손을 들어주었다.

A 영국의 물리학자 아서 에딩턴

에너지는 연속적인 값을
가질 수 있을까?

★ **시대** : 1900년　★ **주제어** : 흑체복사, 플랑크 상수, 양자화 가설

흑체복사 문제

1900년 12월 14일 베를린 대학의 이론물리학 교수였던 막스 플랑크
(1858~1947)는 독일물리학회에서 에너지가 플랑크 상수라는 특정한 상수
와 진동수를 곱한 양의 정수배로 흡수되거나 방출돼야 한다는 양자화 가설
을 통해 흑체복사 문제를 해결했다고 발표했다.

흑체복사 문제란 물체가 방출하는 복사선의 파장과 세기가 물체의 온도
에 따라 달라지는 현상을 설명하려는 것이었다.

온도가 높은 물체는 파장이 짧은 전자기파를 주로 내고 온도가 낮은 물체
는 파장이 긴 전자기파를 낸다. 물체가 내는 전자기파의 파장에 따른 세기가
온도에 따라 어떻게 달라지는지 설명하려는 것이 흑체복사의 목표이다. 19
세기 말의 많은 학자들이 흑체복사 문제를 전자기학 법칙을 이용해 설명하
려고 시도했지만 성공하지 못하고 있었다.

흑체복사 문제를 해결한 사람은 1858년에 북부 독일의 항구 도시인 킬에
서 태어난 플랑크였다. 플랑크는 1878년에 베를린 대학에서 헬름홀츠와 키
르히호프의 강의를 들었다. 플랑크는 1879년 6월에 『열역학 제2법칙에 관

하여』라는 제목의 논문을 제출하여 뮌헨 대학에서 박사 학위를 받았다. 박사 학위를 받은 후에는 뮌헨 대학에서 강사로 활동하면서 엔트로피, 열전현상, 전해질의 용해 등을 연구하여 열역학 체계화에 공헌하였다. 1897년에는 연구결과를 정리하여 『열역학강의』를 출판하기도 했다.

에너지도 덩어리로 되어 있다

그는 1889년 베를린 대학 교수로 자리를 옮긴 후부터 당시 학계의 관심사였던 흑체복사 문제 연구에 전력을 기울였다. 처음에는 열역학적 방법으로 엔트로피와 에너지 관계를 이용하여 물체가 내는 복사선의 세기가 최대인 파장은 온도에 반비례한다는 빈의 법칙을 설명하려고 시도했지만 제대로 되지 않았다. 그러다가 1900년 마침내 플랑크는 흑체복사를 성공적으로 설명할 수 있는 양자화 가설을 발표했다. 이어서 그는 에너지의 최소 단위인 플랑크 상수(h)를 도입했다.

플랑크가 제안한 양자화 가설은 어떤 물체가 특정한 파장의 전자기파를 낼 때 이 전자기파가 가질 수 있는 에너지는 플랑크 상수에 진동수(v)를 곱한 값의 정수배만 가능하다는 것이었다. 다시 말해 전자기파가 가지는 에너지는 hv의 정수배만 가능하다는 것이다. 그것은 전자기파의 에너지가 hv의 크기를 가지는 불연속적인 알갱이 형태로 주고받을 수 있다는 것을 뜻했다. 양자라는 말은 에너지의 덩어리 또는 에너지의 단위를 뜻한다. 따라서 양자화되었다는 말은 연속적인 값을 가질 수 없다는 것을 뜻한다. 양자물리학이란 양자화되어 있는 물리량을 다루는 물리학이라고 할 수 있다.

플랑크 상수

에너지의 가장 작은 단위를 나타내는 플랑크 상수의 크기는 $6.6 \times 10^{-34} J/sec$이다. 플랑크 상수는 자연에 존재하는 여러 가지 근본적인 상수 중의 하나이다. 모든 에너지는 이 값의 정수배로 이루어져 있어 양자화되어 있지만 우리가 에너지를 연속적인 양이라고 생각하는 것은 이 값이 아주 작아 우리 감각으로 느낄 수 없기 때문이다.

 없다.

플랑크와 아인슈타인

플랑크는 양자론을 가설 정도로만 생각했다. 아인슈타인이 빛도 양자의 일종이라는 것을 밝히는 광양자설을 내놓아 플랑크의 이론을 뒷받침했는데도 플랑크 자신은 이를 탐탁지 않게 여겼다고 한다. 하지만 플랑크는 아인슈타인의 재능을 가장 먼저 알아차리고 과학 아카데미 회원 및 노벨상 후보자로 강력히 추천했다.

원자가 플럼 푸딩처럼
생겼다고 주장한 사람은 누구인가?

★ 시대 : 1903년　★ 주제어 : 원자 모형, 플럼 푸딩 모형, 러더퍼드 모형

원자 모형의 등장과 퇴장

원자는 눈으로 볼 수 없다. 따라서 원자를 연구하기 위해서는 원자 모형을 만들어야 한다. 원자와 관련된 여러 가지 성질을 설명할 수 있는 원자 모형을 만들고 이 모형을 기초로 원자의 여러 가지 성질을 설명한다. 그러나 이 모형으로 설명할 수 없는 새로운 성질이 밝혀지면 원자 모형은 그 성질을 설명할 수 있는 새로운 원자 모형으로 대체된다.

원자는 더 이상 쪼개지지 않는 가장 작은 알갱이라고 주장했던 돌턴의 원자 모형을 제외하면, 가장 먼저 등장했던 원자 모형은 토성 원자 모형이라고 할 수 있다. 토성 원자 모형은 1903년에 일본 도쿄에서 열렸던 수학물리학회에서 나가오카 한타로(1865~1950)가 발표했다. 토성 원자 모형에서는 플러스 전기를 띠는 양성자가 중앙에 있고 그 주위를 전자들이 고리 모양으로 돌고 있다고 했다. 그러나 이 토성 원자 모형은 어떻게 전자가 양성자 주위를 돌고 있는지를 설명할 수 없었

양전하를 가진 핵

전자

| 토성 원자 모형

기 때문에 심한 반대에 부딪혀 폐기되었다.

　토성 원자 모형을 대신할 새로운 원자 모형을 제안한 사람은 톰슨이었다. 19세기말부터 여러 형태의 원자 모형을 고안하던 톰슨은 토성 원자 모형이 지니는 불안정성을 해결할 수 있는 새로운 원자 모형을 찾기 시작했다. 새로운 원자 모형은 원자 속에서 마이너스 전기를 띤 전자와 플러스 전기를 띤 양성자가 나오는 것뿐 아니라 음이온과 양이온이 만들어지는 것을 설명할 수 있는 원자 모형이었어야 했다.

플럼 푸딩 원자 모형

　이런 문제를 해결하기 위해 톰슨이 1903년에 제안한 원자 모형은 원자 속에는 양전하가 골고루 퍼져 있고 그 속에 전자가 여기저기 박혀 있는 의외로 간단한 것이었다. 마치 플럼 푸딩 안에 건포도가 박혀 있듯이 전자가 박혀 있는 모형이었다. 그래서 이 원자 모형을 플럼 푸딩 모형이라고 부른다.

　톰슨은 원자 속에 들어 있는 전자는 단단하게 박혀 있는 것이 아니라 느슨하게 박혀 있어서 원자 밖으로 튀어나오거나 들어갈 수 있다고 생각했다. 톰슨은 마이너스 전기를 가진 전자가 튀어나오면 원자 속에는 플러스 전기가 마이너스 전기보다 많게 되어 양이온이 되고, 바깥에서 전자가 원자 속으로 들어와 원자 속에 마이너스 전기가 플러스 전기보다 많아지면 음이온이 된다고 설명했다.

　톰슨의 원자 모형으로 원자들 사이에서 일어나는 여러 가지 화학반응을 모두 설명할 수는 없었지만 음이온이나 양이온이 생기는 이

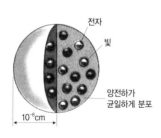

| 톰슨의 플럼 푸딩 원자 모형

유, 그리고 방사성 원소에서 전자의 흐름인 베타선이 나오는 것을 잘 설명할 수 있었다. 그러나 이러한 톰슨의 원자 모형은 그리 오래 가지 않았다. 톰슨의 제자였던 러더퍼드가 1911년에 톰슨의 원자 모형이 틀렸다는 것을 밝혀 냈기 때문이다.

A 영국의 물리학자 조셉 존 톰슨

톰슨과 러더퍼드

톰슨은 캐번디시 연구소의 소장으로서 후학들을 기르는 것에 매우 열심이었다. 그의 밑에서만 노벨상 수상자가 7명이 나왔다. 그의 제자 중 가장 유명한 사람은 러더퍼드인데 톰슨이 러더퍼드의 아이디어를 그리 흥미롭게 여기지는 않았기에 러더퍼드는 캐나다로 건너가 자신의 연구를 통해 톰슨의 원자 모형을 반박하게 된다. 그러나 그 후에도 톰슨과 러더퍼드의 사이는 매우 돈독했고, 러더퍼드는 훗날 캐번디시 연구소를 이어받게 된다.

Q 083

원자핵은
누가 발견했나?

★ **시대** : 1911년 ★ **주제어** : 러더퍼드 원자 모형, 원자핵, 알파입자 산란 실험

뉴질랜드에서 영국으로

원자의 중심에는 양성자와 중성자로 구성된 원자핵이 있고 전자가 그 주위를 돌고 있다는 것은 이제 누구나 아는 상식이 되었다. 원자핵이 존재한다는 것을 처음 알아낸 것은 1911년의 일이었다. 원자핵의 발견으로 원자 내에 골고루 퍼져 있는 양전하 사이에 전자가 박혀 있는 톰슨의 플럼 푸딩 모형은 러더퍼드의 새로운 원자 모형으로 대체되었다. 러더퍼드의 원자 모형에서는 원자 질량의 대부분을 차지하며 양전하를 띠고 있는 작은 원자핵 주위를 전자가 돌고 있었다.

원자핵을 발견한 사람은 뉴질랜드 출신으로 영국에서 활동한 러더퍼드(1871~1937)였다. 1871년 뉴질랜드에서 태어난 러더퍼드는 케임브리지 대학의 캐번디시연구소에서 연구했고 후에 톰슨의 뒤를 이어 캐번디시연구소 소장이 되기도 했다. 잠시 영국을 떠나 캐나다의 맥길 대학에서 연구하던 러더퍼드는 1907년 맨체스터 대학의 교수로 임용되어 영국으로 돌아왔다.

방사능에 대한 연구를 계속하던 러더퍼드는 원자의 내부 구조를 조사할 수 있는 방법을 알아보기 위하여 1909년부터 역사적인 금박실험을 시작했다. 러

더퍼드는 0.001센티미터보다 얇은 금종이를 만들었다. 이 금종이를 향해 알파입자를 쏘면서 어떤 일이 벌어지는지 알아보는 실험이 금박실험이다.

금박실험으로 베일을 벗은 원자핵

알파입자는 양성자 두 개와 중성자 두 개가 뭉쳐 만들어진 알갱이다. 그러나 당시에는 중성자를 발견하지 못했기 때문에 양전하를 띤 무거운 입자라고만 알고 있었다. 톰슨의 원자 모형에 의하면 양전하는 원자 내에 골고루 퍼져 있어야 했다. 실험을 시작할 당시 러더퍼드는 알파입자를 금박을 향해 쏘는 것은 가벼운 탁구공을 여러 겹을 쌓아놓고 여기에 야구공을 던지는 것과 마찬가지일 것이라고 생각했다.

대부분의 알파입자들은 예상대로 금박을 자유롭게 통과하여 똑바로 지나갔다. 하지만 몇몇 알파입자는 아주 큰 각도로 튕겨 나갔고 어떤 알파입자는 거의 뒤쪽으로 튕겨 나오기도 했다. 이것은 매우 놀라운 현상이었다. 후에 러더퍼드는 이때의 일을 "이 결과는 도저히 믿을 수 없는 대사건이었다. 이것은 커다란 포탄을 얇은 종이에 쏘았을 때 포탄이 뒤로 튕겨 나오는 것과 마찬가지로 믿을 수 없는 것이었다."라고 말했다.

만약 알파입자가 원자 내에 골고루 퍼져 있는 양전하와 충돌했다면 이런 일은 일어나지 않았을 것이다. 이 실험으로 인해 양전하가 원자 내에 골고루

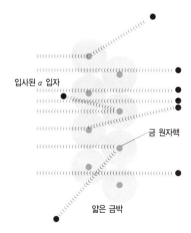

입사된 α 입자

금 원자핵

얇은 금박

| 알파입자가 원자핵에 부딪혀 튕겨 나가는 모습

퍼져 있고 그 사이사이에 전자가 박혀 있다는 톰슨의 원자 모형이 틀렸다는 것을 알게 되었다. 러더퍼드는 금박실험 결과를 이용한 계산을 통해 원자의 대부분은 빈 공간으로 되어 있으며 이 빈 공간에는 질량이 작은 전자들이 돌고 있고, 원자의 중심의 아주 좁은 공간에 대부분의 질량이 모여 있다는 것을 알게 되었다. 그는 무거운 양성자들이 좁은 공간에 모여 있어서 원자 질량의 대부분을 차지하는 원자 속의 이 작은 알갱이를 원자핵이라고 이름 붙였다.

태양계와 원자

원자핵 주위를 전자들이 돌고 있는 러더퍼드의 원자 모형은 태양 주위를 행성들이 돌고 있는 태양계와 비슷한 구조를 하고 있다. 전하를 띠고 있지 않은 천체들로 이루어진 태양계는 안정한 상태에 있을 수 있다. 하지만 전하를 가진 전자들이 원자핵 주위를 돌면 전자기파 형태로 에너지를 방출하게 된다. 에너지를 방출하면 전자가 가지고 있던 에너지가 줄어들어 전자는 원자핵으로 끌려들어가야 한다. 따라서 러더퍼드의 원자 모형은 안정한 원자의 존재를 설명할 수 없었다. 러더퍼드의 원자 모형은 곧 보어의 원자 모형으로 대체되었다.

A 어니스트 러더퍼드

보어의 원자 모형은
어떤 것인가?

★ **시대** : 1913년   ★ **주제어** : 양자조건, 정상파, 보어, 보어의 원자 모형

원자에 양자화 가설을 도입하다

1911년에 발표된 러더퍼드의 원자 모형은 역학적으로 불안정하다는 것이 곧 밝혀졌다. 이에 1913년 덴마크의 닐스 보어(1885∼1962)는 역학적으로 불안정한 러더퍼드의 원자 모형을 대체할 새로운 원자 모형을 제시했다. 에너지는 띄엄띄엄한 값으로만 존재한다는 플랑크 가설을 이용한 이 원자모형에서 보어는 전자가 띄엄띄엄한 값의 에너지를 가지는 궤도에서만 원자핵 주위를 돌고 있으며 한 궤도에서 다른 궤도로 전자가 옮겨가기 위해서는 에너지를 흡수하거나 방출해야 된다고 했다.

새로운 원자 모형을 제안한 보어는 1885년 덴마크의 코펜하겐에서 태어나 코펜하겐 대학에서 공부했고 영국으로 건너가 톰슨에게도 배웠으며 러더퍼드와 같이 연구했다. 러더퍼드 원자 모형의 문제점을 해결하기 위해 고심하던 보어는 에너지가 양자화되어 있다는 플랑크의 생각을 원자 모형에 적용해보기로 했다. 원자핵 주위를 돌고 있는 전자가 모든 에너지를 가질 수 있는 것이 아니라 띄엄띄엄한 값의 에너지만 가질 수 있다고 생각해보기로 한 것이다. 원자 주위를 돌고 있는 전자가 띄엄띄엄한 값의 에너지만을 가진

Hydrogen-1

Helium-4

Lithium-6

Sodium-22

Neutron   Proton   Electron

다고 하면, 전자는 에너지를 잃거나 얻기가 힘들 것이다. 에너지를 잃거나 얻기 위해서는 한 에너지에서 다른 에너지로 건너뛰어야 하기 때문이다.

원자가 내는 빛

보어는 이런 생각이 맞는지를 확인하기 위해서 수소 원자핵 주위를 돌고 있는 전자들이 어떤 에너지를 가지는지, 그리고 에너지 계단의 높이는 얼마나 되는지 계산해보고 이 결과가 실험결과와 일치하는지 비교했다. 보어는 수소 원자 속에 있는 전자는 모든 각운동량(회전운동하는 물체의 운동량)을 가질 수 있는 것이 아니라 어떤 기본적인 양의 한 배, 두 배, 세 배, 네 배와 같은 각운동량만 가질 수 있다고 가정한 후 이 값을 바탕으로 전자가 가질 수 있는 에너지를 계산했다.

보어는 수소 원자 안에 있는 전자가 가질 수 있는 에너지의 최소값이 −13.6eV라는 계산 결과를 얻었고 n번째 에너지는 $\frac{-13.6}{n^2}$eV가 된다는 것을 알 수 있었다. 이 에너지 준위들을 이용하면 수소 원자가 어떤 에너지를 가진 빛을 흡수하거나 방출할 수 있는지 쉽게 계산할 수 있다.

두 에너지 준위 사이의 에너지 차이가 바로 흡수하거나 방출할 수 있는 빛의 에너지이기 때문이다. 예를 들어 가장 낮은 에너지인 −13.6eV의 에너지를 가지고 있던 전자가 다음 에너지인 −3.4eV로 올라가기 위해서는 두 에너지의 차이인 10.2eV의 에너지를 가진 빛을 흡수해야 하고 반대로 위에서 아래로 내려올 때는 같은 에너지를 가진 빛을 방출해야 한다. 보어는 이런 계산을 통해 수소 원자가 내는 스펙트럼의 파장을 성공적으로 설명할 수 있었으며 스펙트럼이 몇 개의 계열을 이루는 것도 잘 설명할 수 있었다.

전자와 같이 작은 입자가 가지는 에너지를 나타낼 때는 전자볼트라

(eV)라는 단위를 사용한다. 전자볼트는 에너지의 단위로 1eV는 전자가 1V의 전위차에서 얻을 수 있는 에너지이며, 1eV의 크기는 1.6×10^{-19}J이다.

 전자가 원자핵 주위를 돌되 일정한 크기의 에너지를 가지는 띄엄띄엄한 궤도 위에서만 돌아야 한다는 원자 모형이었다.

 보어의 업적

닐스 보어는 현대 물리학의 발달에 막대한 기여를 한 인물이다. 그는 원자 모형뿐만 아니라 그것을 발전시켜 가장 바깥쪽의 전자에 의해서 화학적 성질이 결정된다는 껍질 모형을 제시했고, 양자역학이 극한에서는 고전역학과 일치한다는 대응 원리, 양자역학의 코펜하겐 해석과 상보성 원리 등 현대 물리학의 기초에 해당하는 관점을 명확히 한 사람이었다.

입자도 파동의 성질을 가진다는 물질파 이론을 제안한 사람은?

★ **시대** : 1923년　★ **주제어** : 이중성, 물질파, 드브로이

물리학에 관심을 가지게 된 프랑스 왕자

광전효과에 대한 설명에서 아인슈타인은 빛이 입자의 성질을 가지는 광량자라고 주장했다. 그것은 빛이 파동의 성질과 입자의 성질을 모두 가진다는 것을 뜻한다. 빛이 가지는 이러한 성질을 이중성이라고 한다. 1923년 프랑스의 드브로이(1892~1987)는 전자나 양성자와 같은 입자들도 파동의 성질을 가진다는 물질파이론을 발표했다.

프랑스 귀족 집안의 둘째 아들로 태어난 루이 드브로이는 대학에서 역사학을 공부한 사람이었다. 1차 세계대전 동안에 그는 프랑스 육군에서 근무했는데, 이때 파리에 있는 에펠탑에 올라가 전보를 보내거나 받는 일을 했다. 그는 최초로 프랑스 군함에 라디오를 설치하기도 했다.

이것은 왜 그가 전공을 역사에서 과학으로 바꾸었는지, 그리고 어떻게 그가 파동에 대해 생각하게 되었는지를 설명해준다. 드브로이가 물리학에 관심을 가지게 된 것은 물리학자였던 형의 영향도 컸던 것으로 알려져 있다.

입자도 파동의 성질을 가진다

드브로이가 물리학에 관심을 가지기 시작할 때 빛이 파동과 입자의 이중성을 가진다는 것은 이미 알려져 있었다. 아인슈타인은 1905년에 빛이 전자와 상호작용할 때 입자로 행동한다는 광양자설을 발표했고, 아인슈타인의 이런 생각은 1923년에 실시된 콤프턴 실험결과에 의해 증명되었다. 콤프턴의 실험 소식을 들은 드브로이는 만약 빛이 파동과 입자의 이중성을 가지고 있다면 전자와 같은 입자도 두 가지 성질을 모두 가지는 것은 아닐까 하는 생각을 하게 되었다.

드브로이는 후에 『물리학과 수학』이라는 책에서 "나는 에너지의 양자화의 기본이 되는 플랑크 상수의 신비 때문에 원자물리학에 매력을 느꼈다. 파동과 입자의 이중성은 혼돈스럽고 잘 정의된 것이 아니었지만 점점 더 확실해져 갔다. 1923년에 오랫동안 혼자서 생각에 잠겼던 나는 갑자기 1905년에 아인슈타인이 빛에서 발견했던 것을 모든 물질, 특히 전자에까지 확장하여 일반화해보자는 생각을 하게 되었다."라고 그가 물질파 이론을 생각하게 된 과정을 설명했다.

파리의 소르본 대학에 제출된 박사 학위 논문에서 드브로이는 질량과 에너지 사이의 관계를 밝힌 아인슈타인의 식과 진동수와 에너지 사이의 관계를 밝힌 플랑크의 식을 사용하여, 수학적으로 전자를 비롯한 모든 입자들도 파동의 성질을 가져야 한다고 주장했다. 전자와 같은 입자들도 파동과 입자의 이중성을 가져야 한다는 것이다.

입자가 가지는 파동성이 증명되다.

1923년에 드브로이가 처음 물질파 이론을 제안했을 때는 전자의 입자적 성질은 잘 알려져 있었지만 전자가 파동으로 행동한다는 실험적 증거는 없었다. 따라서 전자와 같은 입자가 파동처럼 행동한다는 물질파 이론은 그의 직관에 의한 것이었다. 처음 물질파 이론이 제기되었을 때는 다른 과학자들의 관심을 끌지 못했다. 그러나 그의 논문을 읽은 아인슈타인은 이 새로운 생각을 적극 지지했다. 파동이라고 생각했던 빛이 입자의 성질을 가진다는 광양자설과 입자라고 생각했던 전자가 파동의 성질을 가진다는 물질파 이론은 어떤 면에서 일맥상통하는 것이었다고 할 수 있다.

전자가 파동의 성질을 가진다는 물질파 이론은 1927년 3월 데이비슨 (1881~1958)과 저머(1896~1971)가 니켈 단결정을 이용하여 전자가 파동과 같이 회절무늬를 만들어낸다는 것을 확인하여 증명되었다.

A 드브로이

Q 086
슈뢰딩거 방정식이란
무엇일까?

★ **시대** : 1926년 ★ **주제어** : 슈뢰딩거 방정식, 파동함수, 확률적 해석

자유분방했던 슈뢰딩거

뉴턴 역학에서 가장 중심이 되는 식은 가속도와 힘의 관계를 나타내는 $f = ma$라는(힘 = 질량 × 가속도) 식이다. 양자물리학에서 이 식과 같은 역할을 하는 식은 슈뢰딩거 방정식이다. 1926년에 오스트리아의 에르빈 슈뢰딩거 (1887~1961)는 주어진 조건 하에서 입자가 가질 수 있는 물리량을 포함하고 있는 파동함수를 구할 수 있는 파동방정식을 제안했다. 후에 파동함수의 제곱은 그 파동함수가 나타내는 물리량을 가질 확률을 나타낸다는 것이 밝혀졌다.

양자물리학의 핵심이라고 할 수 있는 슈뢰딩거 방정식을 제안한 슈뢰딩거는 화학공장을 운영하던 아버지와 영국인 어머니의 외아들로 1887년 8월 12일에 오스트리아의 빈에서 태어났다. 개신교 신자였던 어머니를 따라 개신교 목사에게 세례를 받았지만 신앙적이지는 않았던 슈뢰딩거는 다윈의 진화론을 추종했다.

슈뢰딩거는 1906년에 빈 대학의 물리학과에 입학하여 물리학을 공부했고, 1914년 3월 5일에 물리학 연보에 『탄성적으로 결합된 질점계의 동역학에 관하여』라는 논문을 발표했다. 그러나 1차 세계대전이 발발하자 포병장교로 오스트리아군에 복무했다. 전쟁이 끝난 후, 1918년에서 1920년까지 슈뢰딩거는 빈 대학에 머물면서 색채이론에 대한 논문을 발표하기도 했고, 1920년에는 슈투트가르트 대학에 잠시 머물면서 좀머펠트의 고전 양자론을 수정하는 작업을 하기도 했다. 1921년에는 취리히 대학의 물리학 교수가 되었다.

슈뢰딩거 방정식의 등장

1922년 12월 9일에 있었던 교수 취임 강연에서 슈뢰딩거는 개개의 분자들은 역학법칙을 따르지 않고 완전히 무질서하게 운동하기 때문에 역학적으로 설명하는 것이 가능하지 않고 오로지 통계적으로만 다룰 수 있을 뿐이라 설명했다. 다시 말해 입자 하나하나는 역학법칙을 따르지 않고 전체적으로 통계적 관점에서 보았을 때만 역학법칙이 성립한다고 생각한 것이다. 이 당시 슈뢰딩거는 파동과 입자의 이중성 문제를 심각하게 생각하고 있었으며 에너지와 운동량에 관한 법칙들이 분자 단위에서는 성립되지 않는 것이 아닌가 하는 것을 고민하고 있었다.

1924년에 발표한 드브로이의 물질파 이론을 접한 슈뢰딩거는 드브로이의 물질파가 가지는 중요성을 금방 알아차렸다. 이를 바탕으로 1926년 슈뢰딩거는 마침내 파동역학을 완성했다. 슈뢰딩거는 주어진 조건 하에서 입자의 운동 상태를 나타내는 물리량을 포함하고 있는 파동함수를 구할 수 있는 미분 방정식인 슈뢰딩거 방정식을 제안했다. 슈뢰딩거 방정식의 해인 파동함수는 주어진 조건 하에서 입자에 대한 모든 정보를 포함하고 있다.

드브로이의 물질파 개념으로부터 파동방정식을 이끌어낸 과정에 대해서는 자세히 알려져 있지 않다. 슈뢰딩거 자신이 그 과정을 자세히 설명하지 않았을 뿐만 아니라 당시의 상황을 알려주는 자료들이 남아 있지 않기 때문이다. 하지만 처음에 그가 아인슈타인의 상대론을 적용한 파동방정식을 만들려고 시도했다가 실패했던 것만은 확실하다. 그러나 실험결과와 일치하지 않아 이를 포기하고 상대론을 적용하지 않은 파동방정식을 만들어 1926년 1월에 발표했다.

슈뢰딩거의 『생명이란 무엇인가?』

물리학자였던 슈뢰딩거는 생명체의 문제를 심도 있게 다룬 『생명이란 무엇인가?』라는 책을 썼다. 이 책에서 슈뢰딩거는 유전 정보가 저장되는 방법에 대해 제안했고 그러한 제안은 왓슨과 크릭이 DNA 구조를 밝혀내는 연구를 하는 동기를 제공했다.

A 주어진 조건 하에서 입자의 운동 상태를 나타내는 물리량을 포함하고 있는 파동함수를 구할 수 있는 미분 방정식

하이젠베르크의
불확정성 원리란 무엇인가?

★ **시대 :** 1927년 ★ **주제어 :** 불확정 원리, 양자물리학, 하이젠베르크

고대 언어학에서 물리학으로

1927년에 양자물리학 성립 과정에서 중요한 역할을 했던 독일의 베르너 하이젠베르크(1901~1976)는 위치와 운동량, 에너지와 시간과 같이 서로 연관이 있는 물리량의 측정오차의 곱은 일정한 값 이상이어야 한다는 불확정성 원리를 제안했다. 따라서 한 물리량을 정확히 결정하면 다른 물리량의 오차가 커져야 한다.

불확정성 원리를 제안한 하이젠베르크는 고대 언어학 교수의 아들로 어려서 그리스 문학작품과 철학에 심취했다가 고대 그리스의 원자론에 매력을 느껴 물리학을 관심을 가지게 되었다고 한다. 하이젠베르크는 열아홉 살 때부터 괴팅겐 대학교에서 이론물리학을 공부했다. 그는 괴팅겐 대학에 다니는 동안 이 대학을 방문한 덴마크의 물리학자 닐스 보어의 원자론 강의를 듣고 원자론과 양자물리학에 흥미를 느끼게 되었다.

이 강의를 계기로 하이젠베르크는 보어와 가까워졌고 함께 양자물리학의 기초를 마련하는 연구를 계속하게 되었다. 2년 후에 하이젠베르크는 코펜하겐에 있던 보어의 이론물리연구소로 가서 보어와 함께 연구했다.

불확정성 원리

몇 년 후 괴팅겐에서 학생들을 가르치고 있을 때 그는 심한 건초열로 고생을 하게 되었다. 피부가 빨갛게 부어올라 견디기 어려울 정도였다. 그래서 휴가를 내 북해에 멀리 떨어져 있어 건초열을 일으키는 꽃가루가 없는 섬으로 갔다. 그곳에서 그는 양자물리학에서의 측정에 관한 문제를 집중적으로 연구했다. 하이젠베르크가 1925년 7월에 발표한 현대물리학의 가장 중요한 이론 중의 하나인 불확정성 원리를 완성한 것은 그곳에서였다.

불확정성의 원리는 양자 체계의 모든 면을 동시에 정확하게 알거나 측정하는 것은 가능하지 않다는 내용이다. 입자의 위치를 정확하게 측정하려고 하면 운동량의 측정값이 덜 정확한 값이 되고, 반대로 운동량을 정확하게 측정하려고 하면 위치의 측정값이 덜 정확해진다. 이러한 관계는 에너지와 시간 사이에도 존재한다. 에너지의 측정 오차가 작아지면 시간의 측정 오차가 커지고 반대로 시간의 측정 오차가 작아지면 에너지의 측정 오차가 커진다. 따라서 원자보다 작은 입자의 세계에서는 입자의 모든 물리량을 동시에 정확하게 측정할 수 없다.

불확정성의 원리는 많은 실험을 통해 확인되었다. 과학자들은 불확정성이 어디에나 있다는 것을 알게 되었다. 불확정성은 양자 세계에는 물론 큰 세계에도 존재한다. 그러나 우리가 살아가는 큰 세상에서는 그 효과가 아주 작아 우리가 무시하고 있을 뿐이다. 뉴턴의 이론에서는 모든 것이 자연법칙에 의해 미리 정해진 대로 되어간다고 했다. 하이젠베르크의 불확정성 원리는 그렇지 않다고 이야기한다. 우주는 어느 정도 유연성을 가지고 있어 자연법칙으로부터 해방될 수 있는 자유를 주고 있는지도 모른다.

유괴 혐의를 받은 보어

하이젠베르크와 보어의 만남은 양자물리학 발전에 중요한 사건이 되었다. 두 사람의 만남에는 재미난 일화가 있다. 하이젠베르크는 괴팅겐 대학을 다니는 동안 이 대학을 방문했던 보어의 강의를 들었다. 강의를 마친 후 보어와 하이젠베르크는 함께 산책하며 많은 이야기를 나누었다. 이 자리에서 보어는 하이젠베르크를 코펜하겐으로 초청했다.

산책을 마치고 점심식사를 하려고 식당으로 갔을 때 경찰이 나타나 보어를 유괴 혐의로 체포했다. 경찰은 알고 보니 대학원 학생들이었고 유괴 혐의는 하이젠베르크를 코펜하겐으로 초청한 것을 뜻하는 것이었다. 식당 안의 사람들 모두 크게 웃었음은 물론이다.

A 전자와 같은 입자가 가지는 파동의 성질 때문에 물리량을 측정하는 데 일정한 정도 이상의 오차가 있을 수밖에 없다는 원리

하이젠베르크와 원자폭탄

하이젠베르크는 히틀러 치하에서 원자폭탄의 개발에 참여했는데, 이것은 훗날 논란이 되었다. 그의 저서 「부분과 전체」는 과학과 윤리 사이에서 고뇌하는 과학자의 모습을 잘 보여주고 있다.

알렉산더 볼타 서거 100주년 기념 학회에서 보어는 무엇을 설명했나?

★ **시대**: 1927년   ★ **주제어**: 코펜하겐 해석, 상보성원리, 불확정성 원리

양자물리학의 새로운 해석

1927년 9월에 알렉산더 볼타 서거 100주년을 기념하기 위하여 열린 학회에서 보어는 양자역학에 대한 코펜하겐 해석을 설명했다. 1927년 10월에 브뤼셀에서 열린 제5차 솔베이 회의와 1930년에 열렸던 제6차 솔베이 회의에서도 보어는 상보성 개념에 기초를 둔 양자역학의 해석을 물리학자들이 받아들이도록 설득했다. 그후 코펜하겐 해석은 양자물리학의 주요 해석으로 자리 잡았다. 그렇다면 양자물리학은 왜 이런 해석을 필요로 하는 것일까?

우리의 감각을 통해 경험하는 세상과는 다른 현상을 설명하는 양자역학은 많은 사람들에게 쉽게 받아들여질 수 없었다. 양자역학에서 다루는 내용은 우리가 일상생활에서 경험하는 내용과는 전혀 다른 경우가 대부분이다. 따라서 양자물리학에서는 방정식의 해나, 실험 결과의 의미를 해석하는 일이 중요하게 되었다. 양자역학에 대한 여러 해석 중에서 보어, 하이젠베르크, 보른, 디랙, 파울리, 폰 노이만 등이 중심이 되어 양자역학을 해석한 내용을 코펜하겐 해석이라고 한다. 이 해석에 대한 많은 반론과 새로운 해석이 존재함에도 불구하고 코펜하겐 해석은 양자역학의 핵심을 이루고 있다. 코

펜하겐 해석의 주요 내용은 다음과 같다.

코펜하겐 해석의 내용

첫째, 양자역학으로 표현되는 입자의 상태는 파동함수에 의해 결정되며, 파동함수의 제곱은 측정값에 대한 확률을 나타낸다. 따라서 우리가 양자역학을 통해 알 수 있는 것은 입자의 정확한 상태가 아니라 입자가 가질 수 있는 상태의 확률분포뿐이다. 둘째, 모든 물리량은 관측이 가능할 때만 의미를 가진다. 물리적 대상이 가지는 물리량은 관측과 관계없는 객관적인 값이 아니라 관측 작용의 영향을 받는 값이다. 다시 말해 물리량과 관측 작용은 분리할 수 없다.

셋째, 서로 관계를 가지는 물리량들은 하이젠베르크가 제안한 불확정성 원리에 의해 동시에 정확하게 측정하는 것은 불가능하다. 위치와 운동량, 시간과 에너지와 같이 서로 연관되어 있는 물리량을 동시에 정확하게 측정하는 것은 불가능하다는 불확정성 원리는 자연물이 가지고 있는 파동의 성질 때문에 나타나는 것으로 측정 기술이나 감각적 오류에 기인한 것이 아니다.

넷째, 양자역학으로 나타내지는 계는 입자의 성질과 파동의 성질을 상보적으로 가진다. 입자의 성질과 파동의 성질이 상보적이라는 것은 입자와 파동의 성질을 모두 가지고 있지만 동시에 두 가지가 관측되지는 않는다는 것을 뜻한다. 다섯째, 양자도약이 가능하다. 양자역학적으로 허용된 상태들은 불연속적인 특정한 물리량만 가질 수 있다. 따라서 한 상태에서 다른 상태로 변하기 위해서는 한 상태에서 사라지고 동시에 다른 상태에서 나타나는 양자도약이 있어야 한다.

코펜하겐 해석에 대한 반론과 불만

아인슈타인과 슈뢰딩거는 코펜하겐 해석에 대해 비판적이었다. 아인슈타인은 특히 양자역학의 확률적 해석과 불확정성 원리를 받아들일 수 없다고 했다. 아인슈타인은 그의 친구 마르크스 본에게 보낸 편지에서 "양자물리학은 확실히 인상적입니다. 그러나 내 생각에 그것은 아직 사실이 아닌 것 같습니다. 이 이론은 많은 것을 이야기하고 있지만 신의 비밀에 가까이 다가간 것 같지는 않습니다. 나는 신이 주사위놀이를 하고 있지는 않다고 확신합니다."라는 말로 양자역학에 대한 불만을 드러냈다.

A | **양자역학에 대한 코펜하겐 해석**

아인슈타인과 양자역학

빛 역시 양자로 이해될 수 있다는 것(광양자 가설)을 통해 양자역학의 발전에 결정적인 기여를 한 사람이 아인슈타인이었다는 것을 생각하면, 아인슈타인과 양자역학의 관계는 매우 아이러니컬하다. 아인슈타인은 보어와의 끝없는 논쟁을 통해 양자역학의 결점을 찾으려고 노력했지만 결국 양자역학이 옳다는 것이 드러났다.

Q 089

슈뢰딩거의 고양이는
어떤 고양이인가?

★ **시대** : 1927년   ★ **주제어** : 코펜하겐 해석, 불확정성 원리, 슈뢰딩거의 고양이

방사성 물질과 함께 상자 속에 들어 있는 고양이

양자물리학의 핵심이 되는 방정식인 슈뢰딩거 방정식을 제안한 슈뢰딩거는 양자역학에 대한 코펜하겐 해석을 받아들이지 않았다. 그는 코펜하겐 해석을 반박하기 위해 슈뢰딩거 고양이라는 사고실험을 제안했다. 고양이가 반감기가 한 시간인 방사성 물질과 함께 상자 속에 들어 있다. 만약 방사성 물질이 붕괴하면 고양이는 죽고 붕괴하지 않으면 고양이는 살아 있다. 그렇다면 한 시간 후 고양이의 상태는 어떻게 나타낼 수 있을까?

코펜하겐 해석에서는 측정과 물리량은 불가분의 관계에 있다고 주장했다. 다시 말해 물리량은 측정과 관계없이 독립적으로 존재하는 양이 아니라는 것이다. 이 해석이 옳다면 상자 속의 고양이는 측정하기 전까지 살아 있는 상태도 죽어 있는 상태도 아니며 측정하는 순간 살아 있거나 죽은 상태로 확정되어야 한다. 슈뢰딩거는 상자 안에 들어 있는 고양이는 우리의 관측과는 관계없이 살아 있거나 죽은 상태이며 측정은 그런 사실을 확인할 뿐이라고 주장하면서 코펜하겐 해석을 반대했다.

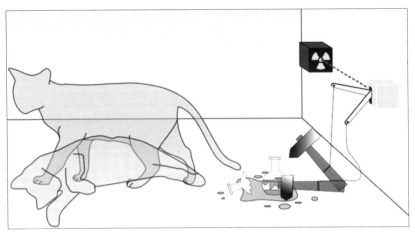

| 슈뢰딩거의 고양이

고양이가 반은 죽었고 반은 살아 있는 상태에 있을 수 있는가?

양자이론에서 중요한 것은 수학적으로 방정식의 해를 구하는 것이 아니라 구한 방정식의 해가 실제로 어떤 의미를 가지는지 해석하는 일이다. 코펜하겐 해석의 등장은 이런 해석의 중요성을 잘 나타내고 있다. 양자역학에 대한 코펜하겐 해석에서는 모든 물리량은 측정과 관계없는 독립적인 양이 아니며 측정에 의해 특정한 값으로 확정된다고 주장했다.

방사성 원소의 반감기가 1시간이라면 고양이가 1시간 안에 죽을 확률은 2분의 1이다. 물론 살아 있을 확률도 2분의 1이다. 상자를 열어 관측을 하기 전까지는 1시간 후에 고양이가 살아 있는지 죽었는지 알 수 없다. 다만 고양이의 상태는 살아 있는 것을 나타내는 확률파와 죽은 상태를 나타내는 확률파의 중첩으로 나타낼 수 있을 뿐이다. 다시 말해 2분의 1은 살아 있고 2분의 1은 죽은 상태로 기술할 수밖에 없다.

그러나 어떤 사람이 상자를 열고 고양이의 상태를 확인하는 순간 고양이는 이런 확률적인 상태에서 살았거나 죽은 하나의 상태로 결정된다. 코펜하겐 해석에 의하면 관측하기 전까지 고양이는 실제로 반은 죽고 반은 살아 있는 상태에 있다가 측정이라는 행위의 영향을 받아 죽거나 살아 있는 상태 중 하나의 상태로 확정된다는 것이다.

슈뢰딩거는 그런 일은 있을 수 없다고 주장했다. 우리가 측정하거나 측정하지 않거나 관계없이 고양이는 죽었거나 살아 있어야 한다는 것이다. 다만 측정하기 전까지 우리가 고양이의 상태를 모를 뿐이라는 것이다. 슈뢰딩거는 객관적인 상태가 존재하는 고양이의 상태를 이렇게 잘못 기술하게 된 것은 고양이의 문제가 아니라 양자물리학의 문제라고 지적했다.

양자물리학에 대한 코펜하겐의 확률적 해석은 슈뢰딩거가 지적한 대로 고양이와 같은 거시적인 물체에는 적용되지 않는 것이 확실하다. 그러나 전자와 같이 미시의 세계에서는 코펜하겐의 해석이 잘 적용된다는 것이 여러 실험을 통해 밝혀졌다.

전자는 어떤 문을 통과했는가?

두 개의 문이 있는 벽이 있다고 하자. 전자는 이 문을 통과하여 반대편 벽에 도달한다. 우리 상식에 의하면 전자는 두 문 중의 하나를 통과해야 한다. 그러나 반대편 벽에 나타난 결과는 전자가 두 문을 동시에 통과했다는 것을 나타낸다. 우리는 전자가 어떤 문을 통과하는지 측정하지 않는 동안에는 전자가 두 문을 동시에 통과했다고 말할 수밖에 없다. 측정결과가 그렇다는 것을 말해주고 있기 때문이다. 그러나 전자가 어떤 문을 통과했는지 알기 위한 실험을 하면 실험의 영향을 받아 전자는 두 가지 문 중의 하나만을 통과하게 된다. 물론 그런 경우에는 반대편 벽에도 두 가지 문 중의 하나를 통과한 결과가 나타난다. 이것은 물리량이 측정행위와 무관하지 않다는 것을 나타낸다.

> **A** 죽거나 살아 있을 확률이 있는 상자 속의 고양이의 상태는 우리의 측정과 관계없이 살아 있는 상태이거나 죽은 상태인가, 아니면 측정하기 전에는 죽은 상태도 살아 있는 상태도 아닌 상태였다가 측정으로 인해 살았거나 죽은 상태로 확정되는 것인가를 묻는 사고실험에 등장하는 고양이가 슈뢰딩거의 고양이다.

파동함수의 붕괴

슈뢰딩거 방정식에서 물리적 상태는 확률적인 분포로 나타난다. 그러나 관찰 결과는 고양이의 경우처럼 살아 있거나 죽어 있는 결정적인 상태로 나타난다. 이 괴리를 파동함수의 붕괴라고 부른다. 폰 노이만은 인간의 의식(관찰)이 파동함수를 붕괴시키는 열쇠라고 생각했지만, 최근에는 파동의 중첩을 통해 해결하려는 등 여러 입장이 존재한다.

원자폭탄의 원리가 되는
원자핵 분열을 발견한 사람은 누구인가?

★ 시대 : 1938년 ★ 주제어 : 원자핵 반응, 우라늄, 핵분열, 바륨

연금술사들의 후예?

우라늄 원자핵이 중성자를 흡수하면 두 개의 원자핵으로 분열되면서 에너지와 중성자를 내놓는다. 원자폭탄의 핵심적인 기술이 된 중성자를 이용한 우라늄 원자핵 분열의 발견은 과학계는 물론 세계의 정치판도를 바꾸어 놓은 엄청난 사건이었다. 우라늄의 원자핵 분열을 처음으로 성공시킨 사람은 독일의 오토 한(1879~1968)과 프리츠 슈트라스만(1902~1980)이었다. 그들은 1938년 12월 우라늄235 원자핵에 중성자를 충돌시켜 우라늄 원자핵을 바륨과 크립톤의 원자핵, 그리고 세 개의 중성자로 분열시키는 실험에 성공했다.

20세기 초 물리학자들은 고대 연금술사들처럼 실험실에서 원소를 변환시키려고 시도했다. 그들은 여러 입자들을 원자핵에 충돌시켜 새로운 원소들을 만들려고 했다. 1933년에 파리에서 이렌느와 프레데릭 졸리오 퀴리는 알파입자를 알루미늄에 쏘아 방사성 동위원소를 만드는 데 성공했다.

거의 같은 시기에 로마 대학의 엔리코 페르미는 우라늄 원자핵에 중성자를 충돌시켜 우라늄보다 더 무거운 초우라늄 원소를 만들고 싶어했다. 그는 우라늄 원자를 향해 중성자를 쏘아 보냈고 중성자의 일부가 우라늄 원소에

의해 흡수되었다. 이 실험으로 1934년에 페르미는 우라늄 원자핵을 분열시키는 데 성공했지만 당시에는 누구도 그런 사실을 몰랐다. 원자핵의 분열을 기대하지 않았던 그는 실험 동안에 큰 에너지를 가지고 튀어나오는 분열된 원자핵들을 발견하지 못했다.

우라늄의 원자핵이 분열되다

페르미의 연구를 알고 있었던 리제 마이트너는 1933년에 그녀의 친구이며 동료연구원이었던 화학자 오토 한과 프리츠 슈트라스만에게 중성자를 우라늄 원자핵에 충돌시키는 실험을 할 것을 제안했다. 페르미와 마찬가지로 그들도 무거운 초우라늄 원소가 만들어질 것으로 기대했다. 우라늄 원자핵에 중성자를 충돌시킨 한과 슈트라스만은 훨씬 가벼운 원소인 바륨의 방사성 동위원소가 만들어진다는 것을 발견했다. 그 결과를 제대로 해석할 수 없었던 두 사람은 오랫동안 함께 연구를 하다가 나치를 피해 스톡홀름에 가 있던 리제 마이트너에게 그 사실을 알렸다. 실험결과를 전해들은 마이트너는 그녀의 조카이며 물리학자였던 오토 프리슈와 함께 그 결과를 분석했다.

마이트너와 프리슈는 원자핵에 흡수된 중성자가 원자핵을 불안정하게 만들어 원자핵이 분열되었다는 것을 알게 되었다. 그리고 원자핵의 분열 시 사라지는 질량은 에너지로 변환된다는 것을 이해하게 되었다. 그녀는 질량으로부터 변환된 이 에너지는 화학 반응 시에 나오는 에너지보다 훨씬 클 것이라고 예측했다. 마이트너와 프리슈는 원자핵이 분열할 때는 중성자도 나올 것이라고 추정했다. 이렇게 해서 리제 마이트너, 오토 프리슈, 오토 한, 그리고 프리츠 슈트라스만은 페르미가 아쉽게 놓쳤던 중성자에 의한 우라늄 원자핵의 분열을 발견했다.

발견자의 이름에서 제외된 리제 마이트너

우라늄의 핵분열을 발견한 공로로 주어진 1944년의 노벨 화학상은 오토 한이 혼자서 받았다. 원자핵 분열을 발견한 후 얼마 동안 한이 마이트너와의 공동연구를 부인한 것은 망명자인 마이트너와 공동연구가 밝혀지면 생명이 위험하게 될지 몰랐기 때문이다. 그러나 전쟁이 끝난 후에도 한은 마이트너의 공로를 인정하지 않았다. 리제 마이트너는 자신의 공로를 인정하지 않는 한으로 인해 마음의 상처를 입었다. 마이트너는 오토 한이 노벨상을 받을 자격이 있다고 인정했다. 하지만 자신과 프리츠 슈트라스만도 그런 자격이 있다고 믿었다.

A 독일의 오토 한과 프리츠 슈트라스만

불운한 여성 과학자들

로잘린드 프랭클린은 DNA 구조에 대한 'X선 회절 사진'을 찍는 데 성공했지만, 그 연구 결과를 동료가 마음대로 빼돌려 남들에게 알렸기 때문에 결국 DNA 구조 해명의 공은 그 결과를 참조한 왓슨과 크릭에게로 돌아갔다. 우젠슝은 '패리티 비보존'이라는 중요한 문제를 해결하는 결정적인 실험을 수행했지만 노벨상은 이론을 제시한 리정다오와 양젠닝에게만 주어졌다.

Q 091
세계 최초의 원자로는
무엇인가?

★ **시대** : 1942년　★ **주제어** : 원자핵 분열, 연쇄반응, 페르미 파일

연쇄반응 물질을 찾아라

　레오 실라드(1898~1964)와 엔리코 페르미(1901~1954)는 1942년 12월 2일 시카고 대학교 운동장 스탠드 아래의 사용되지 않는 스쿼시 코트에 6톤의 우라늄과 50톤의 산화우라늄, 그리고 400톤의 흑연벽돌로 이루어진 페르미 파일에서 우라늄 원자핵의 연쇄 핵분열 반응을 실험하는 데 성공했다. 그것은 원자폭탄을 만들기 위한 마지막 기술을 완성했다는 것을 의미했다.

　한 라디오 프로그램에 출연한 러더퍼드는 원자핵을 분열할 때 나오는 에너지를 새로운 에너지원으로 사용할 수 있느냐는 질문에 대해 원자핵을 부술 때 나오는 에너지는 아주 작아서 이 에너지를 이용하려는 것은 달빛을 이용하려고 하는 것과 마찬가지라고 말하여 그 가능성을 일축했다. 그러나 그렇게 생각하지 않은 사람들도 있었다. 그런 사람들 중의 하나가 독일에서 영국으로 망명해 있던 실라드였다. 실라드는 우라늄이 연쇄반응을 일으킨다면 엄청난 에너지가 나올 수도 있을 것이라는 생각하고 1934년 3월 12일 중성자를 이용한 원자핵 변환에 관한 특허 신청서를 제출했다. 후에 그는 연쇄반응에 대한 설명을 첨가하여 그것을 수정했다.

오토 한과 리제 마이트너에 의해 우라늄 원자의 핵분열은 증명되었다. 그러나 어떤 실험도 실라드가 제안한 연쇄반응의 가능성을 확인하지는 못했다. 그것이 가능하다는 것을 보여줄 수만 있다면 한꺼번에 엄청난 에너지가 나와 원자폭탄 제작도 가능할 것이었다. 페르미는 중성자가 원자핵과 충돌해서 깨트리기 위해서는 적당한 속도로 달려야 한다는 것을 알고 있었다. 속도가 너무 빠른 중성자는 원자핵에 흡수되지 않고 원자핵을 그대로 지나간다. 중성자의 속도를 감속시키는 데는 중수소가 효과적이었다. 그러나 중수소의 생산은 어려운 일이었다.

페르미 파일 속에서 연쇄반응이 일어났다

실라드는 중수소 외에 중성자를 감속시키는 다른 물질을 찾고 있었다. 순수한 흑연이 그 일을 했다. 독일에서 화학공학을 공부했던 실라드는 대부분의 흑연이 약간의 붕소를 포함하고 있고 이 붕소가 중성자를 흡수하여 연쇄반응을 방해한다는 것을 알아냈다. 페르미는 붕소를 포함하지 않은 흑연이 이상적인 감속재라는 것을 보여주는 새로운 실험을 했다.

실라드와 페르미는 대학 운동장 스탠드 아래의 사용되지 않는 스쿼시 코트에 우라늄과 흑연을 차례로 쌓아 파일을 만들었다. 페르미 파일은 스쿼시 코트를 가득 채웠다. 1942년 12월 2일에 페르미와 실라드, 그리고 그들의 동료들은 중성자의 방출을 감지하는 측정 장치들

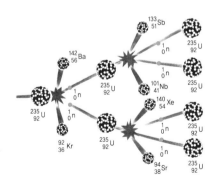

| 원자핵의 연쇄 핵분열 반응

이 있는 관람대에서 실험을 지켜보고 있었다. 드디어 우라늄의 분열 실험이 시작되었다. 핵분열이 진행됨에 따라 중성자의 세기가 2분마다 두 배로 되었다. 페르미는 1분, 또 1분, 또 1분을 기다려 모두 4분 30초를 기다린 후에 안전막대를 파일 속에 넣으라는 신호를 보냈다. 과학자들은 포도주를 따라 들고 최초의 원자핵 연쇄반응을 축하했다.

원자폭탄과 맨하탄 프로젝트

미국이 독일보다 먼저 원자폭탄을 만들기 위해 비밀리에 진행한 프로젝트를 맨하탄 프로젝트라고 한다. 원자폭탄이 가능하다고 믿었던 실라드는 아인슈타인을 설득하여 루스벨트 대통령에게 독일이 먼저 원자폭탄을 만들지도 모른다고 경고하는 편지를 쓰도록 했고 그 결과 맨하탄 프로젝트가 실시되었다.

맨하탄 프로젝트의 목적은 독일보다 먼저 원자폭탄을 만드는 것이었다. 그러나 원자폭탄을 만들기 전에 독일이 항복하고 말았다. 따라서 더 이상 맨하탄 프로젝트를 계속할 명분이 없어졌다. 그러나 일부 과학자와 정치가 들은 원자폭탄 개발에 성공하면 지구상에서 전쟁이 사라질 것이라고 주장했다. 모두를 파멸시킬 수 있는 있는 가공할 만한 파괴력을 가지게 된다면 누구도 쉽게 전쟁을 일으킬 수 없을 것이라는 것이 그들의 주장이었다. 그러나 원자폭탄이 만들어진 후에도 전쟁은 사라지지 않았다.

A 페르미 파일

Q 092

DNA의 이중나선 구조를
발견한 사람은 누구인가?

★ **시대** : 1953년　★ **주제어** : 유전물질, DNA, 이중나선 구조

왓슨과 크릭의 만남

제임스 왓슨과 프랜시스 크릭은 1953년 3월 7일 이중나선 구조로 되어 있는 DNA의 모형을 완성했고 4월 25일자 『네이처』 171호에 그 결과를 발표했다. DNA 구조를 밝혀낸 제임스 왓슨은 시카고 태생으로 인디애나 대학에서 동물학으로 박사 학위를 받은 후 코펜하겐 대학에서 세균학과 미생물학을 1년 정도 연구했다. 그후 왓슨은 케임브리지 대학의 캐번디시연구소로 옮겼고 그곳에서 함께 DNA 구조를 밝혀낸 프랜시스 크릭을 만났다.

1951년에 케임브리지에서 만난 왓슨과 크릭은 곧 DNA의 구조를 규명해 보자는 데 의견의 일치를 보았다. 당시에는 이미 DNA의 구조에 관심을 가지고 연구를 시작한 사람들이 많이 있었다. 미국 캘리포니아 공과대학의 라이너스 폴링과 영국 킹스 칼리지의 윌킨스와 로잘린드 프랭클린은 DNA의 구조를 연구하는 대표적인 사람들이었다. DNA의 구조를 밝혀내는 연구를 시작한 왓슨과 크릭은 그때까지 알려졌던 사실들을 토대로 DNA가 염기, 당, 인산으로 이루어진 뉴클레오티드가 길게 연결된 사슬 모양의 구조일 것이라고 확신하고 있었다.

이중나선 구조를 찾아라

왓슨과 크릭은 경쟁자인 킹스 칼리지의 윌킨스와 프랭클린의 도움을 많이 받았다. 윌킨스는 DNA가 나선 구조를 하고 있을 것이라는 이야기를 해주었고 엑스선 회절 사진을 보여주기도 했다. 프랭클린은 DNA에서 네 가지 염기와 뉴클레오티드의 사슬, 인산과 당, 수분의 존재를 엑스선 회절을 통해 확인했으며 DNA가 최대 네 개의 사슬을 가진 나선 구조로 되어 있고, 염기는 사슬과 연결되어 있으며 전체 구조의 안쪽에 위치한다는 것을 밝혀냈다.

1952년 초 프랭클린은 DNA의 선명한 엑스선 회절 사진을 찍는 데 성공했다. 이 사진에는 DNA의 나선형 구조가 결정적으로 드러나 있었다. 1953년 1월 30일 킹스 칼리지를 방문했던 왓슨은 프랭클린의 사진을 우연히 보게 되었다. 프랭클린의 엑스선 회절 사진으로 DNA가 이중나선 구조를 하고 있을 것이라는 자신들의 생각에 확신을 가지게 된 왓슨과 크릭은 2월 4일부터 DNA 모형을 제작하기 시작했다. 2월 중순에는 기본적인 이중나선 구조 모형이 만들어졌고, 최종 DNA의 이중나선 구조 모형이 완성된 것은 3월 7일이었다.

왓슨과 크릭은 킹스 칼리지에 이 발견을 공동명의로 하자고 제안했지만 킹스 칼리지에서는 거절하고 대신 이 연구에서의 자신들의 공헌을 인정받을 수 있는 논문을 왓슨과 크릭의 논문과 함께 발표하게 해달라고 요청했다. 이렇게 해서 20세기 생물학의 가장 중요한 세 편의 논문은 1953년 4월 25일자 『네이처』171호에 발표되었다.

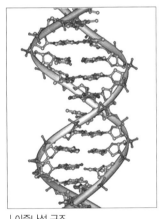

| 이중나선 구조

프랭클린과 노벨상

왓슨과 크릭은 DNA 구조를 규명한 업적을 인정받아 1962년에 노벨상을 수상했다. 나선 구조를 증명하는 엑스선 사진을 제공했던 로잘린드 프랭클린은 1962년에 암으로 사망했다. 많은 사람들은 프랭클린이 그때까지 살아 있었다면 그녀가 노벨상을 공동 수상했을 것이라고 말했고, 왓슨도 그 사실을 인정했다.

A 제임스 왓슨과 프랜시스 크릭

라이너스 폴링

양자역학과 화학을 결합시킨 화학 양자론의 완성자인 라이너스 폴링은 노벨 화학상(1954년)에 이어 노벨 평화상(1962년)까지 수상한 위대한 과학자였다. 폴링 역시 DNA에 흥미를 갖고 연구를 하고 있었는데, 그는 DNA를 3중 구조라고 생각했다. 사회주의자인 그는 정치적인 이유로 미국 정부가 입국을 불허해 학회에 참석하지 못했는데, 그가 로잘린드 프랭클린의 연구를 참조했다면 DNA의 구조 해명으로 노벨상을 세 번 받은 유일한 사람이 되었을지도 모른다.

▌연표로 보는 현대 과학 ▌

1895년
뢴트겐, 음극선관을 이용한
실험 도중 우연히 X-선 발견

1896년
베크렐, 우라늄으로 형광실험을 하다가 우연
하게 방사선 발견. 1902년에 수여된 제2회
노벨물리학상은 방사선을 발견한 베크렐과
방사선에 대한 연구를 진척시킨 피에르 퀴리
와 마리 퀴리 부부가 공동으로 수상했다.

1915년
아인슈타인,
일반상대성 이론을
프로이센 과학
아카데미에 제출

1913년
닐스 보어, 역학적으로
불안정한 러더퍼드의
원자 모형을 대체할
새로운 원자 모형을 제안

1911년
러더퍼드, 금박 실험을
통해 원자핵을 발견하고
원자핵 주위를 전자가
돌고 있는 원자모형 제안

1923년
드브로이, 전자와 같은 입자도
파동의 성질을 가진다는
물질파 이론 발표

1926년
● 보른, 파동함수가 입자의 흐름을 나타내
  는 파동함수가 아니라 확률함수라고 주
  장하며 통계적으로 해석할 것을 제안
● 슈뢰딩거, 전자와 같은 입자의 행동을
  파동함수로 기술하는 파동역학 완성

1942년
페르미, 미국 시카고 대학 스
쿼시 코트에 흑연을 쌓아 만든
페르미 파일에서 우라늄의 연
쇄 핵분열 반응을 성공시킴

1939년
아인슈타인, 루스벨트 대통령에게 독일이 핵무기를
개발할지도 모른다는 사실을 주지시키고 미국 먼저
핵폭탄을 만들 것을 권유하는 편지를 보냄. 그러나
아인슈타인은 핵무기 개발에는 참여하지 않았다.

1945년
미국 뉴멕시코주
알라모고도에서
플루토늄 원자탄 실험

1953년
왓슨과 크릭, DNA 이중나선 구조 발표. 왓
슨과 크릭은 DNA 구조를 규명한 업적을
인정받아 1962년에 노벨상을 수상했다.

1897년
영국의 J. J. 톰슨이 음극선을 연구하다 전자를 발견하고 미립자라고 부름

1898년
마리 퀴리와 남편 피에르 퀴리가 공동으로 폴로늄(Po)과 라듐(Ra) 발견. 마리 퀴리는 폴로늄을 발견한 공로로 1911년 노벨화학상도 받았다.

1903년
톰슨, 원자 전체에 골고루 퍼져 있는 원자 속에 전자가 여기저기 박혀 있는 원자 모형 제안

1909년
아인슈타인, 빛이 파동과 입자의 이중성을 갖는다고 주장

1905년
아인슈타인이 광전효과, 브라운 운동, 특수상대성이론에 관한 논문 발표. 추후 사람들은 아인슈타인이 주요 논문 세 편을 발표한 1905년을 현대 물리학의 기적의 해라고 불렀다.

1927년
● 하이젠베르크, 입자가 가지고 있는 파동의 성질 때문에 물리량을 측정하는 데는 일정한 한계가 있을 수밖에 없다는 불확정성 원리 제안.
● 슈뢰딩거, 양자역학에 대한 코펜하겐 해석에 대한 반박으로 슈뢰딩거 고양이라는 사고실험을 제안. 슈뢰딩거는 상자 안에 들어 있는 고양이는 우리의 관측과는 관계없이 살아 있거나 죽은 상태이며 측정은 그런 사실을 확인할 뿐이라고 주장하면서 코펜하겐 해석을 반대했다.

1938년
오토 한과 프리츠 슈트라스만, 우라늄에 중성자를 충돌시켰을 때 우라늄이 작은 원자핵으로 분열되는 우라늄 핵분열을 발견

1932년
● 채드윅, 중성자 발견
● 허블, 은하에서 오는 빛의 도플러 효과를 조사하여 우주가 팽창하고 있다는 사실을 밝혀냄

8장

밝혀지는 우주의 비밀

우 주 의 시 작 과 끝 을 향 해 다 가 가 는 현 대 우 주 론

시대 설명

1929년 미국의 허블이 도플러효과 관측을 통해 우주가 팽창하고 있다는 것을 밝혀낸 이후 우주론은 우주가 어떻게 팽창하고 있는지를 밝혀내는 데 집중되었다. 1940년대 천문학계는 우주가 과거 특정 시점에 급속히 팽창하면서 시작되었다는 빅뱅이론과 우주가 팽창하고 있지만 전체적으로 같은 모습을 유지하고 있다는 정상 우주론으로 나누어져 격렬한 논쟁을 벌였다. 그러나 이 논쟁은 결론을 내리지 못하고 일단락되었다.

1965년에 펜지어스와 윌슨이 우주배경복사를 발견하면서 빅뱅우주론이 많은 사람들에게 받아들여지기 시작했다. 우주배경복사의 발견은 인간이 지금까지 발견한 것 중에서 가장 오래된 우주 고고학적 증거였던 것이다. 빅뱅이론은 세세한 부분에 수정이 가해지기는 했지만 약 147억 년 전에 우주가 한 지점에서 급속히 팽창하면서 시작되었다고 설명하고 있다.

이제 과학자들의 관심은 팽창하는 우주가 언제까지 팽창할 것인지에 쏠렸다. 우주가 중력을 이길 만큼 충분히 빠르게 팽창하고 있다면 우주는 영원히 팽창할 것이고 그렇게 되면 우리는 열린 우주에 살고 있는 것이 된다. 그러나 우주의 팽창이 중력의 브레이크 작용을 이길 수 없다면 우주는 팽창을 중단하고 수축하여 다시 한 점으로 돌아갈 것이다. 그런 우주는 닫힌 우주이다.

그러나 20세기 말에 우주에서 암흑물질과 암흑에너지가 발견되어 우주의 미래에 대한 사람들의 생각은 완전히 달라지지 않을 수 없었다. 은하들의 상호 작용과 은하 내 별들의 운동을 관찰한 과학자들은 은하 내에 우리가 관측할 수 있는 양보다 훨씬 많은 질량이 있어야 한다는 것을 알게 되었다. 중력렌즈 현상을 통해서도 이러한 사실은 다시 확인되었다. 그러나 아직 암흑물질의 정체는 밝혀내지 못하고 있다.

암흑물질만으로도 골치 아파하던 과학자들은 1998년 암흑에너지라는 또 다른 복병을 만나야 했다. 우주에 작용하는 힘은 중력뿐이다. 그렇다면 우주의 팽창속도는 당연히 느려져야 한다. 중력은 항상 인력으로만 작용하기 때문이다. 그러나 초신성을 이용하여 멀리 있는 은하들의 팽창속도를 측정한 과학자들은 우주의 팽창속도가 빨라지고 있다는 것을 발견했다. 이것은 우주가 은하들을 떠밀고 있다는 것을 나타낸다. 아직 과학자들은 우주의 팽창속도를 가속시키는 에너지의 정체를 밝혀내지 못하고 있다. 이 에너지의 정체가 밝혀질 때까지 당분간 이 에너지는 암흑에너지라는 이름을 달고 있어야 할 것이다.

Q 093

우주가 팽창하고 있다고
주장한 러시아의 과학자는 누구인가?

★ **시대** : 1920년대　★ **주제어** : 일반상대성 이론, 프리드만

프리드만의 팽창하는 우주

20세기 초 과학자들은 우주가 공간적으로 무한하고 시간적으로 영원하다고 믿고 있었다. 그러나 아인슈타인의 일반상대성 이론을 이용한 이론적 분석을 통해 우주가 팽창하고 있다고 주장하는 사람들이 나타나기 시작했다. 러시아의 프리드만(1888~1925)은 1922년 아인슈타인의 일반상대성 이론을 이용해 팽창하는 우주 모형을 제시하고 그 결과를 『물리학 잡지』에 발표했다. 그러나 우주는 무한하며 영원하다고 믿고 있는 아인슈타인은 프리드만의 우주론을 비난했다.

아인슈타인은 1915년에 일반상대성 이론을 발표한 후 이를 바탕으로 우주의 구조를 연구했다. 그는 일반상대성 이론에 의하면 우주는 팽창하고 있어야 한다는 것을 알게 되었다. 그러나 우주는 영원해야 한다고 믿고 있던 아인슈타인은 우주가 팽창하지 않고도 안정한 상태를 유지할 수 있도록 하기 위해 자신의 방정식에 우주상수항을 도입했다. 우주상수는 중력에 대항하는 척력을 나타내는 항이었다.

1차 세계대전과 1917년의 러시아혁명으로 인한 내전이 진행되는 동안

대학을 떠나 있었기 때문에 뒤늦게 일반상대성 이론을 접하게 된 러시아의 프리드만은 아인슈타인의 우주상수를 모른 채 일반상대성 이론을 이용하여 우주가 팽창하고 있어야 한다는 결론을 이끌어내고 이를 1922년 『물리학 잡지』에 발표했다.

이를 본 아인슈타인은 프리드만의 계산과 우주론이 모두 틀렸다고 비난했다. 프리드만은 반론을 제기했고 아인슈타인은 프리드만의 계산은 틀리지 않았지만 우주론은 여전히 엉터리라고 자신의 주장을 일보 후퇴했다. 프리드만은 1925년에 서른일곱 살의 나이로 일찍 죽었기 때문에 더 이상 팽창하는 우주론을 발전시키지 못했다.

우주의 팽창을 연구하는 신부 과학자

그러나 우주가 팽창하고 있다고 주장하는 사람이 다시 나타났다. 1894년에 찰러로이에서 태어나 이론물리학과 신학을 동시에 공부하여 신부와 물리학자의 길을 걷고 있던 르메트르(1894~1966)는 프리드만의 우주 모델을 알지 못한 채 프리드만과 똑같은 과정을 거쳐 팽창하는 우주 모델을 다시 발견했다. 르메트르는 우주가 초기에 하나의 커다란 원자였으며 이 원자가 방사성 붕괴를 하면서 오늘날의 우주가 시작되었다고 주장했다. 그는 아인슈타인의 일반상대성 이론에서 출발하여 팽창하는 우주 모델을 만들어냈고, 그것을 원자의 방사성 붕괴 현상과 연결했던 것이다.

르메트르는 1927년에 그의 논문 『원시원자 가설』을 발표한 직후 브뤼셀에서 열렸던 솔베이 회의에서 아인슈타인을 만났다. 아인슈타인은 르메트르가 제시한 팽창하는 우주 모델이 물리적으로 의미 없는 우주 모델이라고 이야기하며 그의 우주 모델을 무시했다. 이로 인해 르메트르는 더 이상 그의 모델을 발전시키지 않기로 했다. 그러나 1929년 허블이 은하들의 도플러 효과를 관측하여 우주가 팽창하고 있다는 것을 밝혀냈다.

아인슈타인의 고백: 생애의 가장 큰 실수

1929년 허블이 천체 관측을 통해 우주가 팽창하고 있다는 것을 밝힌 후 1931년 아인슈타인은 부인과 함께 허블이 천체 관측을 하고 있던 윌슨산 천문대를 방문했다. 1931년 2월 3일 아인슈타인은 윌슨산 천문대 도서관에 모인 기자들에게 자신의 정적인 우주를 부정하고 팽창하는 우주 모델을 받아들인다고 선언했다. 허블의 관측결과를 받아들이고 프리드만과 르메트르가 옳았다는 것을 인정한 것이다. 아인슈타인은 후에 자신이 우주상수를 도입했던 것은 생애의 가장 큰 실수였다고 말했다. 그러나 1990년대 말 우주가 가속 팽창하고 있다는 것을 밝혀낸 천문학자들은 새로운 우주상수를 도입하기 시작했다.

A 알렉산드르 프리드만

세페이드 변광성을 이용한
우주 거리 측정법을 알아낸 사람은?

★ **시대** : 1912년   ★ **주제어** : 세페이드 변광성, 주기와 밝기의 관계, 리비트

모든 별의 목록을 작성하라

천문학에서는 우주에서의 거리를 측정하는 문제가 가장 중요한 문제이다. 거리를 모르고는 우주의 구조를 이야기할 수 없기 때문이다. 우주에서의 거리 측정에 가장 기본이 되는 연주시차법은 가까이 있는 별들까지 거리를 측정하는 데만 사용될 수 있다. 은하까지의 거리도 측정할 수 있는 세페이드 변광성법의 발견은 천문학 발전의 중요한 계기를 제공했다.

아마추어 천문가 존 드레이퍼의 아들인 헨리 드레이퍼는 측정 가능한 모든 별들의 사진을 찍어 목록을 만들도록 자신의 재산을 하버드 천문대에 기증했다. 하버드 천문대장이었던 에드워드 피커링은 이 기금을 이용해 10년 동안에 50만 장의 사진을 찍었다. 피커링은 이 사진들을 분석하기 위해 여자로 구성된 분석팀을 운용했다. 이 분석팀에서 일했던 사람들 중에 유명한 천문학자가 된 사람이 몇몇 있었다.

점프 캐논은 1911년에서 1915년까지 이 분석팀에서 별의 색깔과 밝기, 그리고 위치를 계산한 5천 개의 별 목록을 작성했다. 그녀는 이 경험을 살려 별들을 7개의 종류(O, B, A, F, G, K, M)로 나누는 구분체계를 만들었다.

1925년에 캐논은 이러한 업적을 인정받아 옥스퍼드 대학으로부터 명예박사 학위를 받은 첫 번째 여성이 되었다.

우주의 거리를 재는 새로운 자

1868년에 매사추세츠 주의 랭카스터에서 목사의 딸로 태어난 리비트는 1892년에 하버드 대학의 래드클리프 칼리지를 졸업했다. 다음 2년 동안 그녀는 청각을 잃게 만든 뇌막염을 치료하면서 집에서 보냈다. 건강이 회복되자 그녀는 사진건판을 조사하여 변광성을 찾아내고 그것을 목록에 기록하는 하버드 대학 천문대의 분석팀의 자원봉사자가 되었다. 그녀는 다양한 형태의 변광성 중에서 세페이드 변광성에 특히 관심을 가지게 되었다.

여러 달 동안 세페이드 변광성을 측정하여 목록을 작성한 그녀는 세페이드 변광성의 주기와 밝기 사이에 어떤 관계가 있는지를 알고 싶어 했다. 리비트는 소마젤란 성운에서 25개의 세페이드 변광성을 찾아냈다. 소마젤란 성운까지의 거리를 모르고 있었지만 25개의 세페이드 변광성들이 지구로부터 대략적으로 같은 거리에 있다고 가정하고 밝기와 주기 사이의 관계를 조사했다. 리비트는 소마젤란 성운에서 찾아낸 25개 세페이드 변광성의 겉보기밝기 대 주기의 그래프를 그렸다. 그 결과 긴 주기를 가지고 있는 세페이드 변광성들이 더 밝다는 것을 알 수 있었다. 리비트는 이 내용을 담은 논문을 1912년에 '소마젤란 성운의 25개 변광성의 주기'라는 제목의 논문으로 발표했다.

리비트와 노벨상

1901년부터 수여하기 시작한 노벨상은 모든 과학자들이 받고 싶어 하는 최고의 상이 되었다. 그러나 노벨상은 세 사람까지만 공동수상할 수 있고 수상할 당시 살아 있는 사람에게만 수여한다는 규정 때문에 안타깝게 수상의 영광을 놓친 사람이 여럿 있다. 세페이드 변광성을 이용하여 우주 거리 측정법을 발견한 헨리에타 리비트도 그런 사람들 중의 하나이다.

스웨덴 과학 아카데미의 괴스타 미타그 레플러 교수는 리비트가 발견한 세페이드 변광성을 이용한 거리 측정법이 가지는 중요성을 인정하고 1924년 그녀를 노벨상 후보로 올리기로 했다. 노벨상 후보로 추천하는 데 필요한 서류를 작성하기 위하여 리비트의 최근 과학 활동에 대해 알아보던 그는 그녀가 3년 전인 1921년 12월 12일, 53세의 나이에 암으로 죽었다는 사실을 알고 크게 실망했다.

A 미국의 여성 천문학자 헨리에타 스완 리비트

안드로메다 은하가 우리 은하 밖에 있다는 사실을 밝혀낸 사람은?

★ **시대** : 1923년   ★ **주제어** : 세페이드 변광성, 안드로메다 은하

윌슨산으로 온 허블

안드로메다 은하는 관측 조건이 아주 좋은 경우에는 맨눈으로도 희끄무레하게 보인다. 20세기 초 천문학자들은 안드로메다 은하가 우리 은하 안에 있는 천체인지 아니면 우리 은하 밖에 있는 외부 은하인지에 대해 격렬한 토론을 벌였다. 1924년 미국의 에드윈 허블은 안드로메다 은하에서 세페이드 변광성을 찾아내고 그 주기를 측정하여 안드로메다 은하까지의 거리가 90만 광년이라고 발표했다. 이는 안드로메다 은하가 우리 은하 밖에 있는 외부 은하라는 것을 뜻한다.

1889년 미국 미주리에서 태어난 허블은 법률학을 공부하기 바라는 아버지의 희망과 물리학을 공부하여 천문학자가 되려는 자신의 꿈을 모두 살리기 위해 시카고 대학교에서 법률과 물리학을 함께 공부했다. 시카고 대학을 졸업한 후 장학금을 받고 영국 옥스퍼드에 유학했던 허블은 1913년 1월 19일에 아버지가 세상을 떠난 후 미국으로 돌아왔다. 집안을 꾸려가기 위해 한동안 고등학교 선생으로 일하며 시간제로 법과 관련된 일을 하기도 했던 허블은 가정이 안정되자 1919년에 당시로서는 가장 좋은 망원경을 보유하고

있던 윌슨산 천문대로 갔다.

안드로메다 은하에서 변광성을 찾아내다

윌슨산에 도착하고 4년이 지난 1923년 10월 4일 저녁 아주 좋지 않은 관측 조건에서 구경 100인치짜리 망원경으로 안드로메다 은하를 관측하던 허블은 신성이라고 생각되는 새로운 천체를 발견했다. 다음날 저녁 허블은 자신이 발견한 별이 신성이라는 것을 확인할 수 있기를 기대하면서 다시 한번 안드로메다의 사진을 찍었다. 그 천체는 아직 거기에 있었다. 그리고 이번에는 신성 가능성이 있는 천체가 두 개 더 보였다. 그는 신성 후보자들 옆에 신성(nova)이라는 의미로 'N'이라고 표시했다. 관측이 끝나자 그는 천체사진 사진건판이 보관되어 있는 도서관으로 갔다. 자신이 찍은 사진을 같은 성운을 찍은 이전의 사진과 비교하여 발견한 천체가 신성인지를 확인하기 위해서였다. 천문대에 보관되어 있는 사진 목록에서 이전에 찍은 사진을 찾아내 신성의 후보가 신성인지를 확인하는 것은 간단한 일이었다. 그 결과 그가 발견한 세 개의 천체 중 두 개는 새로운 신성이라는 것을 확인할 수 있었다. 그러나 세 번째 천체는 신성이 아니라 세페이드 변광성이었다. 이 세 번째 별은 이전의 사진에도 나타나 있었다. 그러나 이전에 찍은 사진에는 밝기의 변화가 나타나 있지 않았다. 허블은 그의 일생에 가장 중요한 발견을 한 것이다. 그는 서둘러 'N'자를 지우고 그 천체 위에 변광성을 뜻하는 'VAR!'를 써넣었다.

안드로메다는 우리 은하 밖에 있는 또 다른 은하였다

이것이 성운에서 발견된 첫 번째 세페이드 변광성이었다. 성운에서 세페이드 변광성을 찾아낸 것은 그 성운까지의 거리를 측정할 수 있게 되었다는 것을 의미했다. 안드로메다 은하에서 찾아낸 세페이드 변광성의 주기는 314,151일이었다. 이 주기를 이용하여 허블은 안드로메다 은하까지의 거리를 계산해 보았다. 그 결과는 놀라운 것이었다. 세페이드 변광성까지의 거리는 지구로부터 약 90만 광년이나 되는 것으로 나타났다. 우리 은하의 지름이 대략 10만 광년이었으므로 안드로메다 은하가 우리 은하의 일부가 아니라는 것이 확실해졌다. 허블은 1924년 2월에 이 결과를 발표했다.

현재 우리가 알고 있는 안드로메다 은하까지의 거리는 약 220만 광년이다. 허블이 90만 광년이라는 잘못된 결론을 얻은 것은 세페이드 변광성에도 여러 종류가 있다는 것을 모르고 있었기 때문이었다.

A 미국의 천문학자 에드윈 허블

Tip **복싱 선수 허블**

허블은 학창 시절 복싱 선수로 활동했고 변호사 자격증까지 땄지만 결국 우주에 대한 사랑을 잊지 못해 천문대로 돌아가 위대한 천문학자가 되었다. 유명한 대중음악 밴드인 퀸의 기타리스트였던 브라이언 메이는 음악 활동 때문에 학위를 접었으나 천문학에 대한 사랑을 버리지 못해 50대에 다시 대학으로 돌아가 천문학 박사 학위를 받았다.

우주가 팽창하고 있다는 것을
관측을 통해 발견한 사람은 누구인가?

★ **시대** : 1929년　★ **주제어** : 도플러 효과, 허블 법칙, 우주의 팽창

우주는 영원한 과거부터 영원한 미래까지 존재하는가?

20세기 초 대부분의 천문학자들은 우주가 공간적으로 무한하고 시간적으로 영원하다고 믿고 있었다. 아인슈타인은 일반상대성 이론에 의해 팽창하거나 수축하고 있는 우주를 그가 믿고 있던 영원한 우주와 일치시키기 위해 우주상수를 도입했다. 그러나 천체관측을 통해 우주가 팽창하고 있다는 것이 밝혀지자 우주상수는 더 이상 필요하지 않게 되었다. 1929년에 허블은 은하들의 스펙트럼 분석을 통해 은하들의 스펙트럼이 나타내는 적색편이의 정도가 은하까지의 거리에 비례한다는 허블 법칙을 발표했다. 이것은 우주가 팽창하고 있다는 것을 나타내는 것이었다.

외교관이었다가 천문학자가 된 베스토 슬리퍼(1875~1969)는 1912년에 로웰 천문대의 구경 24인치짜리 굴절 망원경을 사용하여 은하들의 스펙트럼을 분석했다. 그는 솜브레로 은하의 적색편이를 관측하고 그것을 속도로 환산해보았다. 그 결과, 이 성운은 지구로부터 초속 1,000킬로미터로 멀어지고 있어야 했다. 다음 몇 년 동안 슬리퍼는 더 많은 은하들의 속도를 측정했는데, 모든 은하들이 놀라울 만큼 빠른 속도로 움직이고 있다는 것이 확실

해졌다. 그후 계속된 측정들은 많은 은하들이 우리 은하로부터 멀어지고 있다는 것을 보여주었다. 1917년까지 슬리퍼는 25개의 은하를 측정했는데, 그중 21개의 은하는 멀어지고 있었고 4개의 은하만이 다가오고 있었다. 다음 10년 동안 20개의 은하들이 목록에 추가되었는데, 이번에는 모든 은하들이 멀어지고 있었다.

우주의 팽창을 나타내는 허블 법칙의 발견

허블은 대부분의 은하들이 적색편이를 나타낸다는 슬리퍼의 관측 결과를 자신이 확인하기로 했다. 허블은 호텔 벨보이에서 시작하여 세계에서 가장 훌륭한 천문학 사진가로 성장한 밀턴 휴메이슨과 함께 은하들의 스펙트럼을 분석하기 시작했다. 슬리퍼가 발견했던 적색편이의 문제를 해결하기 위해 두 사람은 일을 분담했다. 휴메이슨은 여러 은하들의 도플러효과를 측정했고 허블은 은하들까지의 거리를 측정하기 시작했다. 그들은 슬리퍼가 측정했던 은하들의 적색편이를 확인하는 일부터 시작했다. 1929년에 허블과 휴메이슨은 46개 은하의 적색편이와 거리를 측정했다. 불행하게도 이 측정의 반은 오차가 너무 컸다. 조심스러운 허블은 그가 확신할 수 있었던 은하들의 측정만 취하여 한 축은 속도를, 다른 축은 거리를 나타내는 그래프 위에 나타내보았다.

허블은 이 그래프로부터 은하가 멀어지는 속도가 지구로부터의 거리에 비례한다는 것을 알 수 있었다. 다시 말해 어떤 은하가 다른 은하보다 두 배 더 멀리 떨어져 있다면 이 은하는 대략 두 배의 속도로 멀어지고 있고, 세 배 더 멀리 떨어져 있는 은하는 세 배 더 빠르게 멀어지고 있었다. 이 결과는 놀라운 것이었다. 그것은 우주가 팽창하고 있다는 것을 나타냈기 때문이다. 허블은 자신이 발견한 결과를 1929년에 발표했다.

그리고 다시 2년 동안 허블과 휴메이슨은 최고의 기술을 이용하여 더 많은 은하들을 관측했다. 그 결과 그들은 1929년 논문에 보고했던 은하보다 20배 먼 거리에 있는 은하들을 측정할 수 있었다. 1931년 허블은 새로운 관측결과를 포함한 또 다른 논문을 발표했다. 이 자료는 허블 법칙을 더욱 명확하게 보여주었다. 허블은 20세기의 가장 위대한 발견을 해낸 것이었다.

은하들이 멀어지는 속도가 거리에 비례한다는 허블 법칙은 $v = H_0 \times d$와 같이 간단한 방정식으로 나타낼 수 있다. 이때 비례상수를 H_0라고 하는데 허블 상수의 값은 558km/s/Mpc 정도이다. 더 정확한 허블 상수값을 결정하기 위해 천문학자들은 아직도 측정을 계속하고 있다.

A 미국의 천문학자 에드윈 허블

Tip 허블 우주 망원경

우주 망원경은 지구 대기로 인한 방해가 없기 때문에 더 선명한 관측이 가능하다. 지구 대기권 밖에서 가동되는 우주 망원경 중 가장 크고 유명한 것이 허블 우주 망원경이다. 1990년 우주 왕복선 디스커버리 호에 의해서 지상 610킬로미터의 궤도에 안착했으며 약 97분에 한 번씩 회전하고 있다. 향후 5-10년 정도 더 가동이 될 예정이다.

빅뱅이론을
처음 제안한 사람들은 누구인가?

★ **시대** : 1948년 ★ **주제어** : 빅뱅, 조지 가모브, 랄프 알퍼

우주에도 시작이 있었다

허블이 허블 법칙을 발견하여 우주가 팽창하고 있다는 것을 알게 된 과학자들은 우주의 기원을 다루는 논문을 발표하기 시작했다. 그중에서도 1948년 발표된 빅뱅이론은 가장 대표적인 우주론이 되었다. 우주가 과거 특정한 시점에 한 점에서 격렬하게 팽창하면서 시작되었다는 빅뱅이론은 1948년 4월 1일 조지 가모브(1904~1968)와 한스 베테 그리고 랄프 알퍼의 이름으로 발표된 『화학원소의 기원』이라는 논문을 통해 처음 제안되었다.

1904년에 우크라이나 지방의 오데사에서 태어난 가모브는 오데사 노보로시아 대학에서 장래가 촉망받는 젊은 물리학자로 이름을 날렸고 1923년에는 레닌그라드 대학으로 가서 원자핵 물리학 분야의 연구로 세계 물리학계에 그 이름을 알렸다. 그러나 가모브는 마르크스와 레닌의 변증법적 유물론을 과학이론이 정당한지 아닌지를 판단하는 잣대로 사용하는 소련을 탈출하기로 마음먹었다.

여러 번의 시도 끝에 미국으로 탈출하는 데 성공한 가모브는 조지 워싱턴 대학에서 빅뱅우주 모델을 발전시키는 연구를 시작했다. 가모브는 빅뱅 과

정에서 있었던 원자핵 합성에 흥미를 가지고 원자핵 물리학과 빅뱅이론을 이용하여 현재 관측되는 우주의 조성을 설명하려고 시도했다.

우주에는 10,000개의 수소원자에 대해 대략 1,000개 정도의 헬륨원자와 6개의 산소원자 그리고 1개의 탄소원자가 존재한다. 그리고 다른 원소들은 모두 합쳐도 탄소원자의 수보다 적다. 가모브는 우리 우주에 수소와 헬륨이 많은 것은 빅뱅의 초기 단계의 우주가 처해 있었던 조건에 그 원인이 있을 것이라고 생각했다. 그리고 그는 상대적으로 적은 양이지만 생명체에게는 필수적인 다른 무거운 원소들도 빅뱅과 관련이 있는지 알고 싶어했다.

빅뱅이론의 등장

빅뱅이 일어나는 동안의 원자핵 합성 과정을 알아내려는 가모브는 현재 우주에서 출발하여 시계를 거꾸로 돌려보았다. 가모브의 수축하는 우주는 창조의 순간에 가까워지자 밀도가 엄청나게 커졌다. 모든 핵반응의 결과는 거의 온도와 밀도에 의해 결정되기 때문에 초기 우주의 조건을 찾아내는 것은 매우 중요한 일이었다. 이 일은 매우 복잡한 계산을 필요로 했다.

1945년에 가모브는 랄프 알퍼라는 젊은 학생을 만나게 되어 그와 공동연구를 시작했다. 가모브는 알퍼가 수학적 재능과 세밀한 것을 놓치지 않는 안목을 가지고 있다는 것을 알고 알퍼를 박사과정 학생으로 받아들였다. 가모브는 알퍼에게 초기 우주에 있었던 원자핵 합성 문제를 연구하도록 했다.

알퍼는 빅뱅 후 몇 분 만에 수소와 헬륨이 형성되는 빅뱅우주 모델을 완성했다. 알퍼는 빅뱅 원자핵 합성이 끝날 즈음에는 대략 10개의 수소 원자핵에 1개 꼴로 헬륨 원자핵이 만들어졌을 것이라고 예측했다. 가모브와 알퍼는 그들의 계산 결과를 '화학원소의 기원'이라는 제목의 논문으로 정리하여『피지컬 리뷰』에 보냈다. 이 논문은 1948년 4월 1일에 출간되었고, 이 내용이 담긴 알퍼의 박사 학위 논문은 1948년 봄에 신문기자들을 포함한 300명이나 되는 관중들 앞에서 발표됐다.

알파베타감마 논문

가모브는 별 내부에서 일어나고 있는 핵반응을 설명해낸 한스 베테가 빅뱅연구에 아무런 기여를 하지 않았지만 그의 이름을 저자 이름에 포함시켰다. 베테의 이름을 포함시켰던 것은 사람들이 알퍼, 베테, 그리고 가모브의 이름으로 쓴 논문을 보면서 그리스어의 알파, 베타, 감마를 떠올리도록 하고 싶었기 때문이었다. 그래서 그 논문은 아직도 알파베타감마 논문이라고 불리고 있다. 이 논문이 발표된 날짜가 4월 1일로 만우절이었다. 유머감각이 풍부했던 가모브는 저자들의 이름을 가지고 사람들을 즐겁게 해주고 싶었던 것이다.

A 조지 가모브와 랄프 알퍼

빅뱅이론의 결정적 증거인
우주배경복사를 발견한 사람은?

★ **시대** : 1965년　★ **주제어** : 우주 배경복사, 우주 마이크로파 배경복사

빅뱅의 흔적을 찾아라

1948년에 제안된 빅뱅이론은 널리 받아들여지지 않았다. 그러나 1965년에 빅뱅이론이 예측했던 우주배경복사가 발견되면서 빅뱅이론이 널리 받아들여지게 되었다. 1965년에 벨연구소의 연구원들이었던 아르노 펜지아스(1933~)와 로버트 윌슨(1936~)은 빅뱅의 강력한 증거인 3K(캘빈: 절대온도) 우주배경복사 발견했다. 우주배경복사의 발견은 인류 역사상 가장 오래 된 우주 고고학적 발견이었다.

빅뱅이론을 이용해 수소와 헬륨의 기원을 연구했던 조지 가모브와 랄프 알퍼는 로버트 헤르만을 새로운 연구원으로 받아들여 빅뱅이론의 다른 면을 연구하기 시작했다. 우주의 원소 합성이 끝난 후에 우주는 더 이상의 핵융합이 일어나기에는 너무 온도가 낮아졌다. 그럼에도 대략 백만 도가 넘었다. 이 온도에서는 모든 물질이 플라스마 상태에 있게 된다. 이러한 우주에서 빛은 플라스마 입자들에 의해 계속 산란되었을 것이고 따라서 우주는 불투명했을 것이다.

전자와 원자핵으로 이루어진 플라스마는 대략 3,000K에서 중성수소와

헬륨원자로 변환된다. 두 사람은 우주가 식어서 이 온도에 이르는 데는 약 300,000년이 걸렸을 것이라고 예측했다. 전자와 원자핵의 결합이 끝난 우주에는 기체 상태의 중성 원자가 가득하게 되었다. 이 순간부터 빛은 아무런 방해를 받지 않고 공간을 여행하기 시작했다. 알퍼와 헤르만은 이 순간 방출된 빛의 파장은 대략 0.1밀리미터 정도였으나 우주가 팽창함에 따라 식어가서 이 빛의 현재 파장은 대략 1밀리미터 정도 될 것이라고 예측했다. 그러나 그들은 이 우주배경복사를 실제로 관측하지는 못했다.

원하지 않았던 우주배경복사

빅뱅이론의 결정적인 증거인 이 우주배경복사를 발견한 사람들은 벨연구소의 연구원으로 근무하던 아르노 펜지아스와 로버트 윌슨이었다. 펜지아스와 윌슨은 크로포드 힐 근처에 있는 나팔 모양의 전파 안테나를 사용하기 전에 우선 안테나에 잡히는 잡음을 모두 없애기로 했다. 그들은 잡음을 없애기 위해 모든 조치를 취했다. 그러나 모든 방향으로부터 오고 있는 희미한 잡음은 도저히 제거할 수 없었다. 1963년 말쯤에 펜지아스는 몬트리올에서 열린 천문학회에 참석했고 그곳에서 우연히 매사추세츠 공과대학의 버나드 부르케에게 잡음 문제를 이야기했다. 몇 달이 지난 후에 부르케가 그에게 전화를 걸었다. 그는 그들을 귀찮게 했던 잡음이 프린스턴 대학의 로버트 디케와 제임스 피블이 찾고 있는 우주배경복사일 것이라고 말해주었다. 이렇게 하여 가모브, 알퍼, 그리고 헤르만이 최초로 예측했던 우주배경복사가 마침내 발견되었고, 1965년 여름에 펜지아스와 윌슨은 그들의 결과를 천문학회지에 발표했다.

우주배경복사와 가모브

우주배경복사의 존재를 처음 예측했던 사람들은 가모브, 알퍼 그리고 헤르만이었다. 그러나 1965년에 발표된 우주배경복사 논문 어디에도 이들의 이름이 언급되지 않았다. 가모브와 그의 동료들은 자신들의 공로를 인정받기 위해 여러 모로 노력했다. 펜지아스는 노벨상을 수상하기 전에 가모브로부터 자세한 이야기를 들을 수 있었다.

펜지아스는 노벨상 수상 연설에서 가모브와 그의 동료들이 처음으로 우주배경복사의 존재를 예측했었다는 사실을 언급하여 그들의 공로를 인정했다. 그러나 우주의 기원을 밝혀낸 그들이 노벨상을 받지는 못했다.

A | 아르노 펜지아스와 로버트 윌슨

우주배경 탐사선 코비(COBE：Cosmic Background Explorer)
조지 스무트 교수가 이끄는 코비 프로젝트는 1,000여 명 이상의 인원이 참가한 대규모의 연구로 우주의 모든 방향에서 오는 배경복사를 측정해 지도를 그리는 연구였다. 코비는 우주의 배경복사가 고르지 않고 주름져 있다는 것을 확인함으로써 빅뱅 직후의 우주의 진화에 대한 중요한 지식을 전해 주었다. 조지 스무트 등 이 연구진의 대표는 이 업적으로 노벨상을 수상했다.

Q 099

암흑물질이란
무엇인가?

★ **시대** : 1900년대 　 ★ **주제어** : 츠비키, 루빈, 암흑물질, 중력렌즈

사라진 물질을 찾아라

암흑물질은 1930년대에 스위스 출신 천문학자로 캘리포니아 공대에서 연구하던 프리츠 츠비키(1898~1974)가 처음으로 제기했다. 츠비키는 은하들의 관측된 운동이 가능하기 위해서는 관측된 질량보다 400배나 많은 '사라진 질량'이 있어야 한다고 주장했다. 츠비키가 제안한 암흑물질의 존재를 증명한 사람은 베라 루빈이었다.

바사르 칼리지에서 천문학을 공부한 베라 루빈은 바사르 칼리지를 졸업한 후 코넬 대학으로 갔다. 그곳에서 그는 한스 베테와 리처드 파인만에게 배웠고, 조지타운 대학에서 조지 가모브의 지도를 받아 박사 학위를 받았다. 박사 학위를 받은 후 루빈은 애리조나에 있는 키트피크 천문대에서 은하의 운동을 연구하기 시작했다. 천문학자 켄트 포드와 함께 연구하게 된 그녀는 놀라운 사실을 발견했다. 나선은하의 가장자리에 있는 별들과 수소기체 구름이 은하 중심부에 있는 별들이 도는 속도와 거의 같은 속도로 돌고 있었던 것이다.

중력법칙을 기초로 하는 케플러의 행성운동법칙에 의하면 행성의 회전

속도는 태양에서 멀어질수록 느려져야 한다. 중력은 은하에서도 똑같이 적용되는 힘이다. 따라서 은하의 별들도 중심에서 멀어지면 천천히 회전해야 한다. 그러나 관측결과는 그렇지 않았다. 은하 중심에 가까이 있는 별들과 은하 중심에서 멀리 떨어져 있는 별들의 회전 속도가 비슷했다.

만약 중력이 약한 은하의 가장자리에서 별들이 이렇게 빨리 돌고 있다면 그 별들은 은하에서 멀리 달아나야 한다. 별들이 달아나지 않는다는 것은 이들을 잡아주고 있는 무엇이 있다는 것을 뜻했다. 어떤 힘이 은하가 흩어지는 것을 막아주고 있을까? 은하에는 우리가 관측할 수 없는 어떤 물질이 있어야 했다. 루빈은 프리츠 츠비키의 논문에서 '사라진 질량'에 대해 읽은 것을 기억해냈다. 200개가 넘는 은하에 대한 측정은 츠비키의 예측이 옳다는 것을 증명해주었다. 이렇게 해서 암흑물질의 존재는 확실해졌다.

암흑물질과 중력렌즈 현상

빛은 중력에 의해 휘어간다. 따라서 많은 질량은 렌즈처럼 빛을 휘게 하여 여러 가지 상을 만들어낼 수 있다. 많은 질량을 가진 은하들이 중력렌즈 작용을 통해 뒤에 있는 은하의 상들을 만들어내는 것이 관측되었다. 중력렌즈의 관측에 의해서도 은하들이 많은 양의 암흑물질을 포함하고 있다는 것이 확인되었다. 은하들은 보통의 물질보다 훨씬 많은 양의 암흑물질을 포함하고 있다. 최근에는 중력렌즈 현상을 정밀하게 측정하여 은하나 은하단 내에 암흑물질이 어떻게 분포하는지를 알아낼 수도 있다.

암흑물질의 정체는 무엇일까?

그러나 아직 암흑물질이 무엇인지를 규명해내지는 못하고 있다. 암흑물질의 후보 중의 하나는 거대하고 밀도가 높은 천체지만 빛을 내지 않아서 관측이 가능하지 않은 마초(MACHOs)가 있다. 암흑물질의 또 다른 후보는 약하게 상호 작용하는 무거운 입자라는 말의 머리글자를 따서 윔프스(WIMPs)라고 부르는 것들이 있다. 그러나 암흑물질은 우리가 아는 어떤 물질과도 다른 어떤 것일 것이라는 의견도 만만치 않다. 암흑물질이 무엇인지를 밝혀내는 것은 현대 천문학계가 당면한 가장 큰 과제이다.

A 중력에 의한 상호작용은 하지만 다른 상호작용은 하지 않아 우리가 관측할 수 없는 물질

중력파

현대 물리학에서 모든 힘은 힘을 전달하는 입자로 이해된다. 그리고 상보성 원리에 따라 모든 입자는 파동이기도 하다. 따라서 중력의 변화 또한 중력파라는 파동을 만들어낸다. 이 중력파는 아주 미약해서 검출하기가 힘들지만, 이것을 발견하면 초기 우주의 상태에 대한 많은 정보를 얻을 수 있을 것으로 추정된다. 그래서 현재 우주 연구에서는 빅뱅 당시 생성된 중력파를 찾기 위한 노력에 많은 힘을 기울이고 있다.

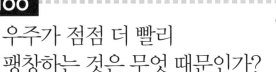

Q 100

우주가 점점 더 빨리
팽창하는 것은 무엇 때문인가?

★ **시대** : 1998년　★ **주제어** : Ia형 초신성, 가속 팽창, 암흑에너지

우주의 팽창이 빨라지고 있다

학자들은 우주가 팽창을 시작하면서부터 중력의 작용으로 팽창속도가 느려져 왔을 것이라고 생각했다. 그래서 만약 감속률이 어느 정도 이상이면 팽창을 멈추고 다시 한 점으로 돌아가는 빅크런치가 있을 것이고, 감속률이 어느 정도 이하이면 우주는 영원히 팽창하는 열린 우주가 될 것이라고 생각했다. 그러나 1990년대 이후 관측결과는 전혀 달랐다. 암흑에너지가 존재한다는 것이 밝혀진 것이다.

1998년에 브라이언 슈미트(1967~)를 주축으로 하는 High-Z 팀과 사울 펄뮤터(1959~)를 중심으로 하는 초신성 우주 프로젝트(SCP) 연구팀은 Ia형 초신성을 이용한 연구를 통해 우주의 팽창속도가 빨라지고 있다는 것을 밝혀냈다. 그들은 우주의 팽창속도를 가속시키고 있는 우주 공간이 가지고 있는 에너지를 진공에너지 또는 암흑에너지라고 불렀다.

알라스카에서 어린 시절을 보내고 애리조나 대학과 하버드 대학에서 공부한 브리안 슈미트는 오스트레일리아로 가 다섯 개 대륙에서 온 20명의 정열적인 천문학자들로 구성된 High-Z 초신성 연구팀을 이끌게 되었다. 그들

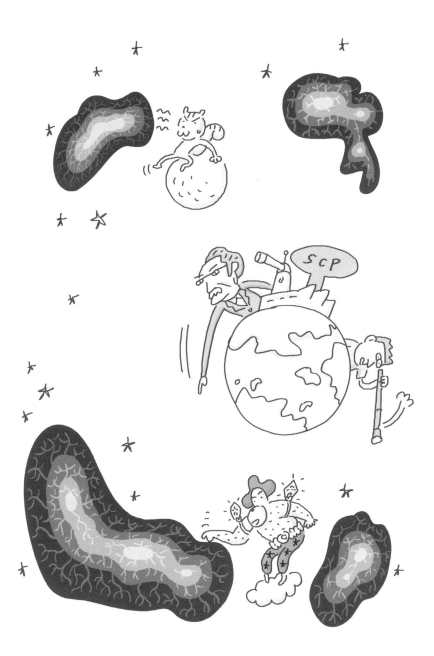

의 컴퓨터는 높은 산 정상에 위치한 망원경들은 물론 지구 궤도를 돌고 있는 허블 망원경과도 연결되어 있었다. 슈미트, 크리슈너 그리고 그의 동료들은 별, 행성 그리고 다른 질량들 사이에 작용하는 중력이 우주 브레이크 역할을 해서 빅뱅 이후 우주의 팽창은 점점 느려져야 한다고 생각했다. 이러한 사실을 확인하기 위해서 오래된 초신성과 새로운 초신성에서 온 자료들을 비교해보기로 했다.

비밀을 밝혀 준 Ia형 초신성

한편 로렌스 버클리 국립연구소에서 사울 펄뮤터는 초신성 우주 프로젝트(SCP)라고 알려진 천문학자 그룹을 이끌고 있었다. High-Z와 마찬가지로 그들도 초신성을 연구하여 우주의 팽창이 느려지는 것을 확인하고자 했다. SCP가 먼저 이에 대한 연구를 시작했다. 1996년에 프린스턴에서 열렸던 학술회의에서 펄뮤터는 8개의 초신성을 분석한 자료를 근거로 한 초기의 발견을 발표했다. 그는 우주의 팽창속도는 예상했던 대로 느려지고 있는 것 같다고 주장했다.

그들은 이 결과를 다시 확인하기 위한 정밀한 측정을 시도했다. Ia형 초신성을 이용하여 과거 우주의 팽창속도를 조사해본 두 연구팀은 깜짝 놀라지 않을 수 없었다. 그들의 분석결과는 오늘날의 팽창속도가 70억 년 전의 팽창속도보다 15퍼센트나 빠르다는 것을 보여주었다. 두 연구팀은 자신들의 연구결과를 수없이 검토해 보았지만 어떤 오류도 찾을 수 없었다. 이 결과는 전체 우주가 척력을 작용시키는 이상한 형태의 에너지의 영향을 받고 있다는 것을 의미했다. 우주팽창이 점점 빨라지고 있다면 중력을 이겨내는 힘(암흑에너지)이 존재해야 한다. 크리슈너는 그들의 연구를 설명한 책에 '놀라운 우주'라는 제목을 붙였다.

암흑에너지가 은하를 밀어내고 있다

암흑에너지에 대해 확실한 것을 아는 사람은 아무도 없다. MIT의 우주학자인 막스 테그마크는 암흑에너지가 우주의 총에너지의 74퍼센트를 차지한다고 주장했다. 2006년에 만들어진 초단파 우주배경복사의 자세한 지도는 그들의 결론을 지지해주었다. 이러한 연구를 통해 우주에 대한 기본적인 의문 중의 몇 가지가 해결되었다. 우주의 나이가 약 137억 년이라는 것을 알게 되었고, 우주의 팽창이 가속되고 있다는 것이 다시 확인되었다. 그러나 아직 우리는 암흑에너지가 무엇인지 모르고 있다. 심지어는 그것이 실제로 존재하는지조차 확실하지 않다.

그러나 현재까지 관측된 자료에 의하면 우주를 구성하고 있는 에너지와 질량의 74퍼센트는 암흑에너지이고 22퍼센트는 암흑물질이며, 나머지 4퍼센트가 우리가 알고 있는 보통 물질이라는 것이다. 4퍼센트의 보통 물질의 대부분은 우주 공간에 흩어져 있는 성간물질이다. 따라서 별과 행성 그리고 우리와 같은 생명체를 이루고 있는 물질은 우주 전체 물질과 에너지의 1퍼센트에 불과하다.

A 암흑에너지

▌연표로 보는 현대 우주론 ▌

1912년
미국의 여성 천문학자 헨리에타
스완 리비트, 세페이드 변광성을
이용하여 우주의 거리를 측정

1922년
프리드만,
팽창하는 우주론 제안

1932년
잰스키, 성간 가스에서
방출된 전파 관측

1931년
아인슈타인, 윌슨산 방문

1933년
프리츠 츠비키,
암흑물질의 존재를 예측

1848년
조지 가모브와 그의 제자였던 랄프 알퍼,
빅뱅이론 제안

1998년
브라이언 슈미트를 주축으로 하는 High-Z 팀과 사울
펄뮤터를 중심으로 하는 초신성 우주 프로젝트(SCP)
연구팀은 Ia형 초신성을 이용한 연구를 통해 우주의 팽
창속도가 빨라지고 있다는 것을 밝혀냈다. 그들은 우주
의 팽창속도를 가 속시키고 있는 우주 공간이 가지고 있
는 에너지를 진공에너지 또는 암흑에너지라고 불렀다.

1996년
펄뮤터, 8개의 초신성을
분석한 자료 발표

2001년
우주배경 복사를 관측하기 위한
WMAP 위성 발사

2006년
애덤스 리스, 암흑에너지가 90억 년
전부터 활발하게 작동했다고 주장

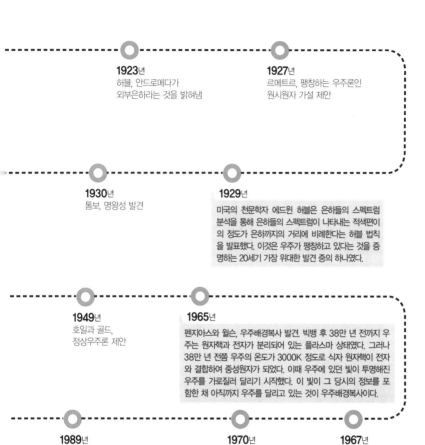

1923년
허블, 안드로메다가
외부은하라는 것을 밝혀냄

1927년
르메트르, 팽창하는 우주론인
원시원자 가설 제안

1930년
톰보, 명왕성 발견

1929년

미국의 천문학자 에드윈 허블은 은하들의 스펙트럼
분석을 통해 은하들의 스펙트럼이 나타내는 적색편이
의 정도가 은하까지의 거리에 비례한다는 허블 법칙
을 발표했다. 이것은 우주가 팽창하고 있다는 것을 증
명하는 20세기 가장 위대한 발견 중의 하나였다.

1949년
호일과 골드,
정상우주론 제안

1965년

펜지아스와 윌슨, 우주배경복사 발견. 빅뱅 후 38만 년 전까지 우
주는 원자핵과 전자가 분리되어 있는 플라스마 상태였다. 그러나
38만 년 전쯤 우주 온도가 3000K 정도로 식자 원자핵이 전자
와 결합하여 중성원자가 되었다. 이때 우주에 있던 빛이 투명해진
우주를 가로질러 달리기 시작했다. 이 빛이 그 당시의 정보를 포
함한 채 아직까지 우주를 달리고 있는 것이 우주배경복사이다.

1989년
우주배경복사 관측을 위한
COBE 위성 발사

1970년
베라 루빈, 은하 주위 물질의
속도 측정을 통해
암흑물질의 존재 확인

1967년
휴이시와 벨,
펄사 발견

더 읽을거리

1장 고대 과학의 성립

스티븐 메이슨, 박성래 옮김, 『과학의 역사 1, 2』, 까치글방, 1987.

스티븐 메이슨이 쓴 『과학의 역사(A History of the Science)』는 전 세계의 학생들이 읽는 과학사의 고전이다. 과학사에 관심이 있는 사람이라면 이 책을 읽지 않은 사람이 거의 없다고 할 수 있는 책이다. 1권과 2권으로 이루어진 이 책은 과학사에 대한 자세한 설명은 물론 관련 과학 이론에 대해서도 자세하게 설명해 놓고 있다. 이 책이 너무 상세한 내용을 다루고 있어 자료가 방대하기 때문에 읽는 데 어려움이 있다면 다른 책을 읽다가 조금 더 자세한 내용을 알고 싶을 때 참고할 수 있는 책으로 활용하는 것도 좋을 것이다. 1권과 2권을 합해 총 6부로 구성되어 있는 이 책에는 과학 발전에 앞장 서 온 과학자들에 대해서도 자세하게 설명되어 있다.

조이 해킴, 남경태 외 옮김, 『교양 있는 우리 아이를 위한 과학사 이야기 1』, 이론과 실천, 2008.

조금 쉽게 쓴 과학사 책을 읽기 원하는 독자들에게는 조이 해킴이 쓴 과학사 이야기 시리즈를 추천한다. 지은이 조이 해킴은 이 시리즈를 쓰기 전까지는 과학자가 아니었다. 그녀는 자신의 아이들을 잘 가르치고 싶었던 어머니로, 자식들이 이해하고 알았으면 하는 내용을 자신이 먼저 이해하고 싶어서 과학 공부를 시작했다. 또한 시인, 예술가, 철학자들이 쓴 책들을 읽으면서 공부하다가 이들이 전개하는 내용의 밑바탕에는 우주를 이해하려는 인간의 욕구와 노력이 깔려 있다는 것을 알게 되어 과학을 공부하기로 마음먹게 되었다. 따라서 이 시리즈에는 누구나 알기 쉽도록 과학의 역사와 중요한 개념이 잘 설명되어 있다. 모두 다섯 권으로 구성되어 있는 조이 해킴의 과학사 이야기 시리즈의 첫 번째 권인 이 책의 소제목은 '아리스토텔레스가 과학의 길을 열다'이다. 따라서 이 책에서는 그리스 과학을 중심으로 한 고대 과학을 다루고 있다. 이 책에는 고대 과학 발상지를 나타내는 여러 장의 지도와, 내용을 이해하는 데 도움이 되는 수많은 그림 자료들이 제시되어 있어 부담 없이 읽을 수 있다.

2장 천문학 혁명과 역학 혁명

콜린 A. 로넌, 김동광 · 권복규 옮김, 『세계과학문명사 1, 2』, 한길사, 1997.
두 권으로 이루어진 이 책은 고대에서 현대에 이르기까지 전 세계에 걸쳐 이루어진 과학과 기술의 발전 과정을 총괄적으로 설명하고 있다. 저자는 이 책을 통해 인류가 이루어낸 과학과 기술의 발전이 인류가 이루어낸 지적 모험의 결과라는 것을 밝히려고 노력하고 있다. 많은 사람들은 시간이 지나고 역사가 발전해 감에 따라 과학과 기술이 저절로 발전해 온 것으로 생각하거나 과학과 기술의 발전이 몇몇 천재들에 의해 이루어진 것으로 생각하는 경향이 있다. 그러나 이 책에서는 과학과 기술의 발전은 인류 공동체가 이루어낸 결과라는 것을 이해시키려고 노력하고 있다. 1권과 2권을 합해 총 10장으로 구성된 이 책은, 1권에서는 고대 그리스 과학에서 중세 아라비아의 과학까지를 다루고 있다. 여기에는 중국과 인도의 과학도 포함되어 있다. 2권에서는 르네상스 시대의 과학에서 20세기의 과학까지를 다루고 있다.

버나드 코헨, 조영석 옮김, 『새 물리학의 태동』, 한승, 1996.
이 책은 본격적인 과학사를 다룬 책이라기보다는 과학의 발전 과정에서 있었던 몇 가지 에피소드를 다룬 수필집이라고 할 수 있다. 그럼에도 불구하고 이 책을 읽으면 코페르니쿠스에서 뉴턴까지 약 150년 동안에 있었던 천문학 혁명과 역학 혁명의 내용을 생생하게 전달받을 수 있다. 코페르니쿠스나 갈릴레이, 케플러와 뉴턴은 우리가 가장 잘 알고 있는 과학자들이다. 하지만 이 책을 읽으면 우리가 알고 있다고 생각했던 것들이 얼마나 잘못된 지식이었는지를 알게 될 것이다. 우리는 이 책에서 교과서를 통해 그리고 단편적인 지식을 통해 알고 있는 이들 과학자들의 모습과는 많이 다른 과학자의 모습을 발견하게 된다. 모든 것을 다 알고 있고 모든 것을 할 수 있는 천재 과학자들의 모습이 아니라 새로운 사실을 알아내기 위해 노력하고 고민하고 질투하고 싸우는 천재들의 모습에서 우리는 박제가 되어 버린 천재가 아니라 노력하는 천재들의 모습을 발견하게 된다.

3장 물질과 생명에 대한 새로운 이해

조이 해킴, 이충호 옮김, 『교양 있는 우리 아이를 위한 과학사 이야기 2, 3』, 이론과 실천, 2009.

지은이 조이 해킴이 쓴 과학사 이야기 시리즈의 두 번째와 세 번째 권의 소제목은 '뉴턴이 세계의 중심에 서다'이다. 제목에서 알 수 있는 것처럼 이 책은 뉴턴역학이 성립하는 과정, 그리고 뉴턴역학을 바탕으로 하는 근대 과학이 성립하는 과정이 상세하게 소개되어 있다. 이 시리즈의 1권과 마찬가지로 2권과 3권에서도 과학자들의 상호 관계를 나타내는 연대표와 과학자들의 활동 지역을 나타내는 지도, 그리고 발명품의 사진과 그림들이 다수 실려 있어 과학 발전의 과정을 한눈에 알아볼 수 있도록 해 놓고 있다. 2권과 3권을 합쳐 총 40장으로 구성되어 있는 이 책은 16세기에 코페르니쿠스가 지동설을 제안하는 과정에서부터 19세기에 열역학 법칙들이 성립하는 과정까지를 다루고 있다. '교양 있는 우리 아이를 위한 과학사 이야기'라는 부제목에서 알 수 있듯이 이 책은 심도 있게 과학을 공부하고 싶어 하는 청소년들이 읽기에 적당한 책이다.

4장 전기와 열의 새로운 발견

곽영직, 『과학기술의 역사』, 북스힐, 2009.

과학사와 관련된 대부분의 책에서는 과학 내용보다는 과학의 발전에 공헌한 과학자들 이야기를 주로 다루고 있다. 그러나 이 책에서는 과학자들의 이야기와 함께 과학과 기술의 내용도 심도 있게 다루려고 노력했다. 저자는 머리말에서 과학의 내용이 들어 있는 과학사 이야기를 만드는 것이 이 책을 쓴 목적이라고 밝히고 있다. 이 책에는 고대 과학과 기술에서부터 현대 과학과 첨단기술, 그리고 동양과 우리나라의 과학과 기술에 이르기까지 과학과 기술의 전반적인 내용이 일목요연하게 정리되어 있다. 이 책은 총 21장으로 이루어져 있는데 1장부터 3장까지는 과학혁명 이전의 과학을 다루고 있고, 4장부터 11장까지는 뉴턴역학을 근간으로 하는 근대 과학과 기술을 다루고 있으며, 12장부터 20장까지는 현대 과학을 다루고 있다. 특히 현대 과학 부분에서는 상대성이론과 양자이론의 핵심 내용을 알기 쉽게 설명해 놓고 있어 현대 과학을 이해하는 데도 큰 도움이 될 것이다. 마지막 21장에는 동양의 과학과 기술의 중요한 내용이 요약 정리되어 있다.

스티브 파커, 이충호 옮김, 『세계를 변화시킨 12명의 과학자』, 상상스쿨, 2009.

조금 쉬운 내용의 과학사 책을 읽기를 원하는 독자들에게 추천하고 싶은 책이다. 이 책은 과학과 기술의 발전 과정을 12명의 과학자들을 중심으로 하여 설명하고 있다. 풍부한 사진과 그림을 이용한 쉬운 설명으로 초등학생 이상이면 누구나 쉽게 이해할 수 있도록 쓴 책이다. 이 책에서는 세계 최초로 망원경으로 우주를 관찰한 갈릴레이, 중력의 법칙과 운동의 법칙을 밝혀낸 뉴턴, 진화의 비밀을 밝혀낸 다윈, 미생물학을 시작한 파스퇴르, 발명의 왕이라고 불리는 에디슨, 전화기를 발명한 벨, 영사기를 발명한 뤼미에르 형제, 라듐과 폴로늄을 발견한 퀴리 부인, 비행기를 발명한 라이트 형제, 상대성원리로 새로운 우주관을 연 아인슈타인에 대해 설명하고 있다. 이미 잘 알려져 있는 사람들을 다루는 경우에는 이미 알고 있는 내용이 중복될 우려가 있다. 그러나 이 책에서는 새로운 기술과 과학 이론을 알아가는 과정을 중심으로 설명하고 있어 그런 우려를 불식시키고 과학 원리를 알아가는 즐거움을 느낄 수 있도록 했다.

(5장) 현대 과학으로 이끈 빛에 대한 연구

조이 해킴, 곽영직 옮김, 『교양 있는 우리 아이를 위한 과학사 이야기 4, 5』, 이론과 실천, 2010.

조이 해킴이 지은 다섯 권으로 된 과학사 이야기 시리즈의 마지막 두 권의 부제목은 '아인슈타인이 새로운 차원을 더하다'이다. 제목에서 알 수 있듯이 이 두 권은 현대 과학이 성립하는 과정과 그 내용을 설명하고 있다. 이 책을 읽으면 청소년들에게는 어려울 수 있는 현대 과학의 이야기를 가능한 한 쉽고 재미있게 풀어 쓰려고 노력한 저자의 노력을 쉽게 느낄 수 있다. 이 책에서 주로 다루고 있는 상대성이론과 양자이론, 그리고 원자핵과 관련된 과학 내용을 쉽게 설명하기는 쉽지 않은 일이다. 이 책에서는 원자핵의 분열이 발견되는 과정, 그리고 그것을 바탕으로 원자폭탄이 개발되는 과정에 대해서도 자세하게 설명했다. 4권과 5권을 합쳐 총 49장으로 구성된 이 책은 상대성이론을 제안한 아인슈타인의 어린 시절 이야기를 시작으로 해서 새로운 세대를 이끌어갈 양자 컴퓨터의 기초 이론이 될 '양자 얽힘 현상'을 설명하는 것으로 끝을 맺고 있어 청소년은 물론 현대 과학에 관심을 가지고 있는 어른들에게도 좋은 안내서가 될 것이다.

김영식 · 박성래 · 송상용, 『과학사』, 전파과학사, 1992.
1970년대에서 1990년대 사이에 우리나라에서 대학을 다닌 사람으로 과학사에 관심이 조금이라도 있었던 사람들은 이 책을 쓴 저자들의 강의를 직접 듣거나 저자들이 쓴 교재로 공부하지 않은 사람이 거의 없을 것이다. 이 책의 저자들은 과학사의 불모지이던 우리나라에 과학사를 도입하여 뿌리를 내리게 한 사람들이다. 따라서 과학사에 대한 여러 권을 책을 출판한 저자들이 공동으로 집필한 이 책에는 그동안 저자들이 여러 책에서 다루었던 내용들이 잘 정리되어 있다. 이 책은 총 3부로 구성되어 있다. 1부에서는 과학혁명 이전까지의 서양 과학을 다루고 있고, 2부에서는 근대 과학과 현대 과학의 성립과 발전 과정이 설명되어 있으며, 3부에서는 동양의 전통 과학을 다루고 있다. 대부분의 과학사 관련 서적이 서양 과학사 위주인 것과 달리 이 책은 동양과 우리나라의 과학과 기술에 대해서도 심도 있게 다루었다.

스펜서 위어트 · 멜바 필립, 김제완 옮김, 『인물로 본 현대 물리학사』, 일진사, 2001.
상대성이론과 양자물리학을 근간으로 하는 현대 물리학의 내용을 제대로 이해하는 것은 쉬운 일이 아니다. 서점에는 현대 물리학의 내용을 쉽게 설명한 해설서들이 많이 나와 있지만 사람들의 마음을 후련하게 해 주는 내용을 찾기란 쉽지 않다. 과학 내용이 아니라 과학자를 중심으로 현대 물리학의 내용을 살펴보는 것은 쉽지 않은 현대 물리학을 이해하는 새로운 시도가 될 것이다. 저자는 전기의 기초를 연구한 프랭클린에서 시작하여 양자전자기학의 이론을 발전시킨 파인만에 이르기까지 현대 과학 발전에 공헌한 중요한 과학자들의 업적을 중심으로 현대 물리학의 발전 과정을 설명해 놓았다. 이 책에서 소개된 과학자들은 벤저민 프랭클린, 롤랜드, 마이컬슨, 헤르츠스프링, 밴 블랙, 해럴드, 오펜하이머, 마이어, 필립 모리슨, 파인만 등이다. 앞에서 열거한 과학자들의 이름에서 알 수 있듯이, 이 책에서는 이미 사람들에게 널리 알려진 유명한 과학자들은 물론 일반인들에게는 조금 생소하지만 현대 물리학 발전에 크게 공헌한 과학자들의 업적에 대해서도 상세하게 다루고 있다.

6장 넓어지는 우주

사이먼 싱, 곽영직 옮김, 『빅뱅』, 영림카디널, 2006.
이 책은 천문학과 관련된 분야의 발전 과정을 자세히 알고 싶은 독자들에게 추천하고 싶은 책이다. 500쪽이 넘는 책의 두께 때문에 지레 겁을 먹고 쉽게 꺼내들기 어려울지 모르지만 누구나 이해할 수 있는 쉬운 내용이 주를 이루고 있어서 쉽게 읽어 내려갈 수 있는 책이다. 이 책은 고대 그리스의 우주관에서 시작하여 우주가 팽창하고 있다는 빅뱅 우주론이 받아들여지기까지의 천문학 발전 과정을 상세하게 설명해 놓고 있다. 저자는 이 책을 쓰기 위해 10년 동안 수천 명의 과학자 그리고 과학자들의 가족들과 직접 면담을 했다. 빅뱅 우주론의 성립에 공헌한 사람들의 이야기를 직접 듣기 위해서였다. 방대한 자료의 수집과 직접 답사와 면접을 통해 수집된 자료들이 『페르마의 마지막 정리』, 『코드 브레이커』와 같은 베스트셀러를 쓴 사이먼 싱의 손을 거쳐 하나의 이야기로 완성된 것이 이 책이다. 프톨레마이오스의 천동설과 코페르니쿠스의 지동설의 차이를 정확히 알고 싶거나 우주에서 거리를 재는 방법을 자세히 알고 싶다면 이 책을 읽는 것이 좋을 것이다. 이 책의 중심 주제인 빅뱅 우주론을 자세히 알고 싶다면 이 책을 읽지 않으면 안 될 것이다.

7장 현대 과학의 등장

곽영직, 『세상을 바꾼 열 가지 과학 혁명』, 한길사, 2009.
과학의 발전 과정에는 중요한 계기가 되는 사건들이 있었다. 이 책에서는 과학 발전의 중요한 전기를 제공했던 열 가지 사건을 집중적으로 조명해 놓았다. 과학의 발전은 한 사람이나 한 사건을 통해 이루어지는 것은 아니다. 세상을 바꿀 만한 중요한 사건은 그러한 사건이 일어날 수밖에 없도록 하는 여러 가지 조건이 성숙되어 있었기 때문에 일어난다. 따라서 어떤 중요한 사건의 진정한 의미를 살펴보기 위해서는 그런 사건이 일어날 수밖에 없는 상황을 이해해야 한다. 이 책에서는 코페르니쿠스의 천문학 혁명, 뉴턴의 역학 혁명, 라부아지에와 돌턴의 화학 혁명, 클라우지우스의 열역학 완성, 다윈의 진화론, 맥스웰의 전자기학 완성, 아인슈타인의 상대성이론, 양자역학의 성립, 빅뱅 우주론의 등장, DNA 구조 해명 등을 과학사의 흐름을 바꾼 열 가지 사건으로 선정하여 그러한 사건이 일어나게 되는 과정과 그 결과를 자세하게 설명해 놓고 있다.

서울대 교수 31인 공저, 『21세기와 자연과학』, 사계절, 1994.

서울대학교에 재직하고 있는 과학 관련 분야 교수 31인이 쓴 글을 모아 엮은 이 책은 현대 과학의 거의 모든 부분을 다루고 있다. 한 사람이 쓴 글의 분량이 7 내지 8쪽 정도여서 부담 없이 읽을 수 있는 책이다. 총 6부로 구성된 이 책의 1부에서는 컴퓨터와 수학 및 통계학 관련 내용을 다루고 있고, 2부에서는 천문학과 물리학에 대한 내용을 다루고 있다. 특히 이 부분에서는 양자론과 상대론, 현대 우주론, 카오스 과학 등을 다루고 있어 현대 물리학의 중요한 내용들을 쉽게 이해할 수 있도록 하고 있다. 3부에서는 분자과학의 세계를 다루고 있는데 화학과 관련된 내용들이 주를 이루고 있다. 4부는 생명과학에 대한 내용으로 유전 공학의 미래, 미생물과 인간의 삶 등에 대한 내용이 실려 있다. 5부는 지구과학과 관련된 내용으로 지구의 기후 변화와 관련된 내용들도 포함되어 있다. 마지막 6부에서는 환경과 자원 문제를 다루고 있어 미래 에너지 문제와 환경 문제, 그리고 생물 자원의 문제가 심도 있게 논의되고 있다.

8장 밝혀지는 우주의 비밀

닐 디그래스 타이슨 · 도널드 골드스미스, 곽영직 옮김, 『오리진』, 지호, 2005.

사이먼 싱의 『빅뱅』이 고대 그리스의 천문학에서부터 우주가 팽창하고 있다는 빅뱅 우주론이 등장하기까지의 과정을 설명하고 있다면 이 책은 1990년대 이후 천문학상의 새로운 발견에 대해 설명하고 있다. 5부로 구성되어 있는 이 책의 1부에서는 우주의 기원을 다루고 있는데 특히 중점적으로 설명하는 내용은 20세기 후반에 발견된 암흑물질과 암흑에너지에 관한 것이다. 우리가 관측할 수 있는 물질보다 훨씬 더 많이 존재해서 우주의 궁극적인 운명을 좌우하게 될 암흑물질과 암흑에너지가 발견되는 과정에서부터 현재 우리가 이해하고 있는 이들의 정체에 이르기까지 자세하게 설명하고 있다. 2부에서는 수천억 개의 별들로 이루어진 은하가 탄생되는 과정을, 3부에서는 별들이 생성되는 과정을 설명해 놓았다. 4부에서는 별 주위를 돌면서 생명체의 고향이 되는 행성이 형성되는 과정을, 마지막 5장에서는 행성 위에서 생명이 탄생하여 진화하는 과정을 설명해 놓았다. 특히 흥미를 끄는 것은 지구 밖에 있는 외계 생명체의 탐사 과정과 존재 가능성에 관한 추론이다. 이 책을 통해 우리는 늘 마음속에 품고 있던 많은 의문에 대한 답을 발견할 수 있을 것이다.

칼 세이건, 홍승수 옮김, 『코스모스』, 사이언스북스, 2004.

천문학에 관심 있는 모든 사람들에게 고전으로 통하는 책이다. 미국의 행성 천문학자로 각종 태양계 탐사 계획에 참여했으며 일반인들을 위해 많은 과학책을 집필하기도 했던 칼 세이건이 쓴 『코스모스』는, 우주에 대한 인간의 이해를 모두 담고 있는 천문학 사전과 같은 책이다. 600여 쪽이 넘는 분량이 부담스럽기는 하지만 많은 사진과 도표가 함께 실려 있어 읽기에 그리 어렵지는 않다. 13장으로 구성되어 있는 이 책의 내용은 각 장의 제목을 살펴보는 것이 그 내용을 짐작할 수 있는 가장 좋은 방법일 것이다. 1장 코스모스의 바닷가에서, 2장 우주 생명의 푸가, 3장 지상과 천상의 하모니, 4장 천국과 지옥, 5장 붉은 행성을 위한 블루스, 6장 여행자가 들려준 이야기, 7장 밤하늘의 등뼈, 8장 시간과 공간을 가르는 여행, 9장 별들의 삶과 죽음, 10장 영원의 벼랑 끝, 11장 미래로 띄운 편지, 12장 은하 대백과사전, 13장 누가 우리 지구를 대변해 줄까?

이것만은 알고 죽자 Q&A 과학사

| 펴낸날 | 초판 1쇄 2010년 2월 18일 |
| | 초판 3쇄 2011년 9월 16일 |

지은이	곽영직
그린이	심차섭
펴낸이	심만수
펴낸곳	(주)살림출판사

출판등록 1989년 11월 1일 제9-210호

경기도 파주시 문발동 522-1
전화 031)955-1350   팩스 031)955-1355
http://www.sallimbooks.com
book@sallimbooks.com

ISBN 978-89-522-1261-0   04080
ISBN 978-89-522-1296-2   04080(세트)